Bikram Singh Ghotra

Lehrbuch der Mathematik

Mathe Chillig

Analysis für die 11. Klasse

SINGH

Bibliografische Information der Deutschen Nationalbibliothek
Die Deutsche Nationalbibliothek verzeichnet diese Publikation in der Deutschen Nationalbibliografie; detaillierte bibliografische Daten sind im Internet über http://dnb.dnb.de abrufbar.

Für Verbesserungsvorschläge und Hinweise auf Fehler ist der Autor dankbar.

Internet: www.mathechillig.de
Email: info@mathechillig.de

Singh Verlag, Offenbach am Main

Umschlag: Sarabjit Singh Ghotra, Offenbach am Main
Layout: Sarabjit Singh Ghotra, Offenbach am Main
Druck: HP Media GmbH, München

ISBN: 978-3-00-054308-1

Vorwort

- ✓ Du stehst vor einer Klausur, aber hast keine Ahnung von Mathe?
- ✓ Du kannst deinen Lehrer nicht leiden und hast ihm einfach nicht zugehört?
- ✓ Oder du möchtest einfach besser werden in Mathematik?

Dann ist dieses Buch das perfekte Mittel, dich von deinen Problemen in Mathematik zu befreien. Wir behandeln in diesem Buch den **gesamten Stoff** der Einführungsphase und gehen jedes Thema **Schritt für Schritt** in einer **chilligen** Art und Weise durch.

Jede Kleinigkeit wird anhand **mehrerer Beispiele** erklärt. Insbesondere wirst du **alle Rechenschritte** verfolgen können und du wirst sehen, dass Mathematik eigentlich keine Zauberei ist.

Mit den farbigen Markierungen der verschiedenen Buchstaben wie etwa x oder y wird es dir leichter fallen, in diesem Dschungel voller Variablen einen Durchblick zu behalten.

Wie du mit diesem Buch arbeitest:
Im Idealfall gehst du jedes Kapitel, z.B. lineare Funktionen, von Anfang bis Ende durch. Dann musst du dich nicht mit Halbwissen herumschlagen. Wenn du einmal angefangen hast, wirst du merken, dass man gar nicht so lange braucht, ein Kapitel zu lesen, weil es sehr leicht verständlich ist.

Die gelben Balken im Buch zeigen dir Kochrezepte, wie du bestimmte Aufgabentypen lösen kannst.

Die orangenen Balken zeigen dir weitere Beispielaufgaben, die dein Verständnis vertiefen sollen.

Mathematische Gesetze, Regeln u. ä. sind mit einem Rahmen versehen.

Und zum Schluss findest du eine Formelsammlung, in der du alle wichtigen Formeln auf einem Blick hast.

Dieses Buch ist für Schüler aller Typen der gymnasialen Oberstufe sowie für Studenten geeignet, die sich mit Analysis herumquälen.

Wenn du mit diesem Buch gearbeitet hast, wirst du dich am Ende dieses Schuljahres von dem Glauben verabschieden müssen, dass Mathe zu kompliziert sei, denn **Mathe** ist **chillig**! In diesem Sinne, viel Spaß beim Lernen!

Bikram Singh Ghotra

Inhaltsverzeichnis

1 Einführung – Wichtige Begriffe zum Thema Funktionen

1.1 Funktionen im Alltag

Allein bei dem Begriff Funktionen bekommen Schüler schon Kopfschmerzen. Dabei sind die meisten Funktionen, mit denen man in der Schule zu tun hat, gar nicht so kompliziert. Außerdem haben wir tagtäglich mit Funktionen zu tun, auch wenn es uns vielleicht nicht direkt auffällt.
Wenn du zum Beispiel mit deiner Familie mit dem Auto in den Urlaub fährst und euer Auto verbraucht 8 Liter Sprit pro 100 Kilometer, dann kannst du ganz leicht ausrechnen, wie viel Sprit ihr verbrauchen werdet, wenn ihr 1000 oder 2000 km fahrt. Auf 1000km wären es 80 Liter Verbrauch und auf 2000 km eben 160 Liter.
Für einen solchen einfachen Fall kann man zum Beispiel lineare Funktionen gebrauchen. Sie würde dir angeben, wie groß dein Verbrauch in Abhängigkeit der Entfernung ist. Die Funktionsgleichung wäre hier:

$$y = \frac{8}{100} \cdot x$$

Du musst hier nicht in Panik geraten und dich fragen, woher das x und y kommt. Nach diesem Kapitel wirst du es verstehen. Wichtig ist, dass du jetzt immer ganz leicht sagen kannst, wie viel Sprit ihr verbrauchen werdet. Wenn ihr z.B. 1245 km fahrt, dann habt ihr einen Verbrauch von

$$y = \frac{8}{100} \cdot 1245 = 99{,}6$$

in Litern. Egal welche **Entfernung** du für $\boldsymbol{x}$ einsetzt, du bekommst als Ergebnis immer den zugehörigen **Verbrauch in Litern**. Dafür kann man beispielsweise eine Funktion gebrauchen. Natürlich ist das ein sehr einfaches Beispiel. Funktionen benötigt man auch für wesentlich komplexere Vorgänge.

Ein anderes typisches Beispiel ist die Geldanlage. Wenn deine Urururur…eltern im Jahre 1817 zum Beispiel 100€ angelegt hätten und jedes Jahr 6% Zinsen bekommen würden, wie viel Euro würdest du jetzt haben, wenn das Geld immer weitervererbt werden würde? Auch solche Fragen lassen sich wunderbar mit unseren Funktionen beantworten, die wir noch kennenlernen werden. Die Antwort auf diese Frage ist übrigens ziemlich überraschend, du erfährst sie im *Kap. 15* (→ *S.212*).

In diesem Kapitel will ich dich mit den grundlegenden Begriffen rund um das Thema Funktionen vertraut machen, damit wir für die nächsten Themen die gleiche Sprache sprechen. Wenn du das schon kannst, freut mich das und du kannst das Thema einfach überfliegen. Also, dann fangen wir mal an.

1.2 Definition von Funktionen

Kommen wir nun zur eigentlichen Frage: Was sind **Funktionen**? Mathematisch ausgedrückt nennt man eine eindeutige Zuordnung von Elementen einer Menge zu Elementen einer anderen Menge eine Funktion. Keine Panik. Das hört sich nur so klug an, ist aber in Wirklichkeit ganz einfach. Schauen wir uns dazu ein paar Beispiele an, um das besser zu verstehen.

Auf *S.5*, *S.8* und *S.182* siehst du einige Funktionen. Bei diesen Funktionen kann man noch genauer sagen, dass auf *S.5* eine **lineare** Funktion, auf *S.8* eine **quadratische** Funktion und auf *S.182* eine **Sinus**funktion zu sehen ist. Wenn du durch das Buch blätterst, wirst du noch lauter solcher Funktionen sehen, die wir noch im Detail kennenlernen werden.

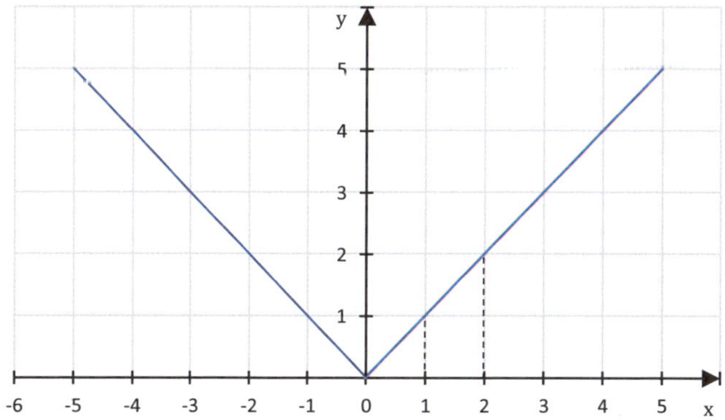

Abb. 1.1: Eine Funktion

Eine Funktion muss aber nicht immer schön glatt sein, sie kann z.B. auch eckig sein (→ *Abb. 1.1*). Jetzt denkst du vielleicht, dass alles, was man in einem Koordinatensystem zeichnet, eine Funktion ist. Das stimmt fast sogar, es gibt nur eine kleine Einschränkung.
Einem x-Wert darf nur **ein** y-Wert zugeordnet sein. Das sieht man gut in *Abb. 1.1*. Hier siehst du, dass z.B. bei $x = 1$ oder $x = 2$ jeweils **genau ein** y-Wert auftaucht.

In *Abb. 1.2* ist das nicht so. Hier tauchen bei jedem x-Wert immer gleich **zwei** y-Werte auf. Deshalb handelt es sich bei *Abb. 1.2* **nicht** um eine Funktion.

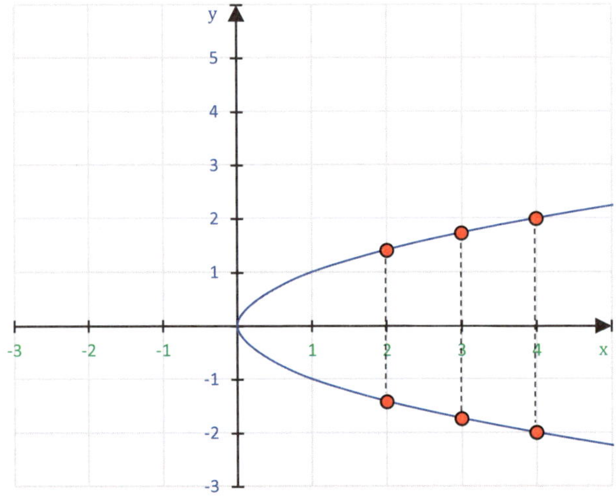

Abb. 1.2: Keine Funktion!

Wenn du also irgendetwas in ein Koordinatensystem kritzelst, ist es eine Funktion, solange **einem** x-Wert genau **ein** y-Wert zugeordnet ist. Eine solche eindeutige Zuordnung nennt man Funktion.

Ich denke, dass die Definition der Funktion jetzt hoffentlich ausreichend besprochen ist. Kommen wir also zum nächsten Begriff.

1.3 Funktionsgleichung und Funktionsterm

Den Ausdruck

$$f(x) = 2x - 1$$

nennt man Funktionsgleichung. Du solltest wissen, dass $f(x)$ dasselbe ist wie y, also

$$f(x) = y.$$

Man kann genauso gut

$$y = 2x - 1$$

schreiben. Du solltest dich an $f(x)$ gewöhnen, denn man schreibt meistens $f(x)$ statt y. Die Funktionsgleichung oben gehört übrigens zum Graphen in *Abb. 1.3.*

Das f vor dem $\boldsymbol{x}$ ist der Name der Funktion. Man könnte die Funktion theoretisch auch $Mathe(x)$ nennen. Man benutzt aber für gewöhnlich nur einen Kleinbuchstaben für den Funktionsnamen, in unserem Falle f.

$2x - 1$ ist der Funktionsterm der obigen Funktion. Mehr brauche ich dazu nicht zu sagen.

1.4 Wertetabelle

Die Wertetabelle ist ein sehr wichtiges mathematisches Werkzeug, um eine Funktion zu zeichnen. Schauen wir uns dafür wieder ein Beispiel an:

Gegeben ist die lineare Funktion

$$f(x) = 2x - 1.$$

x	-2	-1	0	1	2	...
$y = f(x)$	-5	-3	-1	1	3	...

Das ist eine Wertetabelle. Man nimmt hier irgendwelche x-Werte (am besten in 1-er Schritten) und rechnet die dazugehörigen y-Werte aus. Wenn wir den ersten Wert

$$x = -2$$

aus der Tabelle nehmen und in die Funktion $f(x) = 2x - 1$ einsetzen, erhalten wir:

$$f(-2) = 2 \cdot (-2) - 1 = -5$$

Also bekommen wir den y-Wert

$$y = -5$$

heraus, was auch in der Tabelle in der zweiten Spalte steht. Da wir $x = -2$ eingesetzt haben, schreiben wir auch $f(-2)$.

Wenn man das gleiche Spiel auch für andere x-Werte weitertreibt, also $x = -1$ usw., dann erhält man die Wertetabelle. Mit ihr kann man die lineare Funktion sogar exakt nachzeichnen, das sieht dann aus wie hier unten in *Abb. 1.3*.
Andere Funktionsgruppen (z.B. Polynomfunktionen) kann man mit dieser Methode wenigstens grob skizzieren.

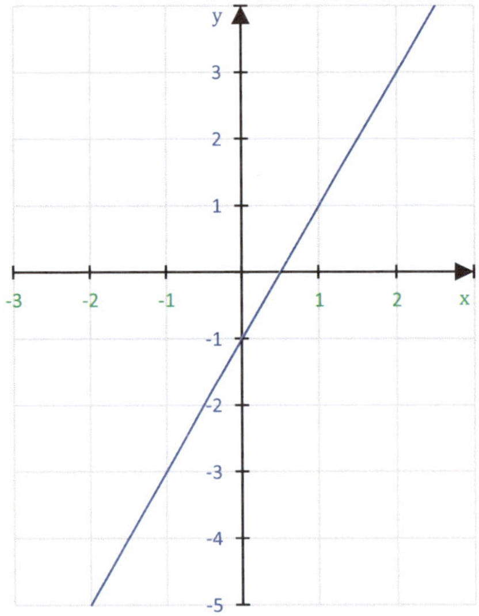

Abb. 1.3: $f(x) = 2x - 1$

1.5 Reelle Zahlen

Als reelle Zahlen bezeichnet man alle möglichen Zahlen, die du kennst (es gibt noch ein paar Zahlen mehr, die lernst du vielleicht im Studium kennen). Dazu gehören zum Beispiel alle Brüche und alle Wurzeln. Beispielsweise sind

$$1, -\frac{2}{300}, \pi, \sqrt{2}, \ldots$$

reelle Zahlen. Das **mathematische Symbol** für die reellen Zahlen ist $\mathbb{R}$.

Was man unter **positiven** reellen Zahlen versteht, muss ich wohl nicht erklären, der Name verrät es ja schon. Wir schreiben für positive reelle Zahlen $\mathbb{R}^+$. Die 0 zählt dann allerdings nicht dazu. Wenn die einsame **0** auch noch dabei sein soll, schreibt man $\mathbb{R}_{\mathbf{0}}^+$.

Alle positiven Zahlen, d.h.

$$1, 2, 3, 4, 5 \ldots$$

nennt man auch **natürliche Zahlen**, für die man das Symbol $\mathbb{N}$ benutzt. Wenn man die negativen Zahlen und die 0 hinzunimmt, also

$$\ldots - 3, -2, -1, 0, 1, 2, 3 \ldots$$

dann spricht man auch von **ganzen Zahlen**. Hierfür schreibt man $\mathbb{Z}$.

1.6 Definitionsbereich

Jede Funktion besitzt einen Definitionsbereich. Der Definitionsbereich gibt an, welche Zahlen du für x einsetzen darfst. Wenn du beispielsweise die Funktion

$$f(x) = 2x - 1$$

hast und ihren Definitionsbereich bestimmen willst, dann musst du dir überlegen, welche Zahlen für x erlaubt sind. Diese Frage hört sich vielleicht verwirrend an. In diesem Beispiel darfst du selbstverständlich jede beliebige reelle Zahl einsetzen. Der Definitionsbereich umfasst also, wie bereits gesagt, die reellen Zahlen.

Mathematisch gefasst sieht das dann so aus:

$$\mathbb{D} = \mathbb{R},$$

wobei das $\mathbb{D}$ für Definitionsbereich und das $\mathbb{R}$ für reelle Zahlen steht. Ich will dir ein Beispiel nennen, wo der Definitionsbereich nicht so schön ist wie im vorherigen Beispiel:

Gesucht ist der Definitionsbereich der Funktion

$$f(x) = \frac{2x^2-1}{x-2}.$$

Das sieht jetzt vielleicht wahnsinnig kompliziert aus, aber überleg dir mal, was der Definitionsbereich ist.
Es sind wieder die reellen Zahlen, aber mit einer kleinen **Ausnahme**. Du darfst keine **2** für x einsetzen, da sonst der Nenner gleich 0 wird. Das ist dann nicht so schön, denn wie man bereits in der Grundschule gelernt hat, kann man nicht durch 0 teilen. Der Definitionsbereich besteht daher aus den reellen Zahlen außer die 2, also

$$\mathbb{D} = \mathbb{R}\backslash\{2\}.$$

Der „Strich" nach dem $\mathbb{R}$ bedeutet „außer". Um die 2 macht man zudem eine geschweifte Klammer.

1.7 Wertebereich

Kommen wir nun zum Wertebereich. Den Wertebereich kannst du dir als Gegenteil vom Definitionsbereich vorstellen. Während du beim Definitionsbereich Ausschau hältst nach Zahlen, die du für x einsetzen darfst, schaust du beim Wertebereich, welche Werte für y herauskommen können.
Ein ganz einfaches Beispiel soll zeigen, was der Wertebereich ist:

Gesucht ist der Wertebereich der Funktion

$$f(x) = x^2.$$

Der Graph in *Abb. 1.4* zeigt schon, dass der Wertebereich $\mathbb{R}_0^+$ ist, denn als y-Werte kommen nur die **0** und die **positiven reellen Zahlen** vor, was man an diesem Graphen schön ablesen kann. Der Wertebereich ist also symbolisch ausgedrückt

$$\mathbb{W} = \mathbb{R}_0^+,$$

wobei $\mathbb{W}$ für Wertebereich steht.

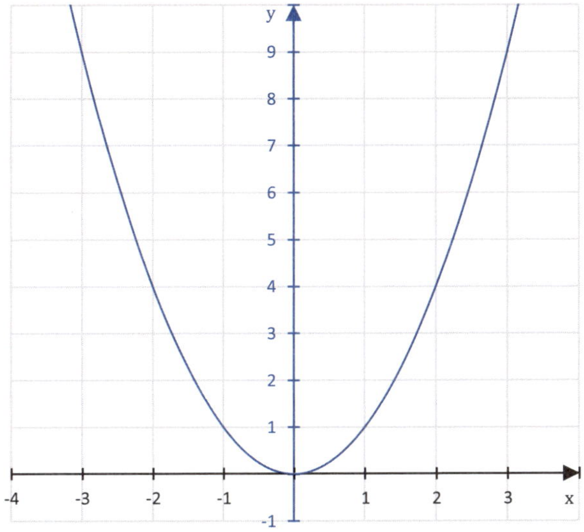

Abb. 1.4: $f(x) = x^2$

Wichtig ist jetzt, dass du verstanden hast, was der **Definitions- und Wertebereich** sind. Wie man sie bestimmt, ist zunächst einmal nicht so wichtig. Die folgende Abbildung fasst den Grundgedanken zusammen:

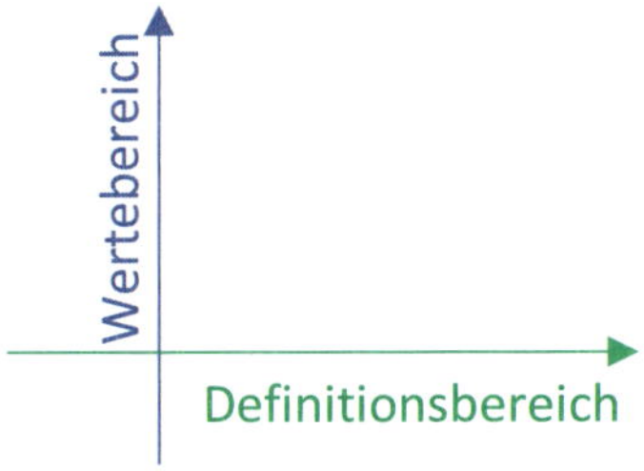

Abb. 1.5: Definitions- und Wertebereich

2 Lineare Funktionen

2.1 Einführung – Bestimmung der Geradengleichung

Nicht schon wieder die Mittelstufe, denkst du jetzt vielleicht. Ich bin mir aber sicher, dass du dich nicht mehr an jede Einzelheit erinnern kannst. Jedenfalls kann ich dir versprechen, dass dieses Thema keine großen Schwierigkeiten bereiten sollte, schließlich sind die linearen Funktionen die einfachste Funktionsklasse in der Mathematik. Fangen wir einfach ganz allgemein an:

$$\boldsymbol{y = mx + b}$$

Das ist die allgemeine Funktionsgleichung der linearen Funktion. Die Graphen von linearen Funktionen sind **Geraden** (→ *Abb. 2.1*).
Selbstverständlich wäre es nun auch hilfreich zu wissen, was m und b in der Funktionsgleichung bedeuten.

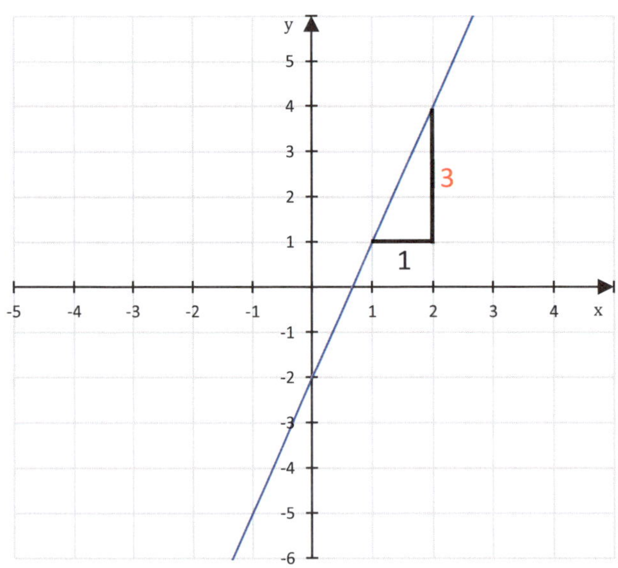

Abb. 2.1: $f(x) = 3x - 2$

Nun müssen wir uns noch überlegen, wie wir die Steigung m rechnerisch bestimmen wollen. Dazu gibt es eine ganz einfache Möglichkeit: Du kannst

mit Hilfe des sogenannten **Differenzenquotienten** ganz leicht die Steigung bestimmen. Das hört sich wieder einmal klug an, dahinter steckt aber keine allzu große Weisheit.
Wenn zwei Punkte der linearen Funktion gegeben sind, kannst du die Steigung m mit der Formel

$$m = \frac{y_2 - y_1}{x_2 - x_1}$$

ausrechnen. x_1 und y_1 sind dabei die Koordinaten des einen Punktes, x_2 und y_2 die Koordinaten des anderen Punktes.

Das Nächste, womit wir uns befassen müssen, ist das Aufstellen der Funktionsgleichung. Es müssen dafür nur **zwei Punkte** gegeben sein. Dann kann man die Steigung und anschließend noch b bestimmen. Dafür schauen wir uns ein Beispiel an.

Beispiel: Gegeben sind die Punkte $P(-2|-5)$ und $Q(3|5)$ einer Geraden. Bestimme Ihre Funktionsgleichung.

1. Als erstes notieren wir uns die allgemeine Form $y = mx + b$

2. Jetzt bestimmen wir die Steigung m:

$$m = \frac{y_2 - y_1}{x_2 - x_1} = \frac{5 - (-5)}{3 - (-2)} = \frac{5 + 5}{3 + 2} = 2$$

3. Jetzt muss man noch b bestimmen. Das geht ganz einfach: Da wir m bereits kennen, erhalten wir b, indem wir den Punkt P oder Q in die Funktionsgleichung einsetzen:

$$y = 2 \cdot x + b \qquad | \; P(-2|-5) \text{ einsetzen}$$

$$-5 = 2 \cdot (-2) + b$$

$$-5 = -4 + b \qquad | +4$$

$$-1 = b$$

Die Funktionsgleichung lautet also

$$y = 2x - 1.$$

Das Ergebnis unserer Arbeit sehen wir hier in *Abb. 2.2*.

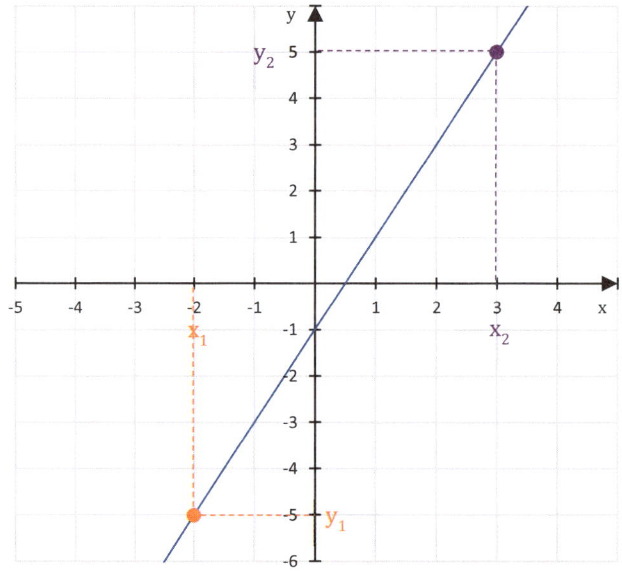

Abb. 2.2: $y = 2x - 1$

2.2 Zusammenhang zwischen Steigung und Winkel

Es gibt neben der Methode aus dem letzten Kapitel noch eine andere Methode, die Steigung einer Geraden zu bestimmen. Diese Möglichkeit hat ein bisschen mit Winkeln zu tun. Ich zeige es dir am besten gleich an einem Beispiel.

Jede Gerade schneidet die x-Achse in einem bestimmten Winkel. Wenn eine Gerade die x-Achse z.B. in einem Winkel von $63{,}4°$ schneidet, welche Steigung hat die Gerade dann? Das kann man mit folgendem Zusammenhang ganz leicht bestimmen:

$$\boldsymbol{m} = \boldsymbol{tan}(\boldsymbol{\alpha})$$

Die Steigung m ist also gleich dem Tangens von dem Winkel α. In unserem Fall ist der Winkel $\alpha = 63{,}4°$. Wir setzen deshalb den Winkel ein und erhalten unser Ergebnis für m:

$$m = tan(\alpha) = tan(63{,}4°) \approx 2$$

Die Steigung der Geraden, die die x-Achse in einem Winkel von 63,4° schneidet, hat somit die Steigung

$$m = 2.$$

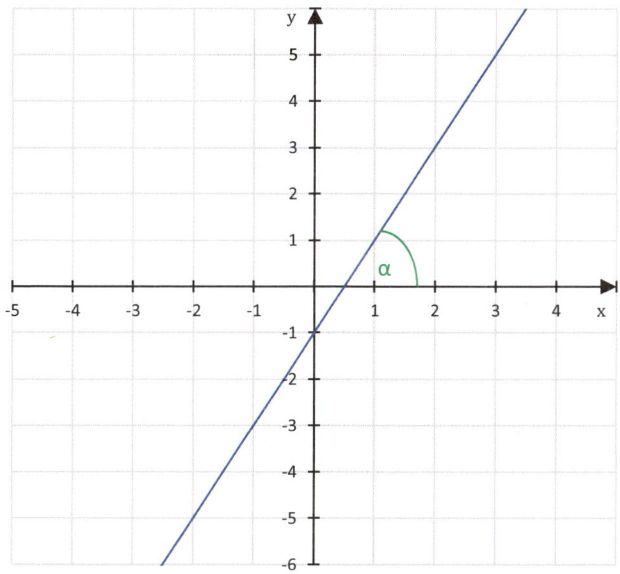

Abb. 2.3: $y = 2x - 1$

Andersherum kann man von der Steigung einer Geraden auch darauf schließen, in welchem Winkel die Gerade die x-Achse schneidet. Nehmen wir beispielsweise an, dass die Steigung

$$m = 3$$

wäre (→ *Abb. 2.1, S.9*).

Das bedeutet, wenn man von irgendeinem Punkt der Funktion einen Schritt nach rechts geht, dann muss man zwangsläufig **3** Schritte nach oben gehen, um wieder auf der Funktion zu landen. Deshalb ist die Steigung dann $m = 3$. Übrigens nennt man dieses Dreieck, was du in *Abb. 2.1* siehst, auch **Steigungsdreieck**.

Nun zur eigentlichen Frage: In welchem Winkel schneidet die Gerade dann die x-Achse? Dazu müssen wir unsere Formel

$$m = tan(\alpha)$$

nach dem Winkel α auflösen. Das ist tatsächlich machbar, indem wir **auf beiden Seiten** den Befehl

$$tan^{-1}$$

anwenden. Diesen Befehl findest du mit Sicherheit auf deinem Taschenrechner. Also:

$$tan^{-1}(m) = tan^{-1}(tan(\alpha))$$

Du solltest wissen, dass die **rechte Seite** sich vereinfachen lässt zu

$$tan^{-1}(tan(\alpha)) = \alpha.$$

Mehr darüber wirst du im *Kap. 5* (→*Umkehrfunktionen*) erfahren, akzeptiere es hier einfach. Es gilt somit:

$$\boldsymbol{\alpha = tan^{-1}(m)}$$

Kommen wir zurück zu unserer Aufgabe. Um den Winkel auszurechnen, müssen wir lediglich

$$m = 3$$

in diese neue Formel einsetzen und wir erhalten unseren Winkel:

$$\alpha = tan^{-1}(3) \approx 75{,}5°$$

Die Gerade schneidet die x-Achse in einem Winkel von ungefähr 75,5°. Diese zwei Formeln aus diesem Kapitel solltest du dir merken.

2.3 Nullstellen

Stell dir vor, du musst nächste Woche einen Vokabeltest in einem deiner Hassfächer schreiben. Dafür musst du 70 Vokabeln können. Ausnahmsweise willst du nicht alles an einem Tag lernen, sondern du teilst dir die Arbeit auf. Jeden Tag lernst du 10 Vokabeln. Dann bist du in 7 Tagen fertig.

Das siehst du auch in *Abb. 2.4*: Die x-Achse gibt dir die Tage an, die y-Achse gibt die Anzahl der Vokabeln an, die du noch lernen musst. Wie du siehst, wirst du am Tag 7 alle Vokabeln können.

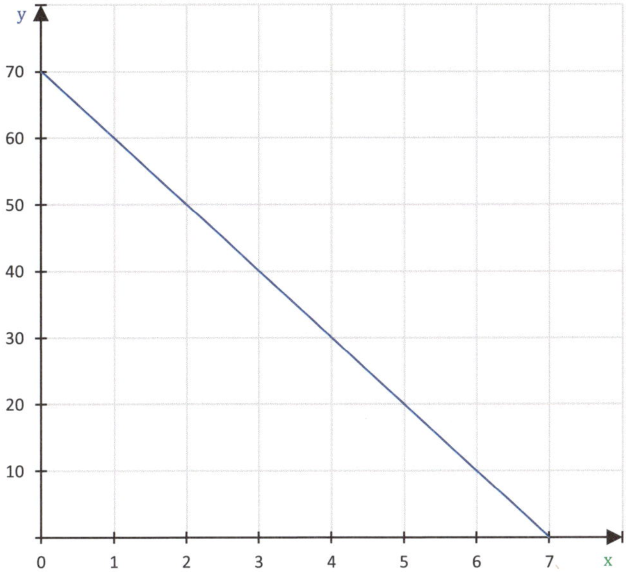

Abb. 2.4: $f(x) = -10x + 70.$

Diesen Schnittpunkt mit der x-Achse nennt man auch Nullstelle. **Null**stelle sagen wir, weil der y-Wert hier **null** ist. Die Gerade in *Abb. 2.4* hat die Funktionsgleichung

$$f(x) = -10x + 70.$$

Wenn wir die Nullstelle dieser Funktion rechnerisch ermitteln wollen, müssen wir

$$\boldsymbol{f(x) = 0}$$

setzen. Wie du weißt, ist $f(x)$ nichts anderes als y und wir hatten ja gesagt, dass bei einer Nullstelle der y-Wert eben null ist!
Das tun wir nun für unser Beispiel und anschließend lösen wir nach x auf, um die Nullstelle zu erhalten:

$$0 = -10x + 70 \qquad | + 10x$$

$$10x = 70 \qquad |: 10$$

$$x = 7$$

Wie erwartet erhalten wir die Lösung, dass wir in 7 Tagen unsere Vokabeln auswendig können. Wenn man jetzt noch die Nullstelle schön aufschreiben möchte, kann man das auch machen. Sie liegt bei

$$NST(7|0).$$

2.4 Schnittpunkte

Einer der häufigsten Aufgabenstellungen ist es, die Schnittpunkte zweier Funktionen zu berechnen. Den Schnittpunkt zweier Geraden auszurechnen ist relativ einfach, wenn man die Grundrechenarten beherrscht.

Ein **Schnittpunkt** ist, wie der Name bereits verrät, der Punkt, wo sich 2 Funktionen schneiden. Um den Schnittpunkt von zwei Funktionen zu berechnen, muss man die beiden **Funktionen gleichsetzen**:

$$\boldsymbol{f(x) = g(x)}$$

Nehmen wir wieder ein schönes Beispiel.

Wo treffen sich die beiden Geraden

$$f(x) = 3x - 3$$

und

$$g(x) = 2x - 1?$$

Ganz einfach: Wir setzen beide Funktionen gleich und bestimmen dann den x-Wert:

$$f(x) = g(x)$$

$$3x - 3 = 2x - 1 \qquad | + 3 \quad | - 2x$$

$$\Rightarrow x = 2$$

Jetzt haben wir schon mal den x-Wert des Schnittpunktes. Um den y-Wert zu bestimmen, müssen wir nur noch

$$x = 2$$

entweder in $f(x)$ **oder** in $g(x)$ einsetzen:

$$f(2) = 3 \cdot 2 - 3 = 3 \text{ oder}$$

$$g(2) = 2 \cdot 2 - 1 = 3.$$

Du siehst, dass es egal ist, ob du in $f(x)$ oder $g(x)$ den x-Wert einsetzt, denn es kommt das Gleiche heraus. Unsere Geraden treffen sich also im Punkt

$$P(2|3).$$

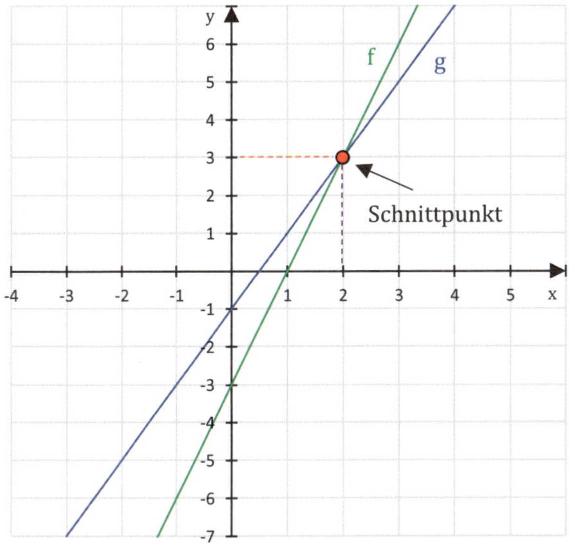

Abb. 2.5: $f(x) = 3x - 3$, $g(x) = 2x - 1$

2.5 Schnittwinkel

Wir beschäftigen uns nun mit der Frage, was ein Schnittwinkel ist. Betrachten wir dazu *Abb. 2.6.*

Theoretisch könnte man denken, dass die Geraden 2 Schnittwinkel haben. Es könnte α oder β der Schnittwinkel sein. Allerdings hat man festgelegt, dass als Schnittwinkel zweier Geraden immer der **kleinere** Winkel gemeint ist. In unserem Beispiel ist der Schnittwinkel $\boldsymbol{\alpha}$, weil er der kleinere Winkel ist.

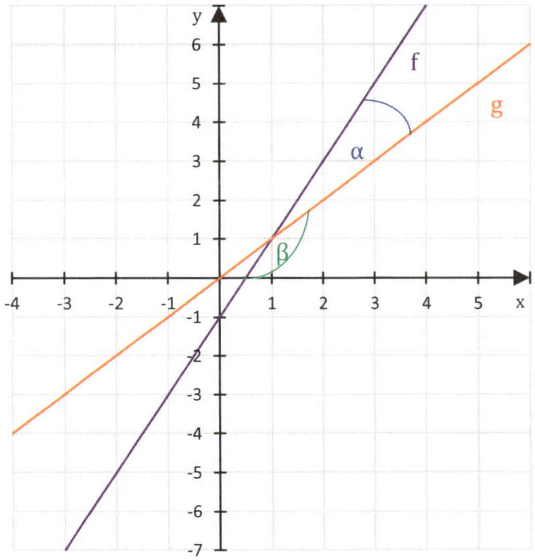

Abb. 2.6: $f(x) = 2x - 1$, $g(x) = x$

Es stellt sich nun automatisch die Frage: Wie berechnet man diesen Schnittwinkel? Dafür schauen wir uns die Funktionsgleichungen an:

$$f(x) = 2x - 1$$

und

$$g(x) = x.$$

Jetzt machen wir eine neue Skizze, mit der sich die Aufgabe fast schon von selbst löst.

In der *Abb. 2.7* ist ziemlich vieles eingetragen. Keine Sorge, wir gehen alles Schritt für Schritt durch.
Wir betrachten zunächst einmal den Schnittpunkt S der beiden Geraden. Durch den Schnittpunkt S stellen wir uns eine gestrichelte Horizontale vor. Sie wird in dieser Aufgabe der Schlüssel zum Erfolg sein. Die Gerade f schneidet diese Horizontale in einem Winkel, den wir α_2 nennen.
Die Gerade g schneidet diese Horizontale auf gleiche Weise im Winkel α_1.
Was müssen wir nun machen, um den Schnittwinkel α zu bestimmen? Natürlich:

$$\alpha = \alpha_2 - \alpha_1.$$

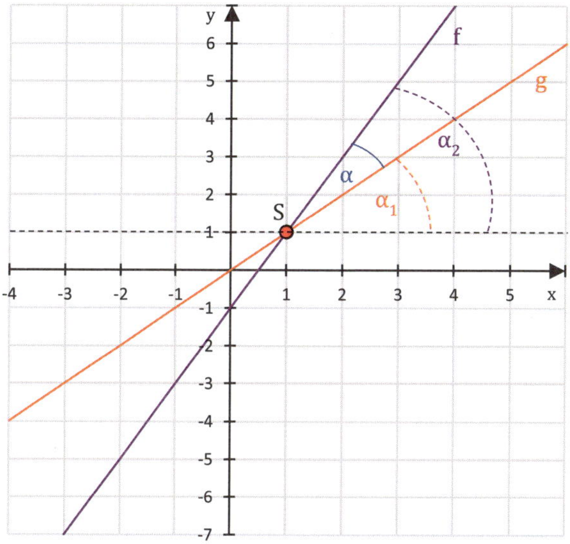

Abb. 2.7: $f(x) = 2x - 1$, $g(x) = x$

So weit, so gut. Jetzt müssen wir nur noch klären, wie wir α_2 und α_1 ausrechnen. Das ist aber keine große Herausforderung, schließlich haben wir das bereits behandelt (→ *Kap. 2.2*). Wir hatten festgestellt, dass der Zusammenhang

$$tan(\alpha) = m$$

gilt und daraus folgert man

$$\alpha = tan^{-1}(m).$$

Wir benötigen somit nur die Steigungen der Geraden, um den jeweiligen Winkel α_2 und α_1 zu erhalten.

$$f(x) = 2x - 1$$

hat die Steigung 2,

$$g(x) = x$$

hat die Steigung 1 (vor dem x steht ja quasi eine 1, deshalb ist die Steigung dann 1).

f schneidet die Horizontale im Winkel α_2, also ist

$$\alpha_2 = tan^{-1}(2) \approx 63{,}43°.$$

Genauso ist

$$\alpha_1 = tan^{-1}(1) \approx 45°.$$

Achte dabei darauf, dass dein Taschenrechner auf Gradmaß (DEG im Taschenrechner) eingestellt ist:

$$\alpha = \alpha_2 - \alpha_1 = 63{,}43° - 45° = 18{,}43°$$

Jetzt sind wir aber endgültig fertig. Unsere Geraden haben einen Schnittwinkel von 18,43°.

2.6 Relative Lage von Geraden und Orthogonalität

Immer wenn wir zwei Geraden betrachten, können diese Geraden in unterschiedlichen Lagen zueinander liegen. Was ich damit genau meine, zeige ich dir wieder mit unserer Funktion

$$f(x) = 2x - 1.$$

(1) Die Geraden

$$f(x) = 2x - 1$$

und

$$g(x) = 3x - 3$$

haben unterschiedliche Steigungen. Geraden, die unterschiedliche Steigungen haben, schneiden sich in genau einem Punkt (→ *Abb. 2.5*).

(2) Die Geraden

$$f(x) = 2x - 1$$

und

$$h(x) = 2x + 2$$

haben beide die gleiche Steigung (aber unterschiedliche y-Achsensabschnitte). Geraden, die die gleiche Steigung haben, sind **parallel** zueinander.

f und h treffen sich nie, haben also keinen Schnittpunkt gemeinsam (→ *Abb. 2.8*).

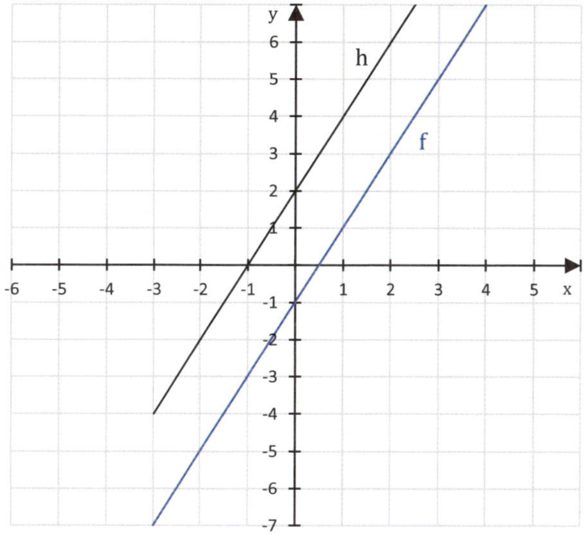

Abb. 2.8: $f(x) = 2x - 1, h(x) = 2x + 2$

(3) Die Geraden

$$f(x) = 2x - 1$$

und

$$i(x) = 2x - 1$$

sind zufälligerweise **identisch**. Funktionen sind nur dann identisch, wenn sie die gleiche Funktionsgleichung haben.

(4) Ein Sonderfall vom ersten Fall: 2 Geraden liegen senkrecht zueinander. Zum Beispiel liegen die Geraden

$$f(x) = 2x - 1$$

und

$$j(x) = -\frac{1}{2}x + 2$$

senkrecht zueinander (→ *Abb. 2.9*). Man sagt meistens lieber: Die Geraden liegen **orthogonal** zueinander, wobei orthogonal nur ein anderes Wort für senkrecht ist.

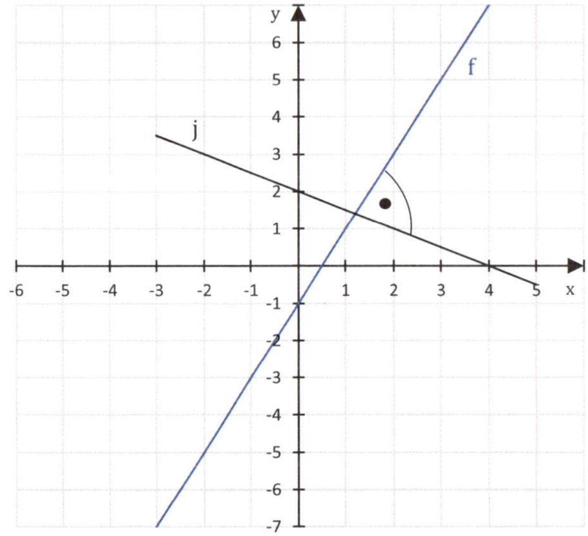

Abb. 2.9: $f(x) = 2x - 1, j(x) = -\frac{1}{2}x + 2$

Wo ist nun der Zusammenhang zwischen **Steigung** und **Orthogonalität**? Oder anders gefragt: Welche Steigungen müssen zwei Geraden haben, damit sie orthogonal zueinander sind? Diese Fragen können wir ganz leicht beantworten. Bei zwei orthogonalen Geraden gilt für die Steigungen der beiden Geraden folgender Zusammenhang:

$$\boldsymbol{m_f \cdot m_g = -1}$$

Mit m_f ist die Steigung der einen Geraden gemeint, mit m_g ist die Steigung der anderen Geraden. Wenn wir die beiden einzelnen Steigungen multiplizieren, kommt -1 als Ergebnis heraus. Mit dieser Aussage ist es uns möglich, immer die Steigung der Orthogonalen einer Geraden zu ermitteln. Ein kleines Beispiel wird diese Aussage verdeutlichen.

Gesucht ist die **Steigung der Orthogonalen** von der Geraden

$$f(x) = 2x.$$

f hat die Steigung 2. Die Steigung der Orthogonalen g bestimmen wir folgendermaßen:

$$m_f \cdot m_g = -1 \qquad |: m_f$$

$$m_g = \frac{-1}{m_f} = -\frac{1}{m_f} = -\frac{1}{2}$$

Die Steigung der Orthogonalen ist also $-\frac{1}{2}$. Ich habe dafür nur die obige Formel nach m_g aufgelöst und für m_f den Wert 2 eingesetzt.
Ich hoffe, dass du den Zusammenhang zwischen Orthogonalität und Steigung verstanden hast, denn die nächsten Kapitel werden darauf aufbauen.

2.7 Streckenmittelpunkt und Mittelsenkrechte

Für den ersten Teil dieses Kapitels benötigt man keine große mathematische Begabung. Mit dem folgenden Beispiel werde ich zeigen, wie man den Streckenmittelpunkt berechnet.

Beispiel: Gesucht ist der Mittelpunkt der Strecke $\overline{AB}$, wobei $A(1|1)$ und $B(6|6)$ ist.

Wir müssen für diese Aufgabe einfach den Mittelpunkt der Strecke ausrechnen, die in *Abb. 2.10* zu sehen ist. Zunächst müssen wir den x-Wert des Mittelpunktes bestimmen. Man rechnet ihn aus, indem man die Formel

$$\boldsymbol{x_m = \frac{x_1 + x_2}{2}}$$

benutzt (der Index m steht für den Mittelpunkt, mit x_1 und x_2 sind die x-Werte von A und B gemeint).
Das Gleiche müssen wir dann noch für den y-Wert tun. Wir benutzen dann:

$$\boldsymbol{y_m = \frac{y_1 + y_2}{2}}$$

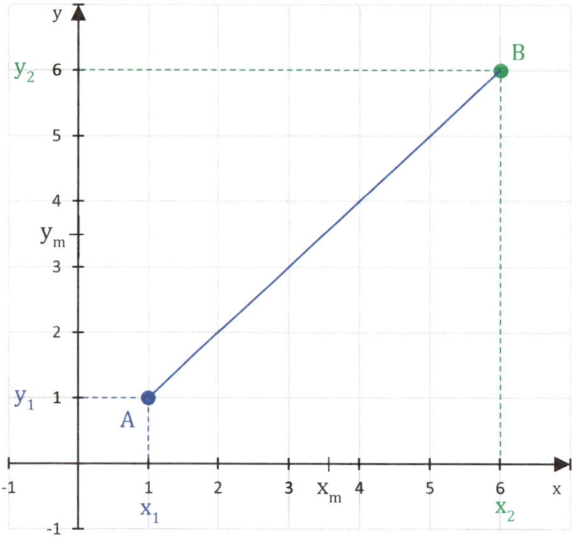

Abb. 2.10: Strecke $\overline{AB}$

Um bei unserem Beispiel zu bleiben, setzen wir noch die Zahlen ein:

$$x_m = \frac{x_1 + x_2}{2} = \frac{1+6}{2} = \frac{7}{2}$$

$$y_m = \frac{y_1 + y_2}{2} = \frac{1+6}{2} = \frac{7}{2}$$

Der Streckenmittelpunkt von $\overline{AB}$ liegt somit bei

$$M(x_m | y_m) = M\left(\frac{7}{2} \middle| \frac{7}{2}\right)$$

Und schon sind wir fertig. Den Mittelpunkt siehst du graphisch in *Abb. 2.11*.

Kommen wir zum zweiten Teil des Kapitels. Was ist eine **Mittelsenkrechte** und wie bestimmt man sie? Vielleicht weißt du es ja noch aus der Mittelstufe, sicherheitshalber verrate ich es dir nochmal: Die Mittelsenkrechte ist die Gerade, die **senkrecht** durch den **Streckenmittelpunkt** geht (→ *Abb. 2.11*).

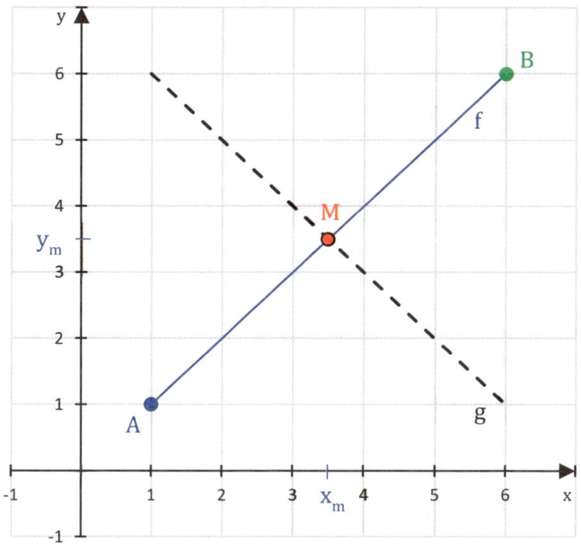

Abb. 2.11: Mittelsenkrechte

Die Funktionsgleichung der Mittelsenkrechten wollen wir nun rechnerisch erfassen. Die dafür nötigen mathematischen Kenntnisse haben wir bereits, jetzt ist es Zeit, sie anzuwenden. Also, dann wollen wir mal anfangen.

1. Man muss als erstes den Streckenmittelpunkt bestimmen. Glücklicherweise können wir uns das jetzt ersparen, denn wir haben ihn im vorherigen Abschnitt schon ausgerechnet. Er lautet $M\left(\frac{7}{2}\middle|\frac{7}{2}\right)$.

2. Als zweites muss man die Funktionsgleichung der **Strecke $\overline{AB}$** bestimmen. Das ist nun ein Kinderspiel, schließlich hast du das hoffentlich schon oft genug geübt. Wir haben die Punkte $A(1|1)$ und $B(6|6)$ gegeben und mit ihnen können wir die Steigung bestimmen:

$$m = \frac{y_2 - y_1}{x_2 - x_1} = \frac{6-1}{6-1} = 1$$

$$\Longrightarrow f(x) = 1 \cdot x + b = x + b$$

Nun den Punkt A (oder den Punkt B) in die Funktion einsetzen, um b zu bestimmen:

$1 = 1 \cdot 1 + b \qquad | -1$

$0 = b$

$\Rightarrow f(x) = x$

3. Jetzt sind wir bereit dafür, die Mittelsenkrechte zu bestimmen. Wie ich bereits gesagt habe, steht die Mittelsenkrechte **orthogonal** zur Strecke. Und was haben wir in der letzten Lektion zum Thema Steigung von orthogonalen Geraden gelernt?

   $$m_g = -\frac{1}{m_f}$$

   Mithilfe dieses Zusammenhanges können wir die Steigung der Mittelsenkrechten g bestimmen.

   $$m_g = -\frac{1}{1} = -1$$

   Als Zwischenschritt können wir also für g die Funktionsgleichung

   $$g(x) = -1 \cdot x + b = -x + b$$

   festhalten. Um b zu bestimmen, können wir den Mittelpunkt M einsetzen, weil dieser Punkt auf der Mittelsenkrechten liegt.

   $\frac{7}{2} = -\frac{7}{2} + b \qquad | + \frac{7}{2}$

   $\Rightarrow b = 7$

   $\Rightarrow g(x) = -x + 7$

   Damit haben wir auch die Funktionsgleichung der Mittelsenkrechten g erfolgreich bestimmt.

2.8 Abstand berechnen

In diesem Kapitel wirst du lernen, wie man den Abstand zwischen

1) zwei Punkten
2) einem Punkt und einer Geraden
3) zwei parallelen Geraden

berechnet. Wir haben in diesem Kapitel eine Menge vor, deshalb wollen wir ohne lange Vorreden beginnen.

1) Abstand zwischen zwei Punkten

Um den Abstand a zwischen zwei Punkten zu bestimmen, muss man die Formel

$$\boldsymbol{a = \sqrt{(x_2 - x_1)^2 + (y_2 - y_1)^2}}$$

benutzen. Wie diese grausame Formel entsteht, verrät uns die *Abb. 2.12*. Nach dem **Satz des Pythagoras**, den du hoffentlich noch aus der Mittelstufe kennst, gilt in unserem Falle:

$$a^2 = (x_2 - x_1)^2 + (y_2 - y_1)^2$$

$$\Rightarrow a = \sqrt{(x_2 - x_1)^2 + (y_2 - y_1)^2}$$

Falls du nicht verstanden hast, was ich meine, ist es auch nicht weiter schlimm. Wichtig ist, dass wir diese Formel jetzt anwenden. Wir setzen die Koordinaten von $P(1|1)$ und $Q(6|6)$ in die Formel ein, um für unser Beispiel ein Ergebnis zu erhalten:

$$a = \sqrt{(x_2 - x_1)^2 + (y_2 - y_1)^2}$$

$$\Rightarrow a = \sqrt{(6-1)^2 + (6-1)^2} = \sqrt{25 + 25} = \sqrt{50}$$

Ich möchte noch eine Sache zur Abstandsformel sagen: Es ist immer egal, ob du für x_2 und y_2 die Koordinaten von P oder Q einsetzt. In unserem Beispiel hättest du für x_2 und y_2 genauso gut jeweils 1 setzen können, also die Koordinaten vom Punkt P. Für x_1 und x_2 hättest du dann jeweils 6 eingesetzt, d.h. die Koordinaten von Q. Das Ergebnis wäre das gleiche geblieben.

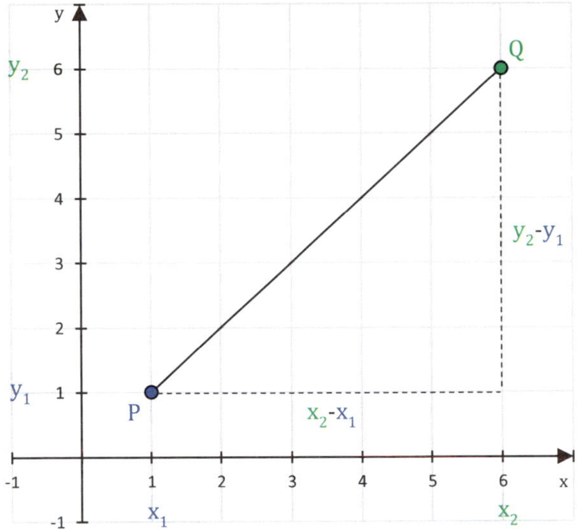

Abb. 2.12: Abstand zwischen 2 Punkten

2) Abstand zwischen einem Punkt und einer Geraden

Jetzt kommen wir zum zweiten Teil: Wie berechne ich den Abstand von einem Punkt zu einer Geraden? Dazu verwenden wir folgendes Beispiel:

Gesucht ist der Abstand des Punktes $P(2|8)$ zur Geraden

$$f(x) = \frac{2}{3}x - 2.$$

Abb. 2.13 verdeutlicht die Situation. Wir suchen den Abstand, den ich als ***a*** bezeichnet habe.

Übrigens: Wenn wir vom Abstand des Punktes P zu der Geraden f reden, meinen wir immer den kleinstmöglichen Abstand. Der kleinstmögliche Abstand ist, wie man auch leicht in *Abb. 2.13* erkennt, der senkrechte Weg von f zu P.

Ich werde jetzt als erstes die Vorgehensweise erläutern, wie wir die Aufgabe lösen können. Anschließend werde ich die einzelnen Schritte an unserem Beispiel durchführen.

Wie du schon in der Abbildung siehst, ist es unser Ziel, diesen Punkt L zu bestimmen, um dann ganz leicht den Abstand vom Punkt L zu Punkt P zu

bestimmen. Du wirst später noch erfahren, wieso ich den Punkt L genannt habe (ist eigentlich nicht wirklich interessant).
Um L zu bestimmen, müssen wir davor die Orthogonale von f bestimmen. Danach können wir den Schnittpunkt der Geraden f mit ihrer Orthogonalen g bestimmen und erhalten den Punkt L. Anschließend können wir den Abstand von L und P bestimmen.

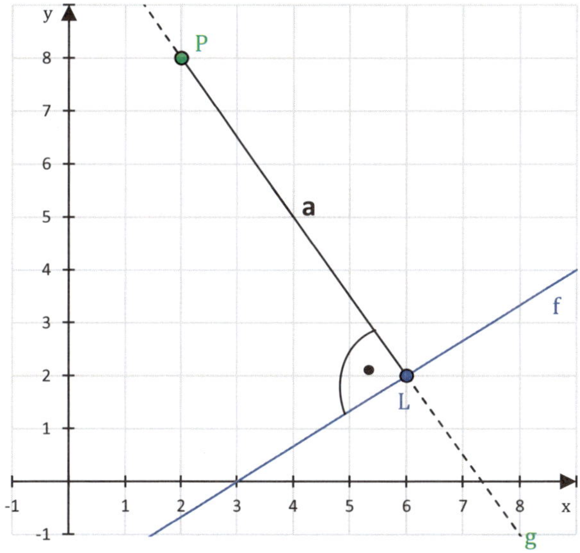

Abb. 2.13: Abstand zwischen P und $f(x) = \frac{2}{3}x - 2$.

Das hat jetzt vielleicht zu kompliziert geklungen, aber keine Panik: Wenn wir jetzt das Beispiel durchrechnen, wirst du merken, dass das Ganze viel einfacher ist als es klingt.

1. Als erstes bestimmen wir die Orthogonale (wir nennen sie mal g) zu f **durch den Punkt *P***:

$$m_g = -\frac{1}{m_f} = -\frac{1}{\frac{2}{3}} = -\frac{3}{2}$$

$$\Rightarrow g(x) = -\frac{3}{2}x + b$$

Wenn wir $P(2|8)$ einsetzen, sind wir am Ziel:

$$8 = -\frac{3}{2} \cdot 2 + b$$

$$\Rightarrow b = 11$$

$$\Rightarrow g(x) = -\frac{3}{2}x + 11$$

2. Als nächstes müssen wir den sogenannten ***L**otfußpunkt **L*** bestimmen. Der Lotfußpunkt ist der Punkt, an der sich Senkrechte und Gerade treffen. Um ihn zu bestimmen, müssen wir beide Funktionen gleichsetzen.

$$f(x) = g(x)$$

$$\frac{2}{3}x - 2 = -\frac{3}{2}x + 11 \qquad | + 2 \quad | + \frac{3}{2}x$$

$$\frac{13}{6}x = 13$$

$$\Rightarrow x = 6$$

x in $f(x)$ **oder** in $g(x)$:

$$f(6) = \frac{2}{3} \cdot 6 - 2 = 2$$

$$\Rightarrow Lotfußpunkt\ L(6|2)$$

3. Jetzt müssen wir nur noch den Abstand von L und P bestimmen:

$$\text{a} = \sqrt{(x_2 - x_1)^2 + (y_2 - y_1)^2}$$

$$\Rightarrow \text{a} = \sqrt{(6-2)^2 + (2-8)^2} = 2 \cdot \sqrt{13} \approx 7{,}21$$

Der Abstand von P nach f beträgt also etwa 7,21. Beachte: Der Abstand von P nach f ist genau das gleiche wie der Abstand von P nach L.

3) Abstand zweier paralleler Geraden

Fehlt nur noch der dritte Teil dieser Lektion. Wie berechnet man den Abstand zweier paralleler Geraden? Im Grunde genommen können wir das jetzt schon, das wirst du gleich auch selbst merken. Ich will es aber zur Übung noch einmal anhand eines Beispiels erklären.

Gesucht ist der Abstand der parallelen Geraden

$$f(x) = -x + 2$$

und

$$g(x) = -x + 5.$$

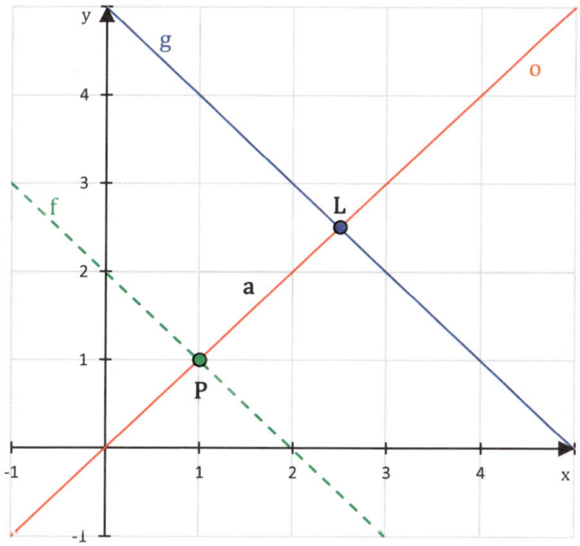

Abb. 2.14: Abstand zwischen $f(x) = -x + 2$ und $g(x) = -x + 5$

1. Als erstes bestimmen wir **irgendeinen Punkt** auf der Geraden f (*Abb. 2.14*). Wir setzen einfach mal **willkürlich** $x = 1$ ein und erhalten:

   $$f(1) = -1 + 2 = 1.$$

   Wir haben jetzt den Punkt $P(1|1)$ bestimmt. Du kannst aber auch genauso gut $x = -7$ oder irgendetwas anderes einsetzen und erhältst auch einen Punkt auf f, mit dem du weiterrechnen kannst.

2. Im Folgenden bestimmen wir den Abstand von diesem Punkt P zu der Geraden g. Du siehst vielleicht schon, worauf es hinausläuft. Wir müssen uns wieder der Vorgehensweise aus Abschnitt 2 (*S. 28-29*) dieses Kapitels bedienen.

   Zunächst bestimmen wir die Orthogonale von g (→ *Abb. 2.14*). Sie muss natürlich durch den Punkt P verlaufen. Die Orthogonale von g nennen wir mal aus Lust und Laune o:

$$o(x) = -\frac{1}{m_g}x + b = -\frac{1}{-1}x + b = x + b$$

   Wir setzen nun den Punkt $P(1|1)$ ein, der ja auf o liegt:

$$1 = 1 + b$$
$$\Rightarrow b = 0$$
$$\Rightarrow o(x) = x$$

   Jetzt brauchen wir noch den Lotfußpunkt L aus *Abb. 2.14*. Wir erhalten ihn wieder durch Gleichsetzen von $o(x)$ und $g(x)$:

$$o(x) = g(x)$$
$$x = -x + 5 \qquad |+x$$
$$2x = 5 \qquad |:2$$
$$x = \frac{5}{2}$$

   Den y-Wert von L erhalten wir, indem wir x z.B. in $g(x)$ oder in $o(x)$ einsetzen (nicht in $f(x)$ einsetzen, weil L nicht auf dieser Funktion liegt):

$$g\left(\frac{5}{2}\right) = -\frac{5}{2} + 5 = \frac{5}{2}$$
$$\Rightarrow L\left(\frac{5}{2}\middle|\frac{5}{2}\right)$$

   Als letztes müssen wir nur noch den eingezeichneten Abstand a berechnen, indem wir mit der Abstandsformel den Abstand von P und L ermitteln.

$$a = \sqrt{(x_2 - x_1)^2 + (y_2 - y_1)^2}$$

$$\Rightarrow a = \sqrt{\left(\frac{5}{2} - 1\right)^2 + \left(\frac{5}{2} - 1\right)^2} \approx 2{,}12$$

Lange Rechnung, kurzer Sinn: Der Abstand der beiden Geraden ist etwa 2,12.

Beachte, dass der Abstand paralleler Geraden **überall** gleich groß ist!

Damit wollen wir uns auch von den linearen Funktionen verabschieden. Das nächste Thema wird etwas „spannender“.

3 Quadratische Funktionen

3.1 Einführung

Im letzten Kapitel haben wir uns mit den linearen Funktionen beschäftigt. Grob gesagt war das Charakteristische an den linearen Funktionen das x, das in den Funktionsgleichungen vorkam. Vereinfacht können wir sagen, dass bei quadratischen Funktionen immer ein x^2 vorkommt. Das können wir selbstverständlich so nicht stehen lassen, das wäre ja eine mathematisch fahrlässige Handlung. Deshalb müssen wir uns eine richtige **Definition** überlegen.

Bei den linearen Funktionen hatten wir festgestellt, dass alle Funktionen dieser Klasse mit der Funktionsgleichung

$$f(x) = mx + b$$

dargestellt werden können. Auch bei quadratischen Funktionen gibt es eine **allgemeine Form der Funktionsgleichung**. Diese lautet:

$$\boldsymbol{f(x) = ax^2 + bx + c}$$

Hier muss man noch beachten, dass a nicht 0 sein darf ($a \neq 0$). Für $a = 0$ hätten wir wieder eine lineare Funktion mit der Form

$$f(x) = 0 \cdot x^2 + bx + cx = bx + c.$$

In der allgemeinen Form gibt der „Buchstabe“ a die Streckung bzw. Stauchung der Parabel an, d.h. er ist verantwortlich dafür, wie schnell die Funktion nach oben geht. Wenn a negativ ist, wird der Graph dazu noch an der x-Achse gespiegelt.

Du musst dir das jetzt nicht alles unbedingt merken, im nächsten Kapitel werden wir alles ausführlich behandeln.

Wir können jetzt festhalten: Alle Funktionen mit der Funktionsgleichung

$$f(x) = ax^2 + bx + c \text{ (für } a \neq 0)$$

sind **quadratische Funktionen**. Den Graphen von quadratischen Funktionen nennt man **Parabel**.

Bevor wir zur nächsten Lektion gehen, schauen wir uns ein paar Beispiele an:

a) $f(x) = 5x^2 + 2x + 2$

Das ist eine ganz normale quadratische Funktion.

b) $g(x) = 2x + 2$

Das ist keine quadratische Funktion, weil kein x^2 vorkommt.

c) $h(x) = x^2 + x$

Hier haben wir wieder eine quadratische Funktion, da sie die allgemeine Form

$$f(x) = ax^2 + bx + c$$

erfüllt.

a ist in diesem Fall 1, $b = 1$ und $c = 0$.

d) $i(x) = 7x^2 + 7$

In diesem Falle liegt eine quadratische Funktion vor mit

$$a = 7, b = 0, c = 7.$$

Man könnte die Funktion auch so darstellen:

$$i(x) = 7x^2 + 0 \cdot x + 7 = 7x^2 + 7$$

e) $j(x) = x^3 + 7x^2 + 7x + 7$

Selbstverständlich ist das keine quadratische Funktion, weil ein x^3 vorkommt.

Zum Abschluss will ich noch ein paar Worte sagen. Wir haben jetzt die allgemeine Form

$$f(x) = ax^2 + bx + c$$

kennengelernt. Es gibt aber auch eine andere Darstellungsweise von quadratischen Funktionen: die sogenannte **Scheitelpunktsform**. Jede quadratische Funktion kann auch mit der Funktionsgleichung

$$\boldsymbol{f(x) = a(x - d)^2 + e}$$

dargestellt werden. Darum wird es im nächsten Kapitel gehen.

3.2 Normalparabel und Scheitelpunktsform

Um jetzt die Scheitelpunktsform einzuführen, die ich im letzten Kapitel angekündigt habe, werden wir uns erstmal mit der wichtigsten quadratischen Funktion beschäftigen, nämlich

$$f(x) = x^2.$$

Den Graphen dieser Funktion (→ *Abb. 3.1*) nennt man **Normalparabel**.

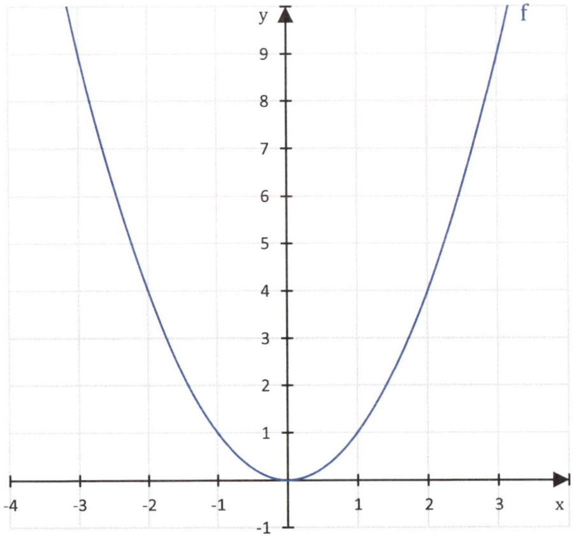

Abb. 3.1: $f(x) = x^2$

Man erkennt am Graphen einige Eigenschaften:

- Der Definitionsbereich (→ *Kap. 1.6*) ist

  $$\mathbb{D} = \mathbb{R}.$$

  Das heißt, dass du für x jeden beliebigen Wert in die Funktionsgleichung einsetzen kannst.
- Der Wertebereich ist

  $$\mathbb{W} = \mathbb{R}_0^+.$$

  Das heißt alle y-Werte der Funktion sind größer oder gleich 0, also $y \geq 0$. Der Graph verläuft somit **nie unterhalb** der x-Achse.
- Der Graph ist **achsensymmetrisch** zur y-Achse.

- Man sieht, dass die Normalparabel einen **Scheitelpunkt** hat, der bei $\boldsymbol{S(0|0)}$ liegt. Jede quadratische Funktion hat einen solchen Scheitelpunkt, er liegt aber nicht immer im Ursprung.

Aus dieser Normalparabel kann man nun weitere Graphen basteln. Genauer gesagt gehen alle anderen Graphen von quadratischen Funktionen aus der Normalparabel hervor. Wir haben schließlich die Möglichkeit, die Normalparabel in x und y-Richtung zu verschieben, wir können sie an der x-Achse spiegeln, wir können sie stauchen und strecken. Auf diese Weise kann man unendlich viele Parabeln entstehen lassen, je nachdem, wie man die Normalparabel verschiebt, staucht oder streckt…
Und hier kommt die Scheitelpunktsform ins Spiel. All dies, was wir jetzt schon besprochen haben, kann man in der Scheitelpunktsform schön ablesen. Die Scheitelpunktsform ist im Grunde genommen nur eine andere Schreibweise der **allgemeinen Form**. Man kann auch ganz leicht von der einen Form in die andere Form „übersetzen“ (→ *Kap. 3.3*). Sie lautet:

$$\boldsymbol{f(x) = a(x - d)^2 + e}$$

Jetzt wollen wir uns die einzelnen Buchstaben anschauen.

a gibt an, ob die Parabel gestaucht oder gestreckt ist.

(1) Für $a > 1$ ist die Parabel gestreckt.
(2) Für $0 < a < 1$ ist sie gestaucht.
(3) Wenn a negativ ist, wird die Funktion noch **zusätzlich** an der x-Achse gespiegelt.

Dafür müssen wir uns natürlich gleich ein paar Beispiele anschauen.

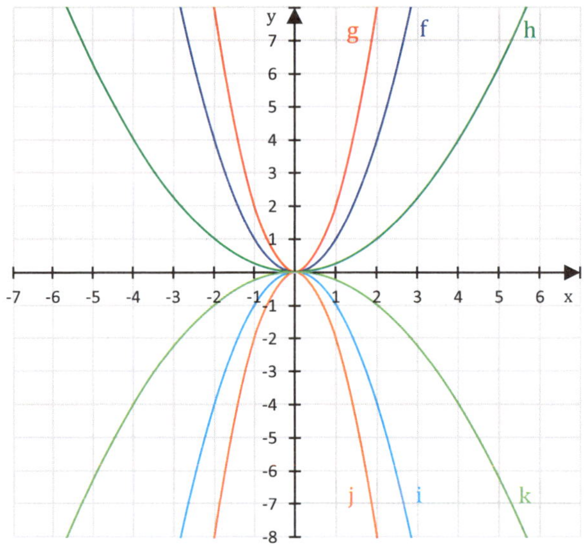

Abb. 3.2: $f(x) = x^2$, $g(x) = 2x^2$, $h(x) = \frac{1}{4}x^2$,
$i(x) = -x^2$, $j(x) = -2x^2$, $k(x) = -\frac{1}{4}x^2$

- f ist in *Abb. 3.2* die Normalparabel, daher ist hier $a = 1$.
- g ist gestreckt ($a = 2$), was man sowohl am Graphen als auch an der Funktionsgleichung oben erkennt (die 2 vor dem x^2 ist gleich a).
- h ist gestaucht ($a = \frac{1}{4}$).

Die Parabeln

- i (mit $a = -1$),
- j (mit $a = -2$) und
- k (mit $a = -\frac{1}{4}$)

entsprechen den Parabeln f, g und h, allerdings sind sie zusätzlich an der x-Achse **gespiegelt**, weil a bei allen negativ ist.

Gehen wir weiter zu den anderen Buchstaben. $\boldsymbol{x}$ ist die Variable, das müsste langsam sitzen. Falls du es noch nicht mitbekommen hast: Man erkennt es am $f(\boldsymbol{x})$.

Jetzt bleiben nur noch d und e übrig. d gibt die Verschiebung in x-Richtung an. Wenn zum Beispiel

$$f(x) = (x - 5)^2$$

ist, dann heißt es, dass die Normalparabel um $+5$ in x-Richtung verschoben ist (und nicht um -5 in x-Richtung)! Du kannst es dir vielleicht besser merken, indem du d in Klammern setzt:

$$f(x) = a(x - (d))^2 + e$$

e gibt die Verschiebung in y-Richtung an, mehr brauche ich dazu wohl nicht zu sagen.

Die Scheitelpunktsform haben wir ausführlich genug besprochen. Schauen wir uns noch ein paar Beispiele an, bevor wir das Kapitel beenden.

Beispiele: In *Abb. 3.3* siehst du die Parabeln zu den Funktionen f, g, h und i. Bestimme die Funktionsgleichungen der Parabeln.

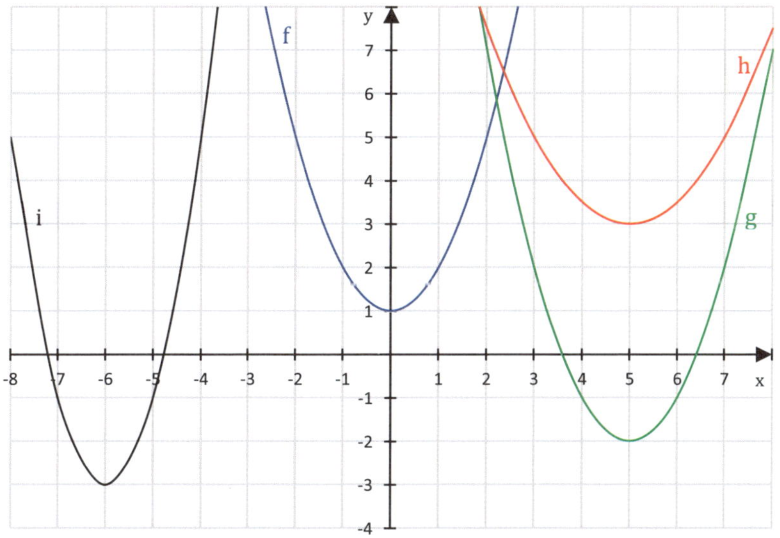

Abb. 3.3: Parabeln f, g, h und i

a) Bei f handelt es sich um eine Normalparabel, die nur um $+1$ in y-Richtung verschoben ist, was man ja mit bloßem Auge am Graphen erkennt. Die Verschiebung in y-Richtung wird ja mit dem Buchstaben e ausgedrückt. Wenn wir also $e = 1$ setzen, erhalten wir die Funktionsgleichung

$$f(x) = x^2 + 1.$$

Für die Scheitelpunktsform heißt das:

$a = 1$ (wie bei der Normalparabel),

$d = 0$ (keine Verschiebung in x-Richtung) und

$e = 1$ (die Verschiebung in y-Richtung).

b) Auch bei g erkennt man mit einem etwas geschultem Auge, dass es sich um eine Normalparabel handelt, die weder gestaucht oder gestreckt ist (die „Form" der Parabel ist ja genauso wie bei einer Normalparabel). Es ist also

$$a = 1.$$

Sie ist aber um $+5$ in x-Richtung und um -2 in y-Richtung verschoben, was du daran erkennst, dass der Scheitelpunkt bei $S(+5|-2)$ liegt. Deshalb lautet die Funktionsgleichung

$$g(x) = (x - 5)^2 - 2.$$

Wenn du also eine Normalparabel nimmst und den Scheitelpunkt auf $S(+5|-2)$ verschiebst, erhältst du die Parabel g.

c) Jetzt wird es schon etwas komplizierter. Die Parabel h ist gestaucht, was wir am Graphen daran erkennen, dass die Parabel im Vergleich zur Normalparabel eine größere Öffnung hat. Wir lesen den Scheitelpunkt aus *Abb. 3.3* ab. Er hat die Koordinaten

$$S(5|3).$$

Das heißt für uns, dass die Parabel um $+5$ in x-Richtung und $+3$ in y-Richtung verschoben ist. Es gilt also

$$d = +5$$

und

$$e = +3$$

und mit diesen Informationen notieren wir uns schon mal den Ansatz

$$h(x) = a \cdot (x - 5)^2 + 3.$$

a können wir jetzt bestimmen, indem wir einen Punkt auf der Parabel einsetzen, zum Beispiel den Punkt $P(7|5)$, den man am Graphen von h leicht ablesen kann. Man darf nicht den Scheitelpunkt einsetzen, weil uns das nicht weiterhelfen würde. Ich zeige es dir einmal und setze den Scheitelpunkt $S(5|3)$ in h ein:

$$3 = a \cdot (5 - 5)^2 + 3$$

$$\Rightarrow 3 = a \cdot 0 + 3 = 3$$

$3 = 3$ ist zwar eine schöne, wahre Aussage, aber das hat uns nicht viel weitergeholfen, deshalb probieren wir das Gleiche mit einem „richtigen" Punkt aus. Wir nehmen $P(7|5)$:

$$5 = a \cdot (7 - 5)^2 + 3$$

$$5 = 4a + 3$$

$$\Rightarrow a = \frac{1}{2}$$

Damit erhalten wir nun unsere endgültige Scheitelpunktsform

$$h(x) = \frac{1}{2}(x - 5)^2 + 3.$$

d) Das gleiche Spiel aus Beispiel 3 wiederholen wir nun für die Funktion i. Der Scheitelpunkt liegt bei

$$S(-6|-3),$$

der Graph ist also um -6 in x-Richtung und um -3 in y-Richtung verschoben. a ist wieder unbekannt. Wir wissen lediglich, dass die Parabel gestreckt ist, was wir an der kleineren Öffnung der Parabel im Vergleich zur Normalparabel sehen. Unser Ansatz mit

$$d = -6$$

und

$$e = -3$$

lautet:

$$i(x) = a \cdot \left(x - (-6)\right)^2 - 3 = a \cdot (x + 6)^2 - 3$$

Wir setzen z.B. den Punkt $P(-5|-1)$ ein, um a zu bestimmen:

$$-1 = a \cdot (-5 + 6)^2 - 3$$

$$\Longrightarrow a = 2$$

Damit folgt

$$i(x) = 2(x + 6)^2 - 3.$$

Aus diesem Kapitel solltest du mitnehmen, dass man aus der **Scheitel**punktsform den **Scheitel** der Parabel direkt ablesen kann. Er liegt bei

$$S(d|e).$$

d ist also der x-Wert, e ist der y-Wert des Scheitels. Das ist wohl auch der einzige Grund, wieso man sie überhaupt braucht.

3.3 Scheitelpunktsform und allgemeine Form umwandeln

Wir haben bereits gelernt, dass es zwei Formen gibt, die Funktionsgleichung von quadratischen Funktionen darzustellen: zum einen die allgemeine Form der Funktionsgleichung und zum anderen die Scheitelpunktsform.
Beide Formen haben ihre Vorteile, die allgemeine Form benötigt man zum Beispiel, wenn man den Schnittpunkt mit einer anderen Funktion bestimmen will (→ *Kap. 3.5*). Die Scheitelpunktsform wird gebraucht, wenn man den Scheitelpunkt ablesen will. Deshalb macht es Sinn, von der Scheitelpunktsform auf die allgemeine Form und auch umgekehrt umformen zu können. Und genau darum wird es im Folgenden gehen.

1) Von der Scheitelpunktsform zur allgemeinen Form

Wenden wir uns dem ersten Fall zu. Von der Scheitelpunktsform auf die allgemeine Form zu schließen ist nicht besonders schwierig. Ist beispielweise die Funktion

$$f(x) = 2(x + 5)^2 + 2$$

gegeben, so muss man nur mit der binomischen Formel die Klammer auflösen und anschließend ausmultiplizieren. Zur Erinnerung sind hier nochmal die binomischen Formeln aufgelistet:

$$(\boldsymbol{a}+\boldsymbol{b})^2 = \boldsymbol{a}^2 + 2\boldsymbol{ab} + \boldsymbol{b}^2$$
$$(\boldsymbol{a}-\boldsymbol{b})^2 = \boldsymbol{a}^2 - 2\boldsymbol{ab} + \boldsymbol{b}^2$$
$$(\boldsymbol{a}+\boldsymbol{b}) \cdot (\boldsymbol{a}-\boldsymbol{b}) = \boldsymbol{a}^2 - \boldsymbol{b}^2$$

In unserem Beispiel benötigen wir nur die erste binomische Formel. Damit erhalten wir:

$$\begin{aligned} f(x) &= 2(x+5)^2 + 2 \\ &= 2(x^2 + 10x + 25) + 2 \\ &= 2x^2 + 20x + 50 + 2 \\ &= 2x^2 + 20x + 52 \end{aligned}$$

Mit Leichtigkeit haben wir damit die allgemeine Form der Funktionsgleichung bestimmt.

2) Von der allgemeinen Form zur Scheitelpunktsform

Der etwas schwierigere Fall ist die Umformung von der allgemeinen Form in die Scheitelpunktsform. Ich zeige es dir einmal mit der folgenden Funktion:

$$f(x) = 3x^2 - 30x + 77.$$

1. Als Erstes klammern wir die **Zahl vor dem** x^2 aus. Die 77 kommt aber nicht mit in die Klammer!

   $$\begin{aligned} f(x) &= 3x^2 - 30x + 77 \\ &= 3(x^2 - 10x) + 77 \end{aligned}$$

   Wenn du mir nicht vertraust, kannst du das leicht nachprüfen, indem du $3(x^2 - 10x)$ wieder ausmultiplizierst. Dann erhältst du wieder

   $$3(x^2 - 10x) = 3x^2 - 3 \cdot 10x = 3x^2 - 30x.$$

2. Als nächstes müssen wir uns überlegen, wie wir den Term in der Klammer in eine binomische Formel umwandeln. Dazu nehmen wir eine kleine Hilfe in Anspruch:

$$f(x) = 3(x^2 - 10x) + 77$$
$$= 3(x^2 - 2 \cdot 5 \cdot x) + 77$$
$$a^2 \quad - \quad 2 \cdot b \cdot a$$

Viel verändert haben wir nicht, statt

$$-10x$$

haben wir

$$-2 \cdot 5 \cdot x$$

hingeschrieben. Das hilft uns jetzt weiter, denn die zweite binomische Formel lautet:

$$a^2 - 2 \cdot a \cdot b + b^2 = (a - b)^2$$

Wenn wir diese mit unserem Klammerausdruck vergleichen, sehen wir, dass das a^2 in unserem Falle x^2 ist.
$-2 \cdot a \cdot b$ ist bei uns $-2 \cdot x \cdot 5$.

Somit fehlt nur noch b^2. In der Klammer finden wir aber kein b^2, weshalb wir es mit einem mathematischen Trick herzaubern müssen. Wir fügen

$$+b^2 - b^2$$

hinzu. Für Skeptiker:

$$+b^2 - b^2 = 0$$

Wir haben also **insgesamt** nichts hinzugefügt, wir addieren nur 0 dazu, was völlig legal ist.

Also folgt daraus für unsere Funktion mit diesem magischen Trick:

$$f(x) = 3\left(x^2 - 2 \cdot \underset{=b}{5} \cdot x + \mathbf{5^2} - \mathbf{5^2}\right) + 77$$

Man nennt diesen Schritt auch **quadratische Ergänzung**.

3. Jetzt müssen wir nur noch alles schöner aufschreiben, da wir unsere binomische Formel bereits haben:

$$f(x) = 3(x^2 - 2 \cdot 5 \cdot x + 5^2 - 5^2) + 77$$
$$= 3[(x - 5)^2 - 5^2] + 77$$

Zum Schluss noch ausmultiplizieren und schon sind wir fertig:

$$
\begin{aligned}
f(x) &= 3[(x-5)^2 - 5^2] + 77 \\
&= 3 \cdot (x-5)^2 + 3 \cdot (-5^2) + 77 \\
&= 3(x-5)^2 + 3 \cdot (-25) + 77 \\
&= 3(x-5)^2 - 75 + 77 \\
&= 3(x-5)^2 + 2
\end{aligned}
$$

Und damit haben wir unsere Scheitelpunktsform gefunden.

3.4 Nullstellen bestimmen

Der erste Schritt, um die Nullstellen einer beliebigen Funktion auszurechnen, ist folgender: Man setzt zunächst einmal die Funktionsgleichung mit 0 gleich. Wie immer schauen wir uns auch hier ein Beispiel dazu an, um das Ganze besser zu verstehen.

Beispiel: Bestimme die Nullstellen der Funktion

$$f(x) = 2x^2 + 4x - 6.$$

Wir setzen, wie oben gesagt, die Funktionsgleichung mit 0 gleich:

$$\underbrace{f(x)}_{=y} = 0 = 2x^2 + 4x - 6$$

Wir wissen ja, dass der y-Wert bei allen **Null**stellen **0** ist, deshalb setzen wir immer

$$y = 0,$$

um die Nullstellen zu bestimmen. Die Vorarbeit ist damit geleistet.

Im nächsten Schritt müssen wir uns etwas einfallen lassen, um jetzt irgendwie nach x aufzulösen. Wie denn das? Wurzel ziehen? Ausklammern? Fehlanzeige! Wir müssen zurückdenken an die Mittelstufe. Sagt dir der Begriff p-q-Formel noch etwas? Wenn nicht, dann hier noch einmal die p-q-Formel:

$$0 = x^2 + px + q$$

$$\Rightarrow x_{1/2} = -\frac{p}{2} \pm \sqrt{\left(\frac{p}{2}\right)^2 - q}$$

Um die p-q-Formel anwenden zu können, müssen wir unsere obige Gleichung

$$0 = 2x^2 + 4x - 6$$

auf die Form

$$0 = \mathbf{1}x^2 + px + q$$

bringen (man nennt dies auch eine normierte quadratische Gleichung, nur so nebenbei). Wir müssen also durch 2 teilen, denn es soll vor dem x^2 eine 1 stehen.

$$0 = 2x^2 + 4x - 6 \qquad |:2$$

$$0 = x^2 + 2x - 3$$

Die Zahl vor dem x ist p, nach dem x kommt q, also ist

$$p = +2$$

und

$$q = -3.$$

Zu guter Letzt setzen wir p und q in die Formel ein und erhalten

$$x_{1/2} = -\frac{2}{2} \pm \sqrt{\left(\frac{2}{2}\right)^2 - (-3)} = -1 \pm \sqrt{1+3} = -1 \pm 2$$

Somit ist

$$x_1 = -1 + 2 = 1 \qquad \text{und}$$

$$x_2 = -1 - 2 = -3$$

Die Nullstellen liegen also bei

$$NST_1(1|0)$$

und

$$NST_2(-3|0).$$

Der y-Wert von Nullstellen ist wie gesagt immer 0 (→ *Abb. 3.4*).

Besonders viel Arbeit ist das zwar nicht, aber um sich die Arbeit zu sparen, kann man auch den Taschenrechner benutzen, um die Nullstellen zu bestimmen. Das geht mit jedem vernünftigen Taschenrechner (meistens auf MODE, dann EQN drücken und anschließend die richtige Gleichung auswählen).

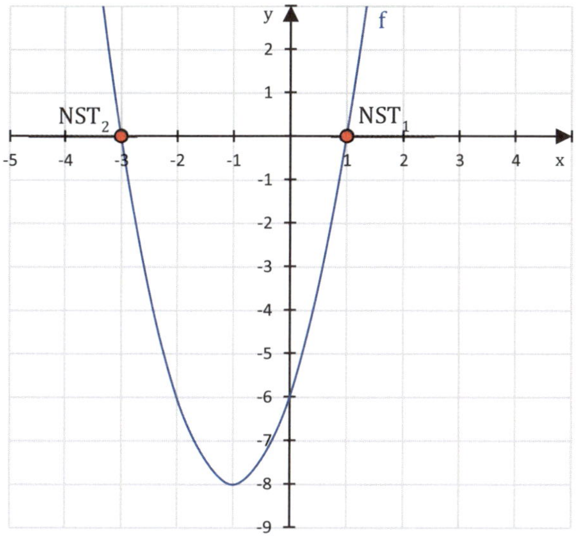

Abb. 3.4: $f(x) = 2x^2 + 4x - 6$.

In diesem Fall haben wir **zwei** Nullstellen erhalten. Das muss aber nicht immer sein, es kann auch der Fall auftreten, dass es nur **eine Nullstelle** gibt, z.B. bei der Normalparabel in *Abb. 3.1.* Hier kommt nur eine Nullstelle bei $x = 0$ vor (man spricht auch von einer **doppelten** Nullstelle).

Es kann sogar der Fall auftreten, dass eine quadratische Funktion **keine Nullstellen** hat. Dafür schauen wir uns ein Beispiel an.

Beispiel: Bestimme die Nullstellen der Funktion

$$h(x) = \frac{1}{2}x^2 - 5x + \frac{31}{2}.$$

1. Wir setzen mit 0 gleich:

$$h(x) = 0 = \frac{1}{2}x^2 - 5x + \frac{31}{2}$$

2. Wir bringen die Gleichung auf die gewünschte (normierte) Form:

$$0 = \frac{1}{2}x^2 - 5x + \frac{31}{2} \qquad | \cdot 2$$

$$0 = x^2 - 10x + 31$$

Es gilt also $p = -10$ und $q = +31$.

3. Die p-q-Formel liefert:

$$x_{1/2} = -\frac{-10}{2} \pm \sqrt{\left(\frac{-10}{2}\right)^2 - (31)} = 5 \pm \sqrt{-6}$$

Wie du siehst, steht ein negativer Ausdruck unter der Wurzel. Das bedeutet immer, dass es keine Lösung gibt.

Diese Funktion ist in *Abb. 3.3* (Funktion h) zu sehen. Wie man leicht sieht, hat die Funktion keine Nullstellen, deshalb gibt es hier auch keine Lösung.

3.5 Schnittpunkte mit einer Geraden bestimmen

Dieses Thema haben wir im Grunde genommen schon im *Kap. 2.4* behandelt. Der Unterschied ist lediglich, dass eine quadratische Funktion ins Spiel kommt. Wie bestimmt man also den Schnittpunkt einer quadratischen Funktion mit einer linearen Funktion? Natürlich durch Gleichsetzen!

Beispiel:

Bestimme den Schnittpunkt der Funktionen

$$f(x) = x^2 + 1$$

und

$$g(x) = x + 2.$$

Wie bereits gesagt, setzen wir die beiden Funktionen zunächst gleich:

$$f(x) = g(x)$$

$$x^2 + 1 = x + 2$$

Um jetzt den x-Wert des Schnittpunktes zu bestimmen, müssen wir alles auf die eine Seite bringen, d.h.:

$$x^2 + 1 = x + 2 \qquad | -x \quad | -2$$

$$x^2 + 1 - x - 2 = 0$$

$$0 = x^2 - x + 1 - 2 = x^2 - x - 1$$

Jetzt können wir die p-q-Formel anwenden. Sie dient nicht nur zur Nullstellenbestimmung einer quadratischen Funktion. Man kann sie immer gebrauchen, wenn man eine **quadratische Gleichung** (z.B.: $2 = 5x^2 - 9x + 5000$) nach x auflösen will, indem man die Gleichung auf die Form

$$0 = x^2 + px + q$$

bringt. Für unseren Fall heißt das:

$$0 = x^2 - x - 1$$

$$\Rightarrow p = -1 \text{ und } q = -1$$

Damit ergibt sich

$$x_1 = -\frac{-1}{2} + \sqrt{\left(\frac{-1}{2}\right)^2 - (-1)} \approx 1{,}62$$

$$x_2 = -\frac{-1}{2} - \sqrt{\left(\frac{-1}{2}\right)^2 - (-1)} \approx -0{,}62$$

Die x-Werte der Schnittpunkte haben wir jetzt, es fehlen nur noch die y-Werte. Die bekommst du heraus, indem du den x-Wert in $f(x)$ **oder** $g(x)$ einsetzt (es ist egal, in welche Funktion du einsetzt, da bei beiden logischerweise dasselbe Ergebnis herauskommt).
Wir setzen einfachheitshalber in g ein:

$g(1{,}62) = 1{,}62 + 2 = 3{,}62$
Schnittpunkt $S_1(1{,}62|3{,}62)$

$g(-0{,}62) = -0{,}62 + 2 = 1{,}38$
Schnittpunkt $S_2(-0{,}62|1{,}38)$

Das Ergebnis siehst du graphisch in *Abb. 3.5.*

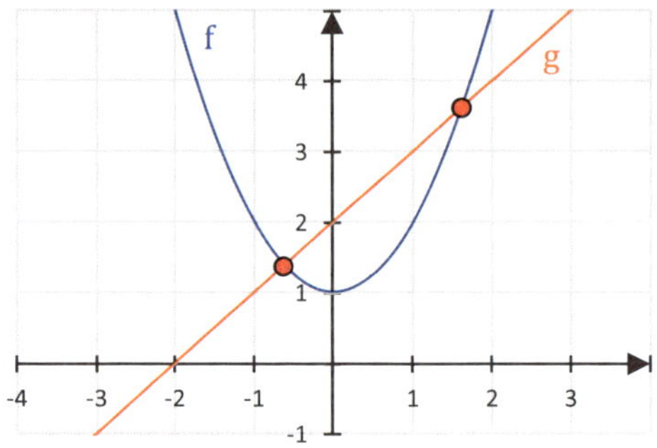

Abb. 3.5: $f(x) = x^2 + 1$, $g(x) = x + 2$

Es gibt übrigens 3 Fälle, wie eine Gerade zu einer quadratischen Funktion liegen kann.

(1) Die Gerade in *Abb. 3.5* hat zwei Schnittpunkte mit der Parabel. Sie ist deshalb eine sogenannte **Sekante**.

(2) Die Gerade in *Abb. 3.6* hat einen **Berührpunkt** mit der Parabel. Eine solche Gerade nennt man **Tangente**.

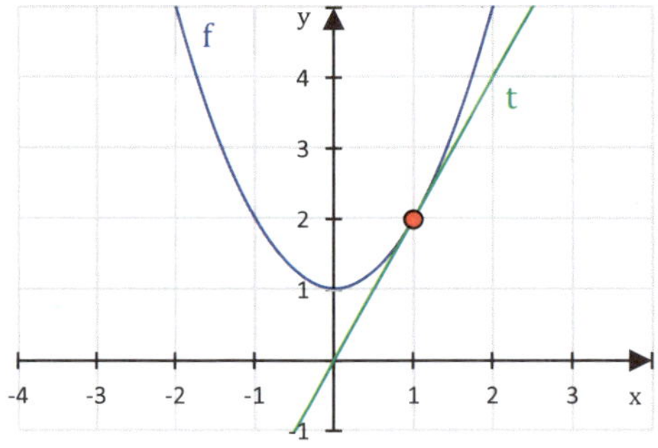

Abb. 3.6: $f(x) = x^2 + 1$, $t(x) = 2x$

(3) Die Gerade in *Abb. 3.7* schneidet die Parabel überhaupt nicht. Sie ist deshalb eine **Passante**.

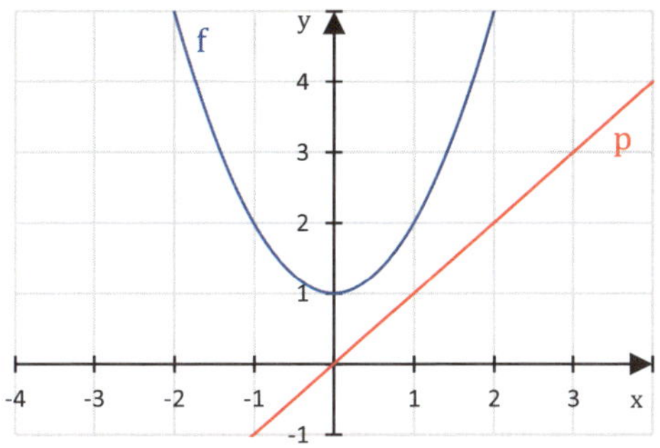

Abb. 3.7: $f(x) = x^2 + 1$, $p(x) = x$

3.6 Rekonstruktion von Parabeln – Gauß-Verfahren

In diesem Kapitel wirst du lernen, wie man aus **drei gegebenen Punkten** (die nicht auf einer Geraden liegen) eine **Parabelgleichung** bestimmt, was man auch als „Rekonstruktion der Funktionsgleichung" bezeichnet. Dies geschieht mit dem sogenannten **Gauß-Verfahren**, das du im Folgenden kennenlernen wirst.

Das Ganze hört sich (aufgrund der Fachwörter) wahnsinnig kompliziert an und leider muss ich zugeben, dass es diesmal tatsächlich nicht so einfach wird. Wir nehmen natürlich wieder ein Beispiel zur Hand und gehen damit Schritt für Schritt vor.

Beispiel:

Bestimme die Funktionsgleichung der Parabel, die durch die Punkte $A(1|1)$, $B(-4|6)$ und $C(-2|-2)$ verläuft.

Graphisch sieht das aus wie in *Abb. 3.8.* Die Funktionsgleichung dieser Parabel werden wir im Folgenden Schritt für Schritt ermitteln.

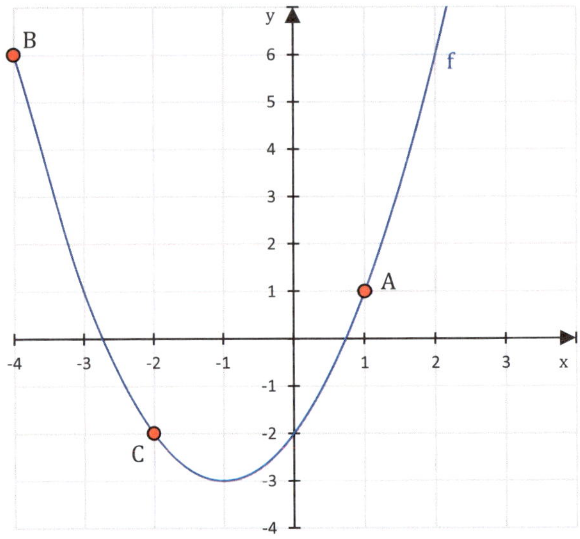

Abb. 3.8: Parabel durch die Punkte A, B und C

Unser Ansatz zur Lösung ist die allgemeine Form der Parabelgleichung:

$$f(x) = ax^2 + bx + c$$

Wir suchen die unbekannten Buchstaben a, b und c. Wenn wir diese gefunden haben, dann haben wir auch unsere gesuchte Parabelgleichung gefunden. Dafür müssen wir **3 Gleichungen** aufstellen, um diese **3 Unbekannten** zu bestimmen.

Wir setzen zunächst den Punkt $A(1|1)$ in die Funktionsgleichung ein, um eine Gleichung aufzustellen. Die Gleichungen werden üblicherweise mit römischen Ziffern benannt.

$$f(x) = ax^2 + bx + c, \qquad A(1|1) = (x\,|f(x))$$

$$\Longrightarrow 1 = a \cdot 1^2 + b \cdot 1 + c$$

$$\textbf{I} \quad 1 = a + b + c$$

Für $f(x)$ setzt man den y-Wert 1 ein und für x den x-Wert des Punktes, der auch 1 ist.

Auf die gleiche Weise stellen wir zwei weitere Gleichungen auf, indem wir jeweils den Punkt B und den Punkt C einsetzen.

Punkt $B(-4|6)$

$6 = a \cdot (-4)^2 + b \cdot (-4) + c$

II $6 = 16a - 4b + c$

Punkt $C(-2|-2)$

$-2 = a \cdot (-2)^2 + b \cdot (-2) + c$

III $-2 = 4a - 2b + c$

Wir haben jetzt drei Gleichungen aufgestellt, die zusammen das **Gleichungssystem (GS)** bilden. Es sieht (zurzeit) folgendermaßen aus:

I	$1 = a + b + c$
II	$6 = 16a - 4b + c$
III	$-2 = 4a - 2b + c$

GS 1

Unser Ziel ist es nun, dieses Gleichungssystem auf eine „**Dreiecksgestalt**" zu bringen (→ *GS 3, S.55*). Das heißt im Klartext, dass wir ein neues Gleichungssystem aus *GS 1* schaffen wollen, bei dem in der ersten Gleichung alle drei Buchstaben a, b und c vorkommen. In der zweiten Gleichung sollen nur zwei Buchstaben vorkommen, nämlich b und c. Und in der letzten Zeile soll dann nur noch c vorkommen. Wenn dir das jetzt noch nichts sagt, ist das nicht schlimm. Am Ende wirst du schon sehen, was wir erreichen wollen.

Wir fangen einfach mal damit an, 2 Gleichungen zu erschaffen, die **kein** $\boldsymbol{a}$ mehr enthalten. Unser vorläufiges Ziel ist also, das Gleichungssystem auf die Form von *GS 2* (→ *S.54*) zu bringen. Hier kommt in der 2. und 3. Gleichung kein a mehr vor.
Um eine neue Gleichung zu erschaffen, darfst du ein Vielfaches von einer Gleichung nehmen und diese mit einem Vielfachen von einer anderen Gleichung subtrahieren oder addieren. Im Prinzip darfst du alle mathematisch legalen Methoden verwenden, um 2 Gleichungen zu

kombinieren und dadurch eine neue Gleichung zu erschaffen. Das geschieht zum Beispiel folgendermaßen:

$$16 \cdot \mathrm{I} - \mathrm{II}$$

Wir nehmen also 16-mal die erste Gleichung und ziehen davon einmal die zweite Gleichung ab:

I	$1 = a + b + c$	$\mid \cdot 16$
16 ·I	$16 = 16a + 16b + 16c$	
II	$6 = 16a - 4b + c$	
$\Rightarrow$ **16 ·I–II**	$10 = 20b + 15c$	

Umformung 1

In der ersten Zeile haben wir einfach nur die erste Gleichung abgeschrieben. Danach haben wir diese mit 16 multipliziert und in die zweite Zeile aufgeschrieben. Dabei musst du jeden einzelnen Term mit 16 multiplizieren, insbesondere auch die **linke Seite** der Gleichung I.
In der dritten Zeile steht dann die zweite Gleichung und anschließend zieht man die beiden Gleichungen voneinander ab. Dabei fällt a komplett weg, denn

$$16a - 16a = 0.$$

Genauso rechnet man auch

$$16b - (-4b) = 20b$$

und

$$16c - c = 15c$$

sowie

$$16 - 6 = 10.$$

So entsteht Schritt für Schritt die neue Gleichung, die in der letzten Zeile steht.

Nun müssen wir genauso weitermachen und eine weitere Gleichung ohne den Buchstaben a schaffen, indem wir zum Beispiel

$$\mathrm{II} - 4 \cdot \mathrm{III}$$

rechnen. Es gibt natürlich immer auch andere Möglichkeiten (man könnte auch III − 4 · I rechnen, um eine Gleichung ohne a zu erhalten), letztendlich führt jede Möglichkeit am Ende zur selben Parabelgleichung. Nun ergibt sich also:

$$\begin{array}{llr}
\textbf{II} & 6 = 16a - 4b + \ \ c & \\
\text{III} & -2 = \ \ 4a - 2b + \ \ c & | \cdot 4 \\
\textbf{4} \cdot \textbf{III} & -8 = 16a - 8b + 4c & \\
\hline
\Rightarrow \textbf{II} - \textbf{4} \cdot \textbf{III} & 14 = \qquad\quad 4b - 3c &
\end{array}$$

Umformung 2

Man schreibt sich die zweite und dritte Gleichung auf. Die dritte Gleichung multipliziert man mit 4. Dabei muss man jeden einzelnen Term mit 4 multiplizieren. Man darf man nicht die linke Seite vergessen, hier muss man

$$-2 \cdot 4 = -8$$

rechnen.

Danach zieht man die zweite Gleichung von dieser neuen Gleichung (4 ·III) ab. Achte hier immer besonders auf die Vorzeichen! Man rechnet jeweils

$$6 - (-8) = 14,$$
$$16a - 16a = 0,$$
$$-4b - (-8b) = 4b,$$
$$c - 4c = -3c.$$

Wir haben jetzt ein neues Gleichungssystem *GS 2*, welches folgendermaßen aussieht:

$$\begin{array}{rrl}
\textbf{I} & 1 = & a + b + c \\
16 \cdot \text{I} - \text{II} = \textbf{II'} & 10 = & \qquad 20b + 15c \\
\text{II} - 4 \cdot \text{III} = \textbf{III'} & 14 = & \qquad\quad 4b - 3c
\end{array}$$

GS 2

Wenn du das Gleichungssystem *GS 2* mit *GS 1* vergleichst, dann siehst du einige Unterschiede. In der ersten Zeile steht zwar in beiden Gleichungssystemen dasselbe, aber die nächsten beiden Gleichungen sind anders. Wir haben das *GS 1* so umgeformt, dass wir in unserem **neuen** Gleichungssystem 2 Gleichungen stehen haben, in denen **kein** a mehr vorkommt. Diese haben wir **II'** und **III'** genannt. Wenn du den Sinn dahinter noch nicht erkennst, dann übe dich in Geduld, denn schon bald wirst du einsehen, dass das alles ziemlich sinnvoll ist, was wir hier machen.

Wie wir zuvor gesagt haben, wollen wir die geheimnisvolle „**Dreiecksgestalt**" schaffen. Dafür müssen wir eine Gleichung herstellen, die nur noch den Buchstaben c beinhaltet. Dazu knüpfen wir uns **II'** und **III'** vor und ziehen diese so voneinander ab, dass kein b mehr vorkommt. Das geht beispielsweise, indem wir **II'−5 ·III'** rechnen. Dann erhalten wir:

II'	$10 = 20b + 15c$	
III'	$14 = 4b - 3c$	$\mid \cdot 5$
5 ·III'	$70 = 20b - 15c$	
⇒II'−5 ·III'	$-60 = 30c$	

Umformung 3

Auch hier nochmal die Vorgehensweise: Du notierst dir die Gleichungen II' und III' zur besseren Übersicht. Danach multiplizierst du III' mit 5 und schließlich rechnest du dann **II'−5 ·III'**.
Wenn wir diese Gleichung mit dem einzigen Buchstaben c im Gleichungssystem *GS 2* für **III'** ersetzen, dann haben wir unsere Dreiecksgestalt erreicht:

I	$1 = a + b + c$
II'	$10 = 20b + 15c$
II'−5 ·III = **III''**	$-60 = 30c$

GS 3

Vielleicht siehst du jetzt den Sinn der Dreiecksgestalt. Wir können nämlich ganz gemütlich alle Buchstaben a, b und c bestimmen. Mit **III''** kann man leicht c bestimmen:

$$-60 = 30c \qquad |:30$$

$$\boldsymbol{c = -2}$$

Wir können uns nun von unten nach oben hocharbeiten. Gleichung **II'** liefert uns b, wenn wir $c = -2$ einsetzen, was wir gerade eben ausgerechnet haben.

$$10 = 20b + 15 \cdot (-2)$$

$$10 = 20b - 30 \qquad |+30$$

$$40 = 20b \qquad |:20$$

$$\boldsymbol{b = 2}$$

Und schließlich liefert Gleichung **I** mit $b = 2$ und $c = -2$:

$$1 = a + 2 - 2$$

$$\boldsymbol{a = 1}$$

Sooo, ich muss zugeben, das war vielleicht etwas viel auf einmal. Darum will ich kurz zusammenfassen, was wir über die letzten 5 Seiten gerechnet haben.

Unser ursprüngliches Problem war es, eine Funktionsgleichung einer Parabel zu bestimmen, auf der die drei Punkte $A(1|1)$, $B(-4|6)$ und $C(-2|-2)$ liegen. Um dieses Problem zu lösen, haben wir das Gauß-Verfahren benutzt. Dafür haben wir mit dem Ansatz

$$f(x) = ax^2 + bx + c$$

gearbeitet.

Dann konnten wir drei Gleichungen aufstellen, indem wir jeweils die x- und y-Werte der Punkte A, B und C in diesem Ansatz eingesetzt haben. Nun hatten wir das Gleichungssystem *GS 1* mit 3 Gleichungen und 3 Unbekannten a, b und c (→ *S.52*).

Dieses Gleichungssystem haben wir mittels **elementaren Umformungen** zunächst so umgeformt, dass wir die Form *GS 2* (→ *S.54)* erreicht haben.

Wir haben also jeweils 2 Gleichungen so miteinander subtrahiert, dass immer a weggefallen ist (→ *Umformung 1* und *2*). Auf diese Weise sind die Gleichungen **II'** und **III'** entstanden (→ *S.54*).

Mit *GS 2* haben wir dann weitergearbeitet, sodass durch die *Umformung 3* die Gleichung **III''** mit **einer Unbekannten** entstanden ist. Damit ist unser perfektes Gleichungssystem *GS 3* (→ *S.55*) mit Dreiecksgestalt entstanden und wir waren glücklich damit, weil wir mit Leichtigkeit a, b und c ausrechnen konnten. Da wir nun diese drei Buchstaben mit schweißtreibender Arbeit gewonnen haben, können wir auch sagen, wie unsere Parabelgleichung lautet. Dafür müssen wir lediglich

$a = 1$,

$b = 2$ und

$c = -2$

in unserem Ansatz einsetzen:

$$f(x) = ax^2 + bx + c$$
$$= x^2 + 2x - 2$$

Damit haben wir unsere Aufgabenstellung erfolgreich gemeistert.

Hier sind nochmal einige Anmerkungen und Tipps zum Lösen von **linearen Gleichungssystemen**:

- ✓ Das Wichtigste ist erstmal, konzentriert zu arbeiten, sonst machst du ganz leicht Fehler beim Rechnen. Ich muss zugeben, dass ich mich beim Erstellen dieser Aufgabe auch einmal verrechnet habe.
- ✓ Es ist egal, welche Gleichungen des Gleichungssystems miteinander addiert oder subtrahiert werden. Suche dir Gleichungen aus, wo du am besten gleich 2 Buchstaben eliminieren kannst. Falls das nicht möglich ist, suche die Gleichungen aus, die du leicht miteinander subtrahieren oder addieren kannst (ein stückweit Kreativität ist gefragt). Damit machst du dir das Leben einfacher.
- ✓ In einem Gleichungssystem darfst du die Reihenfolge der Gleichungen beliebig verändern, so wie es dir am besten gefällt. Zum Beispiel könntest du im *GS 2* (→ *S.54*) die Gleichung II' und III' auch vertauschen. Es würde überhaupt keinen Unterschied machen.

4 Potenzfunktionen

4.1 Einführung

Die linearen und quadratischen Funktionen aus den letzten Kapiteln waren dir sicherlich schon aus der Mittelstufe bekannt. In diesem Kapitel gehen wir einen Schritt weiter und beschäftigen uns mit den Potenzfunktionen und ihren Eigenschaften. Wir werden uns die **Symmetrie**- und **Monotonie**eigenschaften anschauen.

Zunächst einmal zur Frage: Was sind Potenzfunktionen?
Die Funktion

$$\boldsymbol{f(x) = x^n}$$

heißt Potenzfunktion vom Grad n.

Potenzfunktionen sind deshalb zum Beispiel

$$x^1, x^2, x^3, x^4, x^5 \ldots$$

Um im Folgenden die Eigenschaften der Potenzfunktionen deutlich zu machen, ist es hilfreich, sich den Graphen einiger Potenzfunktionen anzuschauen.

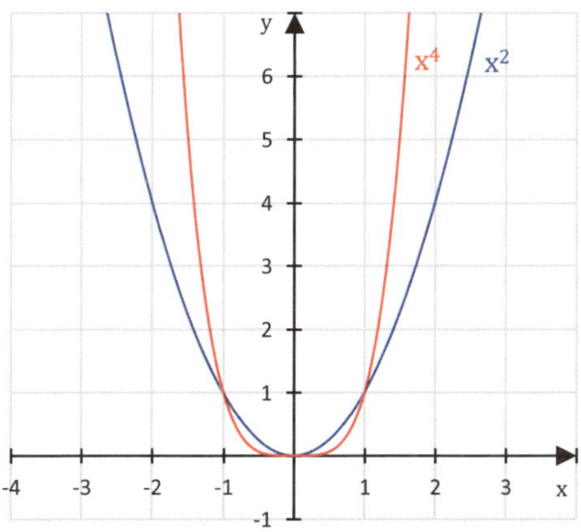

Abb. 4.1: Potenzfunktionen mit geradem n

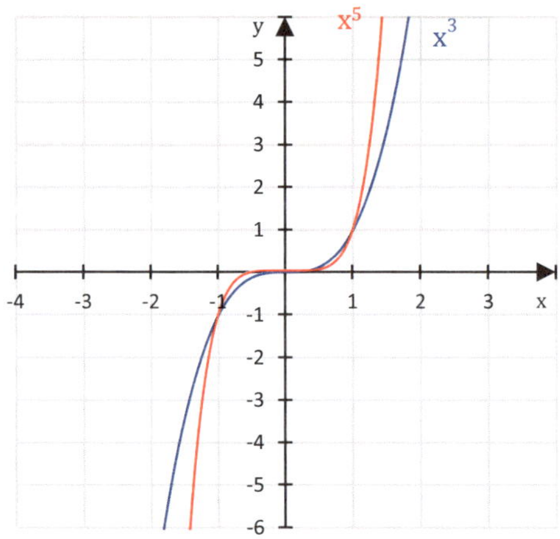

Abb. 4.2: Potenzfunktionen mit ungeradem n

Hier kann man den Definitions- und Wertebereich der Potenzfunktionen im Prinzip schon am Graphen ablesen. Der Definitionsbereich aller Potenzfunktionen sind die reellen Zahlen: $\mathbb{D} \in \mathbb{R}$
Man kann ja schließlich alle möglichen Zahlen für x einsetzen, ohne gegen irgendein Gesetz zu verstoßen.

Der Wertebereich ist für

- Potenzfunktionen mit ungeradem n: $\mathbb{W} = \mathbb{R}$
- Potenzfunktionen mit geradem n: $\mathbb{W} = \mathbb{R}_0^+$
  (alle positiven reellen Zahlen; das sieht man direkt an den Graphen in *Abb. 4.1*, denn die Graphen verlaufen überall nur oberhalb der x-Achse).

4.2 Symmetrieeigenschaften

Potenzfunktionen sind entweder achsen- oder punktsymmetrisch. Achsensymmetrie und Punktsymmetrie von Funktionen kann man ganz allgemein mit folgenden Kriterien überprüfen:

(1) Wenn für die Funktion $f(x) = f(-x)$ gilt, ist sie achsensymmetrisch.
(2) Wenn für die Funktion $f(x) = -f(-x)$ gilt, ist sie punktsymmetrisch.

Auf unsere Potenzfunktionen übertragen heißt das folgendes:

(1) Alle Potenzfunktionen mit einem geraden Exponenten (=„Hochzahl“) sind **achsensymmetrisch**.

➢ Beispiel: x^2, x^4, x^6 ... (→ *Abb. 4.1*)

(2) Alle Potenzfunktionen mit einem ungeraden Exponenten sind **punktsymmetrisch**.

➢ Beispiel: x^3, x^5, x^7 ... (→ *Abb. 4.2*)

Diese **Symmetrieeigenschaften** kann man bereits in *Abb. 4.1* und *Abb. 4.2* erkennen. Man kann dies aber auch mit den Kriterien, die wir gerade kennengelernt haben, **rechnerisch** nachweisen. Das schauen wir uns gleich an.

Beispiel:
Untersuche die folgenden Funktionen auf Punktsymmetrie und Achsensymmetrie:

a) $f(x) = x^4$ und

b) $g(x) = x^5$

a) Wir untersuchen f zunächst auf Achsensymmetrie. Dann muss gelten:

$$f(x) = f(-x).$$

Wir müssen also konkret die rechte Seite ermitteln und dann vergleichen, ob sie der linken Seite entspricht. Es gilt:

$$f(-x) = (-x)^4,$$

und das lässt sich noch weiter vereinfachen zu

$$f(-x) = (-x)^4 = (-x) \cdot (-x) \cdot (-x) \cdot (-x) = x^4.$$

Wenn wir mit $f(x)$ vergleichen, stellen wir fest, dass

$$f(x) = f(-x)$$

in diesem Fall zutreffend ist. Das heißt für uns, dass f achsensymmetrisch ist.

Für die Punktsymmetrie muss gelten:

$$f(x) = -f(-x).$$

Das heißt wieder konkret für uns:

$$-f(-x) = -((-x)^4) = -(x^4) = -x^4$$

$\Longrightarrow$ Es folgt also, dass

$$f(x) \neq -f(-x)$$

ist, denn

$$x^4 \neq -x^4,$$

also ist f nicht punktsymmetrisch.

b) Das gleiche Spiel nochmal:

$$g(-x) = (-x)^5 = (-x) \cdot (-x) \cdot (-x) \cdot (-x) \cdot (-x) = -x^5$$

$$\Longrightarrow g(x) \neq g(-x), \text{ da } x^5 \neq -x^5$$

g ist nicht achsensymmetrisch.

Prüfung auf Punktsymmetrie:

$$-g(-x) = -((-x)^5) = -(-x^5) = x^5$$

$$\Longrightarrow g(x) = -g(-x)$$

$\Longrightarrow$ g ist punktsymmetrisch.

Jede vernünftige Funktion kann wohlgemerkt nicht gleichzeitig achsen- und punktsymmetrisch sein (außer $f(x) = 0$, aber diese Funktion hat natürlich keine Aufmerksamkeit verdient).

Bei diesen einfachen Potenzfunktionen brauchst du natürlich nicht diesen rechnerischen Nachweis zu erbringen, sondern kannst direkt vom Exponenten auf Achsen- oder Punktsymmetrie schließen.

4.3 Monotonie der Potenzfunktionen

(1) Potenzfunktionen mit einem **ungeraden** Exponenten $(x^3, x^5, x^7 \ldots)$ **steigen überall** (mehr oder weniger) stark (→ *Abb. 4.2*).
Etwas genauer gesagt ist die Steigung überall größer als 0 (außer bei $x = 0$). Man drückt das mathematisch so aus:
Potenzfunktionen mit ungeradem Exponenten sind streng monoton **steigend**.

(2) Potenzfunktionen mit einem **geraden** Exponenten $(x^2, x^4, x^6 \ldots)$ sind für $x < 0$ (also für alle negativen x-Werte) streng monoton **fallend**.
Für alle Werte $x > 0$ sind sie streng monoton **steigend** (→ *Abb. 4.1*).

4.4 Hyperbeln

Hyperbeln sind auch eine Art von Potenzfunktionen, allerdings mit einem **negativen Exponenten**. Sie haben ganz allgemein die Funktionsgleichung

$$f(x) = x^{-n} = \frac{1}{x^n}$$

(x^{-n} und $\frac{1}{x^n}$ sind das Gleiche; es sind nur andere Schreibweisen).

Zum Beispiel sind

$$f(x) = \frac{1}{x^1} = \frac{1}{x}$$

oder

$$g(x) = \frac{1}{x^2}$$

Hyperbeln. *Abb. 4.3* und *Abb. 4.4* zeigen die Graphen dieser Funktion.

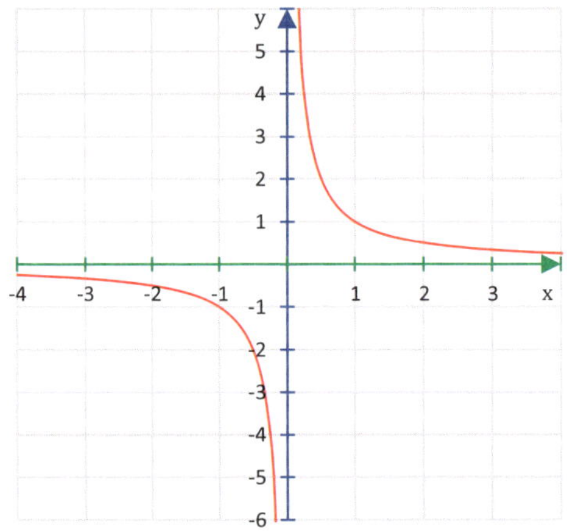

Abb. 4.3: $f(x) = \frac{1}{x}$

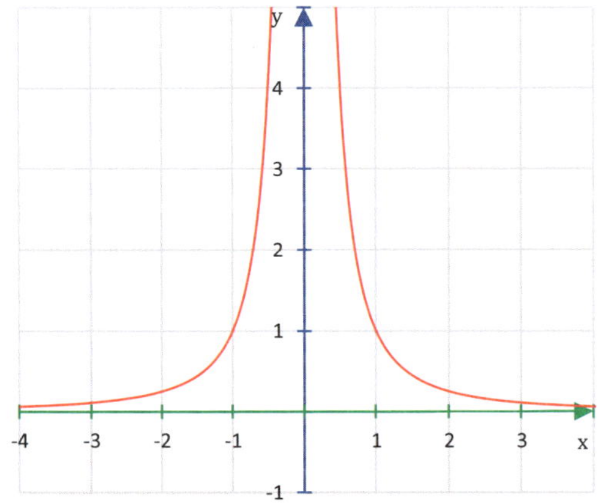

Abb. 4.4: $g(x) = \frac{1}{x^2}$

Die Symmetrieeigenschaften entsprechen denen der Potenzfunktionen mit positivem n. Für **ungerades** n ($n = 1,3,5, \dots$) ist die Hyperbel punktsymmetrisch (→ *Abb. 4.3*).

Für **gerades** n ($n = 2,4,6, \dots$) ist sie achsensymmetrisch (→ *Abb. 4.4*).

Hyperbeln sind bei

$x = 0$ (das ist die y-Achse)

und

$y = 0$ (das ist die x-Achse)

nicht definiert, das heißt sie verlaufen **nicht** durch diese Achsen. In den *Abb. 4.3* und *4.4* sieht man das sehr gut, denn die Graphen schneiden nie die x- und y-Achse und daher haben wir immer 2 Teilstücke des Graphen. Somit ist $\mathbb{D} = \mathbb{R}\backslash\{0\}$ und $\mathbb{W} = \mathbb{R}\backslash\{0\}$.
$\mathbb{D} = \mathbb{R}\backslash\{0\}$ bedeutet lediglich, dass der Definitionsbereich die reellen Zahlen sind außer der Zahl 0.
Die Hyperbeln nähern sich mehr und mehr diesen beiden Achsen, aber sie treffen sie nicht. Man sagt auch: Hyperbeln nähern sich **asymptotisch** der x-und y-Achse. Die x-Achse und die y-Achse sind in diesem Fall die **Asymptoten**. Asymptoten sind nichts weiter als **Näherungsfunktionen**. Meistens sind das Geraden, an denen sich ein Graph immer näher anschmiegt.

5 Umkehrfunktion

Eine Umkehrfunktion bildet man, indem man bei der ursprünglichen Funktion die Variablen x und y vertauscht und anschließend wieder nach y auflöst. Ein Mathematiker würde das zum Beispiel so formulieren: Sei $f: \mathbb{D}_f \to \mathbb{R}, x \to y$ mit der Wertemenge $\mathbb{W}_f$ umkehrbar, so gibt die Zuordnung $y \to x$ die Umkehrfunktion f^{-1} an.

Solltest du jetzt schon komplett verstanden haben, um was es hier geht, dann fließt in dir das Blut eines Mathematikers. Andernfalls kannst du dir jetzt ein Kochrezept zur Bestimmung der Umkehrfunktion anhand eines Beispiels anschauen.

Beispiel:
Bestimme die Umkehrfunktion der Funktion

$$f(x) = 2x - 2.$$

(1) Als erstes schreiben wir statt $f(x)$ lieber y hin, weil das für die meisten Schüler verständlicher ist.

$$y = 2x - 2$$

(2) Wie bereits angekündigt, müssen wir die Variablen x und y vertauschen:

$$x = 2y - 2$$

(3) Als nächstes gilt es, nach y auszulösen:

$$x = 2y - 2 \qquad | +2 \quad |:2$$

$$\Rightarrow y = \frac{1}{2}x + 1$$

(4) Zum Schluss ersetzt man y durch $f^{-1}(x)$:

$$f^{-1}(x) = \frac{1}{2}x + 1$$

f^{-1} steht dafür, dass es sich hierbei um die Umkehrfunktion von f handelt. Du hast sicherlich schon gemerkt, dass die Bildung einer Umkehrfunktion keine Probleme bereitet. Man muss nur die 4 Schritte durchführen.

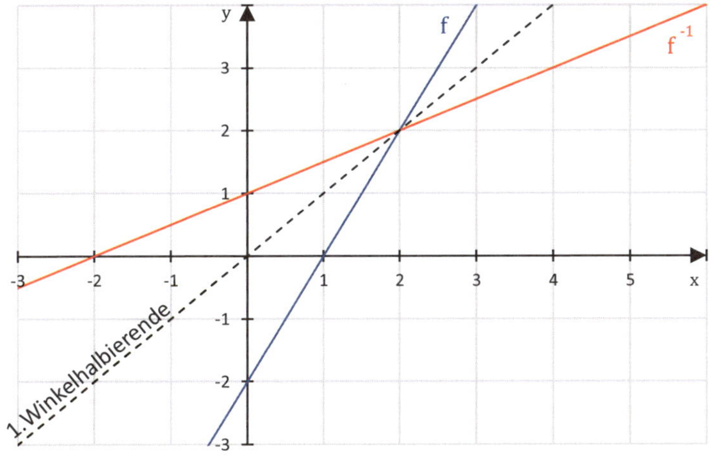

Abb. 5.1: $f(x) = 2x - 2$ und $f^{-1}(x) = \frac{1}{2}x + 1$

In *Abb. 5.1* erkennt man direkt, dass die Umkehrfunktion f^{-1} durch Spiegelung der Funktion f an der 1.Winkelhalbierenden entstanden ist (was eine Winkelhalbierende ist, sieht man in der Abbildung sehr gut).
Das ist bei dieser Funktion kein Zufall:

Jede Umkehrfunktion entsteht durch die Spiegelung der Funktion an der 1. Winkelhalbierenden

Das ist aber auch gleichzeitig der Grund dafür, warum man nicht von jeder Funktion uneingeschränkt die Umkehrfunktion bestimmen kann, wie das folgende Beispiel zeigt.

Beispiel:
Bestimme die Umkehrfunktion der Funktion

$$f(x) = x^2.$$

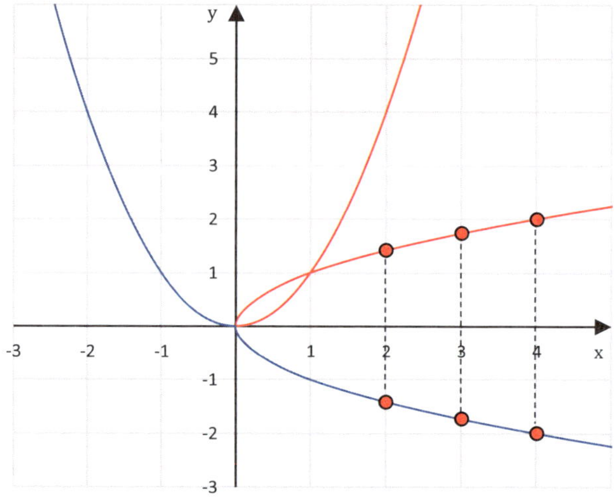

Abb. 5.2: Normalparabel und Umkehrfunktion

Wenn wir diese Funktion an der 1. Winkelhalbierenden spiegeln, haben wir eine nach rechts geöffnete Parabel (→ *Abb. 5.2*). Wir haben deshalb ein Problem. Vielleicht erinnerst du dich noch düster daran, wie eine Funktion definiert ist. Sie ist eine **eindeutige** Zuordnung von einem Element zu einem anderen, d.h. dass jedem x-Wert nur ein y-Wert zugeordnet werden darf. In unserem Fall gibt es aber immer zwei y-Werte. Bei

$$x = 1$$

gibt es die Funktionswerte

$$y = 1 \text{ und } y = -1,$$

bei

$$x = 2$$

gibt es die Funktionswerte

$$y = +\sqrt{2} \text{ und } y = -\sqrt{2}$$

usw. Wir können also in der Form keine Umkehrfunktion von

$$f(x) = x^2$$

bilden. Die Lösung dieses Problems ist ganz einfach: Wir bilden nur die Umkehrfunktion von der rechten Seite der Funktion
(rot markiert in der *Abb. 5.2*). Mathematisch ausgedrückt: Wir bilden die Umkehrfunktion von

$$f(x) = x^2$$

im Definitionsbereich

$$\mathbb{D} = \mathbb{R}_0^+.$$

Das tun wir jetzt mal:

1. $y = x^2$ mit $\mathbb{D} = \mathbb{R}_0^+$
2. Variablentausch:
   $$x = y^2$$
3. Nach y auflösen durch Wurzelziehen:
   $$y = +\sqrt{x}$$
4. $f^{-1}(x) = \sqrt{x}$

Fassen wir also das Wichtigste nochmal zusammen: Eine Umkehr**funktion** muss eine **eindeutige Zuordnung** sein. Wenn man beispielsweise die Umkehrfunktion von

$$f(x) = x^2$$

bildet, entsteht eine nicht eindeutige Zuordnung (eine nach rechts geöffnete Parabel). Wir schaffen wieder eine eindeutige Funktion, indem wir den Definitionsbereich auf die positiven reellen Zahlen beschränken und dann die Umkehrfunktion bilden.

Zum Schluss noch eine Bemerkung, die wichtig ist: Wenn man die Funktion und Umkehrfunktion hintereinander ausführt, heben sie sich gegenseitig auf. Das wirst du bei den Sinusfunktionen noch näher kennenlernen. Zum Beispiel gilt:

- $sin^{-1}(sin(x)) = x$
- $cos^{-1}(cos(x)) = x$

Ganz allgemein gilt:

$$f^{-1}(f(x)) = x$$

Diese Erkenntnis wird an der ein oder anderen Stelle noch nützlich sein.

6 Ganzrationale Funktionen

6.1 Einführung

In diesem Kapitel geht es um die **ganzrationalen Funktionen**, die gerne auch als **Polynomfunktionen** bezeichnet werden (mir persönlich gefällt der andere Begriff besser). Wie auch bei den anderen Funktionen müssen wir den Begriff ganzrationale Funktion definieren, wir wollen ja alle Funktionen gleich behandeln.

Definition: Die Funktion

$$f(x) = a_n x^n + a_{n-1} x^{n-1} + \ldots + a_1 x^1 + a_0$$

mit $a \in \mathbb{R}$; $a_n \neq 0$ bezeichnet man als ganzrationale Funktion.

Das sieht ganz schön furchtbar aus. Auf dem ersten Blick versteht man vielleicht gar nichts. Aber in Wirklichkeit steckt keine große Weisheit dahinter. Alle Buchstaben "a" in der Funktion sind einfach irgendwelche Zahlen, wie zum Beispiel

$$2;\ 9{,}81;\ \pi;\ \frac{1}{8} \ldots$$

Lass dich nicht von dem Index irritieren, also dem Buchstaben unter dem a. Du kannst ihn einfach ignorieren. Die Zahl a_n darf übrigens nicht null sein, d.h. die Zahl vor dem x^n.

Das n steht für irgendeine **natürliche** Zahl $(1,2,3,\ldots)$. n gibt den sogenannten **Grad** der ganzrationalen Funktion an. Mehr steckt da nicht dahinter. Wir schauen uns gleich am besten einige Beispiele für ganzrationale Funktionen an:

a) $f(x) = x^3 + x^2 - x + 1$

Das ist eine völlig normale ganzrationale Funktion vom **Grad 3**, was man am x^3 sieht, da dieser der größte Exponent ist, der vorkommt.

b) $f(x) = 9x^4 + 3x$

Das ist auch eine ganzrationale Funktion 4. Grades, denn man kann das auch so schreiben:

$$\begin{aligned} f(x) &= 9x^4 + 0 \cdot x^3 + 0 \cdot x^2 + 3x^1 + 0 \\ &= 9x^4 + 3x \end{aligned}$$

Die Terme, die eine null enthalten, fallen dann einfach weg, damit es besser aussieht und damit wir weniger schreiben müssen.

c) $f(x) = x^{1,9} + x + 0{,}9$

Das ist **keine** ganzrationale Funktion, weil der Exponent 1,9 nicht ganzzahlig ist.

d) $f(x) = x^{-2} + x^{-1}$

Das ist auch keine ganzrationale Funktion, weil die Exponenten immer natürliche Zahlen sein müssen.

Du musst also nur schauen, ob die Exponenten **positiv und ganzzahlig** sind, dann handelt es sich um eine ganzrationale Funktion. Der Grad der Funktion ist dann der größte Exponent.

Du hast in dieser Lektion sicherlich gemerkt, dass mathematische Definitionen sehr kompliziert aussehen. In Wirklichkeit ist es aber dann doch nur eine einfache Definition, die jeder verstehen kann.

6.2 Symmetrieeigenschaften

Dieses Thema ist für uns nichts besonders mehr, wir haben bereits Potenzfunktionen auf Symmetrieeigenschaften untersucht. Bei ganzrationalen Funktionen ist das nicht sonderlich schwerer.

Ganzrationale Funktionen sind entweder achsensymmetrisch, punktsymmetrisch oder **nicht symmetrisch**. Sie sind

(1) achsensymmetrisch, wenn nur **gerade** Exponenten auftreten.
(2) punktsymmetrisch, wenn nur **ungerade** Exponenten auftreten.
(3) nicht symmetrisch, wenn gerade **und** ungerade Exponenten auftreten.

Das kannst du auch immer mit den Kriterien für Symmetrie nachweisen, welche wir in *Kap. 4.2* kennengelernt haben.
An dieser Stelle ist noch eine Sache wichtig. Es gilt z.B.

$$4x = 4x^{1},$$

d.h. wenn ein x auftritt, dann handelt es sich um einen **ungeraden** Exponenten.

Genauso ist auch noch wichtig, dass man eine Zahl, z.B. die 7, als geraden Exponenten auffassen kann. Das hört sich vielleicht völlig verrückt an, aber es gilt

$$7 = 7x^{0},$$

da $x^{0} = 1$ ist. Und die 0 zählen wir hier als geraden Exponenten.

Wenden wir uns jetzt noch ein paar Beispielen zu:

a) $f(x) = 3x^4 + 8x^2$

Die Funktion ist achsensymmetrisch, denn x^4 und x^2 haben beide nur gerade Exponenten.

b) $f(x) = 9x^5 - x^2 - 3x$

Die Funktion weist keine Symmetrie auf, weil gerade und ungerade Exponenten auftreten.

c) $f(x) = -5x^7 - x^5 + 2x$

Die Funktion ist punktsymmetrisch, weil nur ungerade Exponenten vorkommen (beachte: $x = x^1 \Rightarrow$ also ungerader Exponent).

d) $f(x) = 12x^4 + 33x^2 + 2$

Die Funktion ist achsensymmetrisch, denn x^4 und x^2 haben gerade Exponenten und auch die 2 zählen wir als geraden Exponenten, da $2 = 2^0$.

e) $f(x) = 10x^5 + 2x + 61$

Die Funktion ist **nicht symmetrisch**. Es treten ungerade Exponenten auf in den ersten zwei Termen (beachte: $x = x^1 \Rightarrow$ also ungerader Exponent). Aber es gilt $61 = 61^0$, also tritt auch ein gerader Exponent auf und die Funktion ist somit nicht symmetrisch.

6.3 Nullstellenbestimmung durch Substitution

In dieser Lektion werden wir uns damit beschäftigen, wie man die Nullstellen von bestimmten ganzrationalen Funktionen mit einem kleinen mathematischen Trick bestimmt.

Die Nullstellen einer linearen Funktion zu bestimmen ist ja ganz einfach, auch um ganzrationale Funktionen 2. und 3. Grades brauchen wir uns nicht zu kümmern, das kann unser lieber Taschenrechner für uns erledigen (bei den meisten Taschenrechnern erst auf MODE gehen, dann auf EQN und anschließend kannst du auswählen, welche Gleichung du lösen willst).

Probleme bekommen wir erst, wenn wir beispielsweise die Nullstellen von folgender Funktion ermitteln wollen:

$$f(x) = x^4 - 2x^2 - 8$$

Wir haben eine ganzrationale Funktion 4. Grades vorliegen, dessen Funktionsgleichung aber relativ ähnlich aussieht wie die einer quadratischen Gleichung.

Auch hier setzen wir die Funktion erstmal mit 0 gleich, um die Nullstellen zu bestimmen.

$$0 = x^4 - 2x^2 - 8$$

Jetzt ist eine sogenannte **biquadratische Gleichung** (bi = zwei) entstanden. Um die Nullstellen dieser Funktion zu bestimmen, nutzen wir ihre Ähnlichkeit mit quadratischen Funktionen aus. Wir wenden einen mathematischen Trick an, der sich Substitution nennt (substituieren = ersetzen).

Man sagt einfach, dass x^2 das Gleiche ist wie z:

$$x^2 = z$$

z ist irgendeine neue Variable; wir könnten sie genauso gut s oder q nennen.

Nun setzen wir z in die Gleichung ein (für x^2):

$$0 = x^4 - 2x^2 - 8$$
$$= x^2 \cdot x^2 - 2x^2 - 8 \quad | \text{ Substitution: } x^2 = z$$
$$0 = z \cdot z - 2z - 8$$
$$0 = z^2 - 2z - 8$$

Jetzt wird auch der Sinn dieser Substitution klar, denn wir haben eine ganz normale quadratische Gleichung mit der Variable z. Die Gleichung können wir ohne Schwierigkeiten mit der p-q-Formel oder dem Taschenrechner lösen und erhalten dann folgende 2 Werte für z:

$$z_1 = 4$$
$$z_2 = -2$$

Das sind die Lösungen für $\boldsymbol{z}$. Das hilft uns aber noch nicht weiter, denn wir wollen ja wissen, wo die Nullstellen der Funktion $f(\boldsymbol{x})$ liegen, deshalb wollen wir auch **x**-Werte als Ergebnis haben. Glücklicherweise ist dies kein großes Problem, denn durch die **Resubstitution**, also dem Umkehren der Substitution, kommen wir wieder von z auf x zurück. Wir kennen ja den Zusammenhang

$$x^2 = z,$$

den wir schließlich selbst festgelegt haben. Damit sind wir schon fast am Ziel. Für z setzen wir jeweils z_1 und z_2 ein:

➔ $x^2 = z_1$
$x^2 = 4$
$\Rightarrow x_1 = +\sqrt{4} = 2$
$\Rightarrow x_2 = -\sqrt{4} = -2$

➔ $x^2 = z_2$
$x^2 = -2$
$\Rightarrow x_{3/4} = \pm\sqrt{-2}$
$\Rightarrow x_{3/4}$ liefert keine Lösung

Vergiss nicht: Wenn du die Wurzel ziehst, erhältst du 2 Ergebnisse, deshalb haben wir mit z_1 zwei x-Werte erhalten.

Mit z_2 kommen wir auf keine weiteren Lösungen, weil unter der Wurzel eine negative Zahl steht. Somit liegen die Nullstellen der Funktion f bei

$$x_1 = 2$$

und

$$x_2 = -2.$$

Übrigens kann man diesen Trick nicht nur bei biquadratischen Gleichungen anwenden, das geht zum Beispiel auch bei:

$$0 = 2x^8 + 3x^4 - 8$$

In diesem Fall müsstest du

$$x^4 = z$$

setzen, die restliche Prozedur wäre aber dieselbe.

6.4 Grenzwerte (Teil 1)

In diesem Kapitel geht es um eines der unbeliebtesten Themen der Einführungsphase: den Grenzwertbetrachtungen. Aber keine Panik, es geht hier nicht um komplizierte Beweise, sondern eigentlich nur um grundlegende Dinge.

Zunächst einmal ganz allgemein zum Begriff Grenzwert: Ein Grenzwert ist ganz grob gesagt eine Zahl, die herauskommt, wenn wir eine Funktion gegen eine bestimmte Zahl laufen lassen.
Das Ganze wird verständlich am folgenden Beispiel.

Beispiel: Gegeben ist die Funktion

$$f(x) = \frac{1}{3}x - 1.$$

Bestimme den Grenzwert der Funktion für $x \to +\infty$.

Wir müssen jetzt also die Frage beantworten, wohin die Funktion geht, wenn wir für x theoretisch unendlich einsetzen würde.
Bevor wir eine solche **Grenzwertbetrachtung** machen, will ich noch die Schreibweise dafür einführen. Man schreibt:

$$\lim_{x \to +\infty} f(x)$$

Das

$$lim$$

steht für „Limes", was nichts anderes als Grenzwert heißt. Das

$$x \to +\infty$$

bedeutet, dass wir x gegen ($\to$) unendlich ($+\infty$) laufen lassen.
Insgesamt heißt das, dass wir herausfinden wollen, wohin die Funktion wandert, wenn wir x gegen $+\infty$ laufen lassen, sprich: Der Grenzwert der Funktion für $x \to +\infty$ ist gesucht.
Wenn man verstanden hat, um was es hierbei geht, ist die Lösung dieses Grenzwerts ein Kinderspiel:

$$\lim_{x \to +\infty} f(x) = \lim_{x \to +\infty} \frac{1}{3}x - 1 = +\infty$$

Das sieht man auch direkt am Graphen (→ *Abb. 6.1*). Wenn du $+\infty$ in x-Richtung gehst, ist der dazugehörige Wert von $f(x)$, also der y-Wert, entsprechend auch unendlich groß. Auch anhand der Funktionsgleichung ist das leicht erklärt:

$$\lim_{x \to \infty} \frac{1}{3}x - 1 = \frac{1}{3} \cdot \infty - 1 = \infty$$

Man schreibt den Zwischenschritt normalerweise in der Form nicht auf, stattdessen schreibt man gleich das Ergebnis auf. Ich habe das aber bewusst gemacht, denn jetzt wird deutlich: Die -1 hat auf die Grenzwertbildung überhaupt keinen Einfluss, denn ob du von unendlich 1 abziehst oder nicht, das macht keinen Unterschied.
Auch die $\frac{1}{3}$ hat keine Bedeutung, denn auch wenn du unendlich mit $\frac{1}{3}$ multiplizierst, hast du schließlich immer noch unendlich.

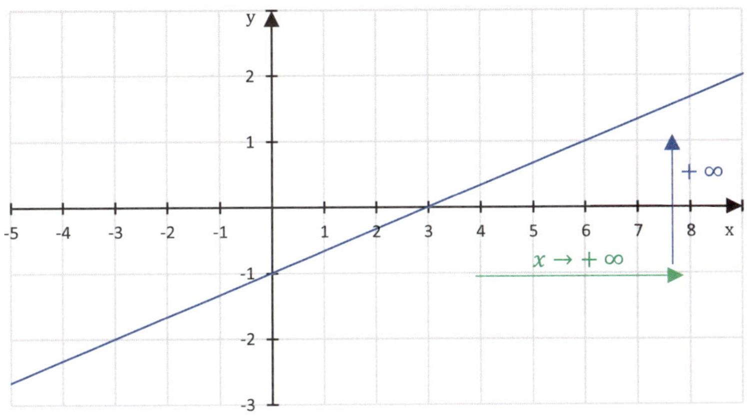

Abb. 6.1: $f(x) = \frac{1}{3}x - 1.$

Zum Schluss will ich das noch an ein paar Beispielen wiederholen:

a) $\lim\limits_{x \to -\infty} \frac{1}{3}x - 1 = -\infty$

Hier ist das gleiche gefragt wie im letzten Beispiel, allerdings setzt man für x jetzt $-\infty$ ein. Also kommt als Ergebnis $-\infty$ heraus.

b) $\lim\limits_{x \to -\infty} -\frac{1}{8}x - 10^{100} = +\infty$

Die Zahl 10^{100} hat keinen Einfluss auf den Grenzwert, auch wenn sie gewaltig groß ist. Sie könnte auch eine Trilliarde Mal größer sein und hätte trotzdem keinen Einfluss auf das Ergebnis.

Auch $\frac{1}{8}$ spielt keine Rolle. Wir müssen uns nur Gedanken über das negative Vorzeichen machen.

$$\lim_{x \to -\infty} -\frac{1}{8}x - 10^{100} = -\frac{1}{8} \cdot (-\infty) - 10^{100} = \frac{1}{8} \cdot \infty - 10^{100}$$
$$= +\infty$$

Somit ist das Ergebnis $+\infty$ (aber vermeide möglichst diese Zwischenschritte mit ∞, die ich gerade zur Verdeutlichung benutzt habe).

c) $\lim\limits_{x \to -\infty} -\frac{1}{10^{1000}}x - 10^{100000} = +\infty$

Auf dem ersten Blick sieht das Ergebnis vielleicht etwas verblüffend aus, aber wenn wir wie bei der vorherigen Aufgabe $-\infty$ einsetzen, erhalten wir:

$$-\frac{1}{10^{1000}} \cdot (-\infty) - 10^{100000} = \frac{1}{10^{1000}} \cdot \infty - 10^{100000}$$
$$= +\infty$$

Auch hier spielt die Zahl 10^{100000} keine Rolle, denn wenn du von **unendlich** („eine Zahl ohne Ende") diese **relativ** winzige Zahl abziehst, macht das keinen Unterschied. Auch wenn man $\frac{1}{10^{1000}}$ mit unendlich multipliziert, hat das keinen Einfluss auf die „Unendlichkeit"!

6.5 Grenzwerte (Teil 2)

Im Teil 1 hast du gelernt, wie man die Grenzwerte **linearer** Funktionen für $x \to \pm\infty$ bildet. In diesem Kapitel geht es um die Grenzwertbildung „komplizierterer" **ganzrationaler Funktionen** für $x \to \pm\infty$. Es gibt dafür aber „Regeln", die du dir einfach merken solltest. Bevor wir uns diese anschauen, müssen wir noch etwas klären. Wenn zum Beispiel eine ganzrationale Funktion 6. Grades wie

$$f(x) = 2x^6 - 80x^5 - 70x^4 + 4x^3 - x^2 - 3x + 6$$

gegeben ist und der Grenzwert für $x \to +\infty$ und $x \to -\infty$ gesucht ist, dann muss man sich nur den 1. Term anschauen, also den Term mit dem höchsten Exponenten, in diesem Falle

$$\mathbf{2x^6}.$$

Die restliche Funktionsgleichung hat überhaupt keinen Einfluss auf den Grenzwert für $x \to \pm\infty$, auch wenn danach noch zahlreiche weitere Terme folgen. **Nur** $2x^6$ spielt für uns eine Rolle.

Die folgenden mathematischen Sätze (ein Satz ist eine bewiesene, mathematische Aussage) gelten für **alle** ganzrationalen Funktionen. Dabei

versteht man im Folgenden unter a_n die Zahl, die vor dem x mit dem größten Exponenten steht. In unserem obigen Beispiel wäre a_n dann die 2, also die Zahl vor x^6.
Lange Vorrede: Kommen wir nun endlich zu besagten Sätzen.

(1) Wenn a_n eine **positive** Zahl und n **gerade** ist, dann gilt:

$$\lim_{x \to +\infty} f(x) = +\infty$$

$$\lim_{x \to -\infty} f(x) = +\infty$$

(2) Wenn a_n eine **negative** Zahl und n **gerade** ist, dann gilt:

$$\lim_{x \to +\infty} f(x) = -\infty$$

$$\lim_{x \to -\infty} f(x) = -\infty$$

(3) Wenn a_n eine **positive** Zahl und n **ungerade** ist, dann gilt:

$$\lim_{x \to +\infty} f(x) = +\infty$$

$$\lim_{x \to -\infty} f(x) = -\infty$$

(4) Wenn a_n eine **negative** Zahl und n **ungerade** ist, dann gilt:

$$\lim_{x \to +\infty} f(x) = -\infty$$

$$\lim_{x \to -\infty} f(x) = +\infty$$

Das sind eine der wenigen mathematischen Aussagen, die jeder Schüler ohne große Erläuterungen verstehen kann, solange er weiß, was a_n ist und was gerade und ungerade bedeutet. Ich denke, dass aber ein paar Beispiele auf keinen Fall schaden.

Beispiele:
Bestimme den Grenzwert für $x \to \pm\infty$ für die folgenden Funktionen:

a) $f(x) = 2x^6 - 80x^5 - 70x^4 + 4x^3 - x^2 - 3x + 6$

Das ist eine wahnsinnig lange Funktion, aber wir müssen nur das anwenden, was wir aus den ***Sätzen 1-4*** gelernt haben. In diesem Fall trifft ***Satz 1*** zu, da a_n, hier die Zahl 2 vor dem x^6, positiv ist.

Zudem ist n gerade, da n der größte Exponent ist, der in diesem Fall die 6 ist. Die 6 ist ja wohl sehr gerade, also gilt nach ***Satz 1***:

$$\lim_{x\to+\infty} 2x^6 - 80x^5 - 70x^4 + 4x^3 - x^2 - 3x + 6 = +\infty$$

$$\lim_{x\to-\infty} 2x^6 - 80x^5 - 70x^4 + 4x^3 - x^2 - 3x + 6 = +\infty$$

b) $g(x) = -2x^3 + 2x^2 - 30x + 2$

Hier kommt ***Satz 4*** zur Anwendung, denn $a_n = -2$ ist negativ und $n = 3$ ist ungerade. Deshalb ist

$$\lim_{x\to+\infty} g(x) = \lim_{x\to+\infty} -2x^3 + 2x^2 - 30x + 2 = -\infty$$

$$\lim_{x\to-\infty} g(x) = \lim_{x\to-\infty} -2x^3 + 2x^2 - 30x + 2 = +\infty$$

c) $h(x) = -x^8 + 4x^3 - 2x$

Auch hier ist die restliche Funktionsgleichung uninteressant, nur $-x^8$ ist beachtenswert. a_n ist in diesem Fall -1, also auf jeden Fall negativ, n ist 8 und somit gerade. Deshalb müssen wir ***Satz 2*** benutzen:

$$\lim_{x\to+\infty} h(x) = \lim_{x\to+\infty} -x^8 + 4x^3 - 2x = -\infty$$

$$\lim_{x\to-\infty} h(x) = \lim_{x\to-\infty} -x^8 + 4x^3 - 2x = -\infty$$

d) $i(x) = 9x^{17} - 5x^{10} + x + 1$

$a_n = 9$ ist positiv, $n = 17$ ist ungerade, deshalb gilt mit ***Satz 3***:

$$\lim_{x\to+\infty} i(x) = +\infty$$

$$\lim_{x\to-\infty} i(x) = -\infty$$

Ich möchte zum Schluss noch ein paar Worte darüber verlieren, welchen Sinn das Ganze macht. Wenn wir eine Funktionsgleichung von solchen ganzrationalen Funktionen sehen, können wir jetzt direkt sagen, von wo die Funktion kommt und wohin sie geht. Wir können zum Beispiel sagen, dass die Funktion f aus Aufgabenteil a) von **links oben** kommt und auch nach **rechts oben** geht (→ *Abb. 6.2*).

Entsprechend kommt Funktion i aus Aufgabenteil d) von **links unten** und geht nach **rechts oben** (→ *Abb. 6.3*). Wir haben also zwei wesentliche Informationen über den Verlauf des Graphen erhalten. Wenn wir jetzt noch die Nullstellen etc. kennen würden, könnten wir relativ genau sagen, wie der Graph der Funktion verläuft. Das werden wir aber im Kapitel Kurvendiskussion (→ *Kap. 10*) ausführlich besprechen.

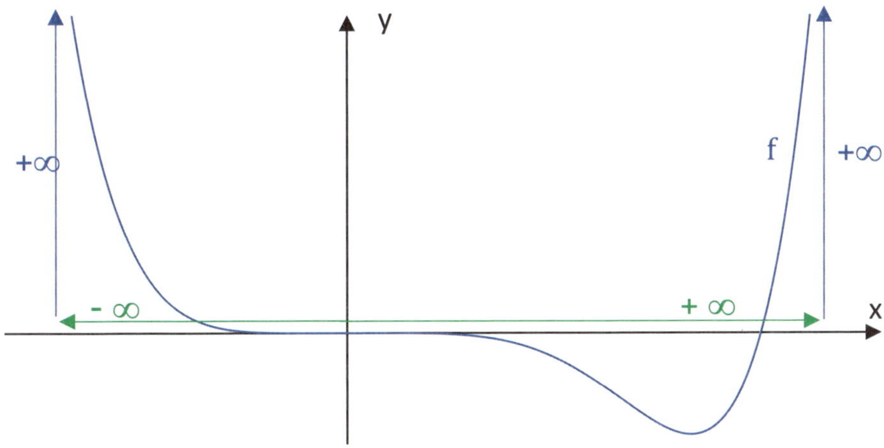

Abb. 6.2: $f(x) = 2x^6 - 80x^5 - 70x^4 + 4x^3 - x^2 - 3x + 6$

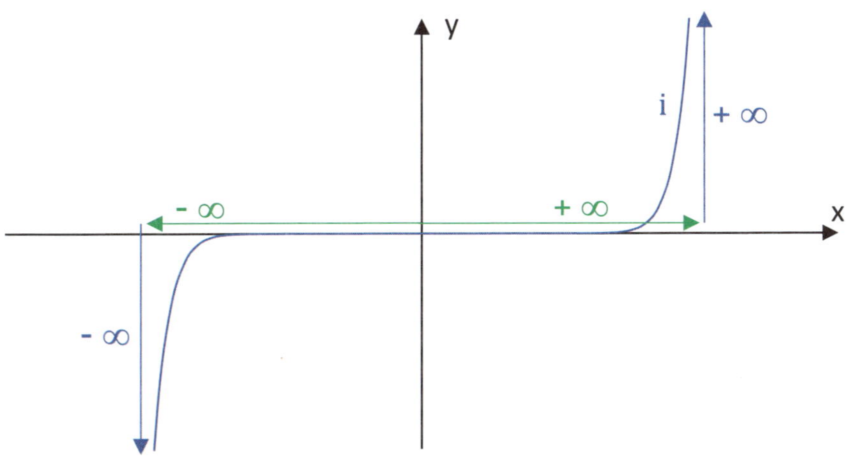

Abb. 6.3: $i(x) = 9x^{17} - 5x^{10} + x + 1$

7 Steigung

7.1 Definition von Steigung

In diesem und den folgenden Kapiteln geht es nun um die Steigung von Funktionen in einem Punkt. Der Begriff Steigung wird dich in irgendeiner Art und Weise in der ganzen 11. und teilweise 12. Klasse verfolgen. Wenn wir dann später über Ableitungen reden, wird es immer noch um Steigungen von Funktionen gehen. Wir kommen darauf aber in den nächsten Kapiteln noch genauer zu sprechen. Jetzt wollen wir uns erstmal anschauen, was man überhaupt unter einer Steigung von irgendeiner Funktion in irgendeinem Punkt versteht. Fangen wir dafür am besten von ganz vorne an, mit den linearen Funktionen.

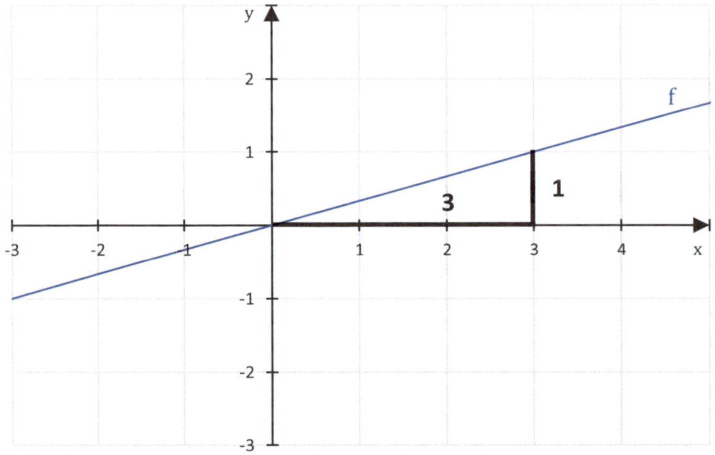

Abb. 7.1: $f(x) = \frac{1}{3}x$

Das Schöne bei linearen Funktionen ist die Tatsache, dass die Steigung **überall** auf dem Graphen, also in jedem Punkt auf der Geraden, gleich groß ist. In unserem Falle ist sie $\frac{1}{3}$, was am Graphen leicht zu sehen ist, denn sobald du einen Schritt nach rechts gehst, musst du zwangsläufig $\frac{1}{3}$ nach oben gehen, um wieder auf der Geraden zu landen. Oder wenn du 3 Schritte nach rechts gehst, musst du einen Schritt nach oben gehen, somit ist die Steigung dieser Geraden $\frac{1}{3}$.

Nur Geraden haben eine durchgängig gleich große Steigung. Schauen wir uns doch deshalb eine Funktion an, bei der das nicht der Fall ist:

$$g(x) = x^2$$

Wie groß ist hier die Steigung? Diese Frage kann man in der Form nicht beantworten, da die Steigung überall anders ist. Bei $x = 1$ ist die Steigung anders als bei $x = 2$, dort ist die Steigung wiederum anders als bei $x = 5$. Das kann man hier mit bloßem Auge erkennen. Daher wollen wir den Begriff Steigung näher betrachten, denn das ist unerlässlich für die nächsten Kapitel.

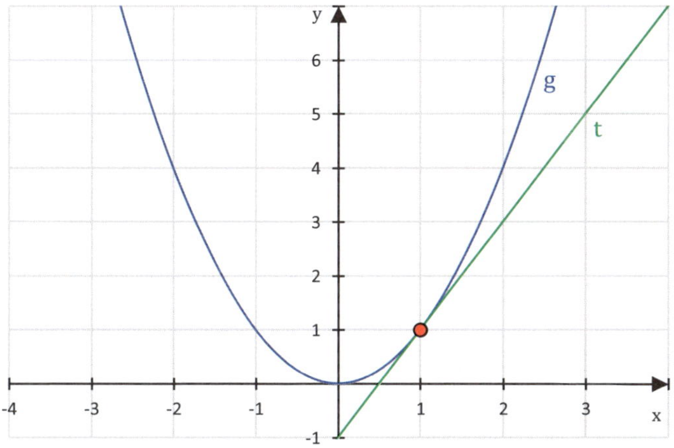

Abb. 7.2: $g(x) = x^2, t(x) = 2x - 1$

Definition: Die Steigung einer Funktion in einem Punkt ist dasselbe wie die Steigung der Tangente in diesem Punkt.

Den Begriff Tangente solltest du ja bereits aus dem *Kap. 3.5* (→ *S.49*) kennen. Das ist theoretisch schon ein Verfahren, um die Steigung in einem Punkt zu bestimmen. Man kann die Tangente in diesem Punkt zeichnen und die Steigung der Tangente bestimmen.
Das wurde in *Abb. 7.2* bei $g(x) = x^2$ im Punkt $P(1|1)$ auch gemacht. Wir stellen fest: Die Steigung der Tangente im Punkt $P(1|1)$ ist 2 (ein Schritt nach rechts und zwei Schritte nach oben $\Longrightarrow$ $Steigung = 2$). Die Funktion hat somit in diesem Punkt auch die Steigung 2.

Aus diesem Kapitel solltest du folgendes mitnehmen:

Steigung der Funktion in einem Punkt = Steigung der Tangente

Wir werden ein Verfahren kennenlernen, wie man die Steigung rechnerisch ermittelt. Man kann ja schließlich nicht immer irgendwelche Tangenten zeichnen. Das ist manchmal praktisch nicht möglich, viel zu ungenau und kein Mensch hat Lust darauf.

7.2 Ableitung

Da wir jetzt bereits wissen, was man unter einer Steigung in einem Punkt versteht (= Steigung der Tangente), können wir uns überlegen, wie man die Steigung einer beliebigen Funktion angibt. Und genau das geschieht mit einer **Ableitung**. Die Ableitung einer Funktion gibt die Steigung der Funktion an irgendeiner Stelle an. Die Ableitung kann man daher auch als **Steigungsfunktion** bezeichnen.

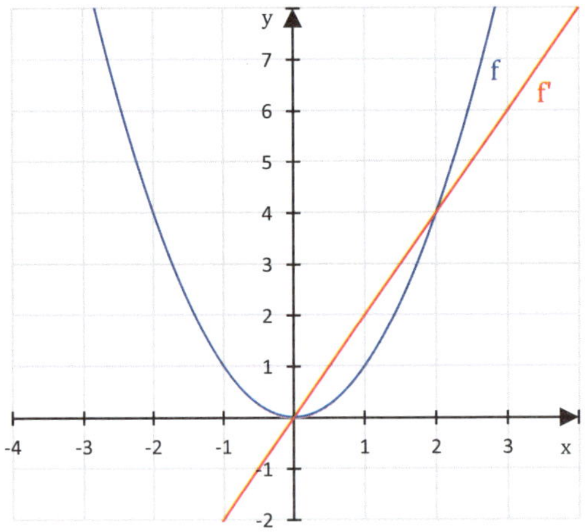

Abb. 7.3: $f(x) = x^2$, $f'(x) = 2x$

In *Abb. 7.3* siehst du die Funktion

$$f(x) = x^2$$

und ihre Ableitung. Die **Ableitung** hat ja logischerweise auch eine Funktionsgleichung, sie ist ja schließlich eine **Funktion**. Diese lautet:

$$f'(x) = 2x.$$

Das Apostroph in f' kennzeichnet, dass es sich um die Ableitung von f handelt.

Wie man Ableitungen rechnerisch ermittelt, werden wir uns in den nächsten Kapiteln noch anschauen. Zuvor will ich noch den Zusammenhang zwischen der Funktion f und der Steigungsfunktion bzw. Ableitung f' klarmachen.

Wenn wir in unserem Fall wissen wollen, welche Steigung

$$f(x) = x^2$$

an der Stelle $x = 3$ hat, so müssen wir $x = 3$ in

$$f'(x) = 2x$$

einsetzen. Wir erhalten dann:

$$f'(3) = 2 \cdot 3 = 6$$

Die Steigung von f an der Stelle $x = 3$ ist deshalb 6. Das erkennst du am Graphen der Ableitung daran, dass der y-Wert bei $x = 3$ gerade 6 ist.

Auf diese Weise kannst du direkt am Graphen von f' ablesen, dass die Steigung z.B. bei $x = -1$ genau -2 ist, was man wieder am y-Wert -2 erkennt. Die **y-Werte** von $\boldsymbol{f'}$ geben somit immer die **Steigung** an.

Wir haben nun einige wesentliche Erkenntnisse gewonnen.

- Du kannst dir folgenden Zusammenhang guten Gewissens merken:

  $$\text{Steigung der Funktion} = \text{Ableitung}$$

- Die Steigung der Funktion in einem bestimmten Punkt kannst du ganz leicht bestimmen, indem du den x-Wert des Punktes in die **Ableitung** einsetzt. Dann erhältst du die Steigung. Die Steigung ist außerdem der y-Wert der Ableitung.
- Wenn eine Funktion **fällt** (z.B. linke Seite des Graphen von $f(x) = x^2$, also für $x < 0$), dann ist die Steigung **negativ**. Deshalb ist dann die Ableitung in einem solchen Fall unterhalb der x-Achse (→ *Abb. 7.3*).
- Wenn die Funktion steigt (rechte Seite von f, $x > 0$), dann ist die Steigung **positiv**. Dann ist die Ableitung oberhalb der x-Achse.

Dieses Kapitel war vielleicht etwas trocken, aber notwendig, um einen kleinen Einstieg in die Welt der Ableitungen zu bekommen. In den nächsten Kapiteln wirst du dann die ersten Ableitungen selbst herleiten.

7.3 Differentialquotient

Im letzten Kapitel haben wir gesehen, wie eine **Funktion** und ihre **Ableitung** miteinander zusammenhängen. Wir haben festgestellt, dass die Steigung der Funktion mit der Ableitung dargestellt wird, weshalb man sie auch als **Steigungsfunktion** bezeichnen kann.
In diesem Kapitel wollen wir uns anschauen, wie man eine solche Ableitung einer Funktion herleiten kann. Dieses Kapitel ist etwas tricky, aber wenn du es aufmerksam durcharbeitest, wirst du es verstehen.

Zunächst einmal sollte man folgenden Zusammenhang fest im Kopf verankern:

Ableitung = Steigung der Funktion
= Steigung der Tangente

Wie wir bereits wissen, ist die Ableitung, die wir bestimmen möchten, nichts anderes als die Steigung der Funktion. Und wir hatten gesagt, dass die Steigung der Funktion in einem Punkt die Steigung der Tangente ist.

Um also die Ableitung in irgendeinem Punkt zu bestimmen, muss man die Steigung der Tangente bestimmen. Dafür gibt es sozusagen eine Formel, die man auch als **Differentialquotient** bezeichnet. Dieser Differentialquotient sieht folgendermaßen aus:

$$\lim_{x_1 \to x_0} \frac{f(x_1) - f(x_0)}{x_1 - x_0}$$

Das sieht ziemlich grauenvoll aus, muss ich zugeben. Es taucht nicht nur ein **Grenzwert** auf, sondern auch noch lauter unschöner Buchstaben mit Indizes. Aber keine Bange, wir schauen uns gleich ein paar Beispiele an, in denen alles aufgeklärt und erklärt wird, wie diese Formel angewendet wird.

Beispiel 1:
Bestimme die Ableitung der Funktion

$$f(x) = \mathbf{3}x - 2.$$

Die Funktion siehst du graphisch in *Abb. 2.1* (→ *S.9*).
Bei diesem Beispiel braucht man eigentlich keine großartige Mathematik. Die Ableitung ist ja schließlich nichts anderes als die Steigung der Funktion. Bei linearen Funktionen ist die Steigung überall gleich, wie wir in *Kap. 7.1* festgestellt haben, in unserem Falle gerade **3**. Die Ableitung ist deshalb

$$f'(x) = 3.$$

Das ist natürlich ganz einfach bei linearen Funktionen. Wir wollen trotzdem die Ableitung einmal über diesen „komplizierten“ Differentialquotienten bilden. Dafür musst du erstmal alle vorkommenden Buchstaben verstehen.
x_1 und x_0 sind einfach zwei verschiedene **feste** x-Werte. Stell dir einfach vor, dass x_1 und x_0 Zahlen sind.
$f(x_1)$ und $f(x_0)$ sind die dazugehörigen y-Werte. Wir erhalten diese, indem wir die x-Werte in die Funktion einsetzen. Für unseren Fall heißt das konkret:

$$f(x_1) = 3x_1 - 2$$
$$f(x_0) = 3x_0 - 2$$

Wie bereits gesagt, musst du die Vorstellung akzeptieren, dass x_1 und x_0 irgendwelche Zahlen sind, die du hier für x einsetzt.
Den Grenzwertausdruck

$$\lim_{x_1 \to x_0}$$

kannst du erstmal einfach ignorieren. Diesen brauchen wir in diesem Beispiel noch nicht.

Wir setzen jetzt einfach in die Formel ein und erhalten:

$$f'(x_0) = \lim_{x_1 \to x_0} \frac{f(x_1) - f(x_0)}{x_1 - x_0} = \lim_{x_1 \to x_0} \frac{(3x_1 - 2) - (3x_0 - 2)}{x_1 - x_0}$$

Das $f'(x_0)$ bedeutet einfach nur, dass es sich um die Ableitung handelt. Die Ableitung ist gleich diesem Differentialquotienten.
Hier vereinfachen wir den Ausdruck im Zähler, indem wir die Klammern **korrekt** auflösen (das **negative Vorzeichen** vor der Klammer beachten):

$$\lim_{x_1 \to x_0} \frac{3x_1 - 2 - 3x_0 + 2}{x_1 - x_0} = \lim_{x_1 \to x_0} \frac{3x_1 - 3x_0}{x_1 - x_0} = \lim_{x_1 \to x_0} \frac{3(x_1 - x_0)}{x_1 - x_0}$$

Am Ende haben wir die 3 ausgeklammert. Wie man hier leicht sieht, kann der Ausdruck

$$(x_1 - x_0)$$

gekürzt werden, da er im Zähler **und** Nenner auftritt. Damit erhält man

$$f'(x_0) = \lim_{x_1 \to x_0} \frac{3(x_1 - x_0)}{x_1 - x_0} = \lim_{x_1 \to x_0} 3 = 3$$

Die Ableitung ist also

$$f'(x) = 3,$$

wie wir bereits wussten.

Beispiel 2:
Bestimme die Ableitung der Funktion

$$f(x) = x^2.$$

Auch von dieser Funktion kennen wir die Ableitung bereits aus dem letzten Kapitel. Sie lautet:

$$f'(x) = 2x$$

Den Differentialquotienten kann man hier genauso anwenden wie im letzten Beispiel. Man notiert sich am besten zunächst $f(x_1)$ und $f(x_0)$:

$$f(x_1) = x_1^2$$

$$f(x_0) = x_0^2$$

Dafür muss man lediglich in die Funktionsgleichung oben die festen Werte x_1 und x_0 für x einsetzen. Jetzt lässt sich der Differentialquotient aufstellen:

$$f'(x_0) = \lim_{x_1 \to x_0} \frac{f(x_1) - f(x_0)}{x_1 - x_0} = \lim_{x_1 \to x_0} \frac{x_1^2 - x_0^2}{x_1 - x_0}$$

Das ist noch nicht das Endergebnis. Man kann diesen Ausdruck nicht einfach so stehen lassen, weil man hier noch den Grenzwert bilden muss. Diesen Grenzwert zu bilden bedeutet, dass du für x_1 einfach x_0 einsetzt. Es steht nämlich $x_1 \to x_0$ da, d.h. x_1 läuft gegen x_0. Wenn du den Grenzwert an dieser Stelle schon bilden würdest, hättest du quasi

$$\lim_{x_1 \to x_0} \frac{x_1^2 - x_0^2}{x_1 - x_0} = \frac{x_0^2 - x_0^2}{x_0 - x_0} = \frac{0}{0}$$

stehen, was aus mathematischer Sicht alles andere als schön ist. Deshalb muss man hier sein geschultes mathematisches Auge einsetzen, welches den Ausdruck noch weiter vereinfachen kann:

$$\lim_{x_1 \to x_0} \frac{x_1^2 - x_0^2}{x_1 - x_0} = \lim_{x_1 \to x_0} \frac{(x_1 + x_0) \cdot (x_1 - x_0)}{x_1 - x_0}$$

Hier haben wir lediglich die **3. binomische Formel** im Zähler benutzt (→ *Formelsammlung S.236*), wonach

$$x_1^2 - x_0^2 = (x_1 + x_0) \cdot (x_1 - x_0)$$

gilt. Jetzt sieht man, dass sich

$$x_1 - x_0$$

leicht wegkürzen lässt:

$$\lim_{x_1 \to x_0} \frac{(x_1 + x_0) \cdot (x_1 - x_0)}{x_1 - x_0} = \lim_{x_1 \to x_0} (x_1 + x_0)$$

Hier kann man den sogenannten **Grenzwertübergang** durchführen, das heißt wir setzen für x_1 nun x_0 ein. Dann ergibt sich:

$$f'(x_0) = \lim_{x_1 \to x_0} (x_1 + x_0) = x_0 + x_0 = 2x_0$$

Nach dem Grenzübergang kannst du dann das

$$\lim_{x_1 \to x_0}$$

weglassen.
Auch hier sehen wir wieder, dass sich mit dem Differentialquotienten die gleiche Ableitung ergibt, wie aus dem letzten Kapitel bekannt. Sie lautet:

$$f'(x) = 2x$$

Dafür brauchst du nur das x_0 am Ende durch ein normales x zu ersetzen. Wie ich bereits gesagt habe, brauchst du diesem Index 0 keine große Beachtung zu schenken.

Dieses Beispiel war im Endeffekt ja auch nicht wirklich so schwierig zu lösen, wenn man die binomischen Formeln anwenden kann. Aber sobald wir z.B. die Funktion

$$f(x) = x^4$$

ableiten wollen, wird es mit dem Differentialquotienten sehr schnell unüberschaubar und das Verfahren ist nicht mehr wirklich brauchbar. Wir schauen uns mal so ein Beispiel an.

Beispiel 3:
Bestimme die Ableitung der Funktion

$$f(x) = 17x^3.$$

Wie immer notieren wir uns die y-Werte zu x_0 und x_1:

$$f(x_1) = 17x_1^3$$
$$f(x_0) = 17x_0^3$$

Nun können wir den Differentialquotienten aufstellen:

$$f'(x_0) = \lim_{x_1 \to x_0} \frac{17x_1^3 - 17x_0^3}{x_1 - x_0} = \lim_{x_1 \to x_0} 17 \cdot \frac{x_1^3 - x_0^3}{x_1 - x_0}$$

Hier haben wir erstmal nur den Differentialquotienten notiert und anschließend die 17 ausgeklammert. Aber was macht man nun? Im Beispiel 2 hatten wir noch etwas Glück und sind mit der binomischen Formel weitergekommen. Das hilft uns hier nicht mehr weiter.
Man kann nur noch mit einer sogenannten **Polynomdivision** weiterkommen, was aber relativ aufwendig ist. Wer hat denn wirklich Lust, eine Ableitung so mühselig zu bestimmen?

Keine Sorge, das werden wir nicht machen, weil wir schlauer sind. Wir schauen uns im nächsten Kapitel eine andere Methode an, wie wir diese Aufgabe relativ geschickt lösen können.

7.4 h-Methode

Wie im letzten Kapitel versprochen, schauen wir uns eine Methode an, mit der man auch kompliziertere Funktionen einigermaßen leicht ableiten kann. Man nennt es die **h-Methode**. Im Prinzip setzt man in einer Formel ein und man muss danach zusehen, dass man den ganzen Ausdruck etwas vereinfacht. Das werden wir in den Beispielen genauer sehen. Kommen wir erstmal auf diese mysteriöse Formel zu sprechen:

$$\lim_{h \to 0} \frac{f(x_0 + h) - f(x_0)}{h}$$

Es ist natürlich ein wenig Geschmackssache, aber ich finde, dass diese Formel nicht so gefährlich aussieht wie der Differentialquotient aus dem letzten Kapitel. Tatsächlich kann man diese Formel auch viel leichter anwenden.

Auch hier schauen wir uns am besten gleich ein paar Beispiele an, an denen wir diese Formel anwenden und somit unsere Ableitungen bilden.

Beispiel 1:

Bestimme die Ableitung der Funktion

$$f(x) = x^2 + 1.$$

Dieses Beispiel hatten wir in ähnlicher Form auch im letzten Kapitel. Jetzt machen wir das mit der h-Methode.

Zunächst müssen wir uns die einzelnen Ausdrücke anschauen, die in der Formel vorkommen.

Das h kannst du dir wie eine Zahl vorstellen. Ganz am Ende werden wir dafür 0 einsetzen, da der Grenzwert $h \to 0$ gesucht ist.

Das $f(x_0)$ ist ein Wert, welchen wir erhalten, indem wir x_0 in die Funktionsgleichung einsetzen:

$$f(x_0) = x_0^2 + 1$$

Genauso erhalten wir auch

$$f(x_0 + h),$$

indem wir für x einfach $x_0 + h$ einsetzen:

$$f(x_0 + h) = (x_0 + h)^2 + 1$$

Das sieht wahrscheinlich sehr ungewohnt für dich aus, weil auf einmal 2 Buchstaben auftauchen. Aber daran wirst du dich schon gewöhnen. Nach ein paar Monaten rechnest du vielleicht sogar lieber mit Buchstaben als mit Zahlen…

Aber zurück zu unserem Beispiel: Am besten vereinfachen wir den Ausdruck

$$f(x_0 + h),$$

indem wir mit der 1. binomischen Formel die Klammer auflösen (→ *Formelsammlung S.236*). Dann ergibt sich

$$\begin{aligned} f(x_0 + h) &= (x_0 + h)^2 + 1 \\ &= (x_0^2 + 2x_0h + h^2) + 1 \\ &= x_0^2 + 2x_0h + h^2 + 1 \end{aligned}$$

Das wird natürlich immer grässlicher, aber wir möchten ja auch, dass du dich an Buchstaben in Mathematik gewöhnst. Also machen wir weiter und setzen jetzt alles in die Formel ein:

$$\begin{aligned} f'(x_0) &= \lim_{h \to 0} \frac{f(x_0 + h) - f(x_0)}{h} \\ &= \lim_{h \to 0} \frac{x_0^2 + 2x_0h + h^2 + 1 - (x_0^2 + 1)}{h} \end{aligned}$$

Hier müssen wir natürlich zusehen, dass wir den Ausdruck am Ende verschönern. Wir lösen die Klammer korrekt auf und vereinfachen danach:

$$\lim_{h \to 0} \frac{x_0^2 + 2x_0h + h^2 + 1 - x_0^2 - 1}{h} = \lim_{h \to 0} \frac{2x_0h + h^2}{h}$$

Es kürzen sich die Terme

$1 - 1$ und

$x_0^2 - x_0^2$

weg. Wenn du ganz scharf hinsiehst, wird dir jetzt auffallen, dass du ein h wegkürzen kannst, da es überall vorkommt:

$$\lim_{h \to 0} \frac{2x_0 h + h^2}{h} = \lim_{h \to 0} 2x_0 + h$$

Jetzt können wir den Grenzwertübergang durchführen, ohne eine 0 im Nenner zu riskieren. Wir setzen also einfach $h = 0$, was wir dann lieber als **Grenzwertübergang** bezeichnen, damit es „mathematischer" klingt:

$$\lim_{h \to 0} 2x_0 + h = 2x_0 + 0 = 2x_0$$

Auch mit der h-Methode kommen wir somit auf die Ableitung

$$f'(x) = 2x,$$

wenn man am Ende statt $2x_0$ einfach $2x$ schreibt.
Bei diesem Beispiel war die h-Methode wahrscheinlich nicht viel angenehmer als der Differentialquotient, aber im nächsten Beispiel wird das anders aussehen.

Beispiel 2:
Bestimme die Ableitung der Funktion

$$f(x) = 17x^3.$$

Mit dem Differentialquotienten wollten wir bei diesem Beispiel nicht mehr weitermachen, weil es nicht geschickt wäre. Mit der h-Methode können wir das dagegen ohne größere Probleme bewältigen. Auch hier notieren wir uns zunächst die einzelnen Terme:

$$f(x_0) = 17x_0^3$$

$$f(x_0 + h) = 17 \cdot (x_0 + h)^3$$

Hier ist es hilfreich zu wissen, dass es eine Formel gibt, mit der man diese Klammer leicht auflösen kann (→ *Formelsammlung S.236*):

$$(x_0 + h)^3 = x_0^3 + 3x_0^2 h + 3x_0 h^2 + h^3$$

Das ist einfach die binomische Formel für den Fall, dass man eine Klammer „Hoch 3“ auflösen will. Genauso gibt es auch binomische Formeln für „Hoch 4“ oder „Hoch 5“…
Wenn man diese Formel nicht kennt, kann man natürlich auch auf diese Weise auflösen:

$$(x_0 + h)^3 = (x_0 + h) \cdot (x_0 + h) \cdot (x_0 + h) = \cdots$$

Das ist aber natürlich aufwendiger.
Diese binomische Formel setzen wir nun ein, sodass wir

$$f(x_0 + h) = 17 \cdot (x_0^3 + 3x_0^2 h + 3x_0 h^2 + h^3)$$

erhalten. Hier gehen wir noch einen Schritt weiter und multiplizieren aus:

$$f(x_0 + h) = 17x_0^3 + 51x_0^2 h + 51x_0 h^2 + 17h^3$$

Jetzt ist es im Prinzip nur noch ein einfaches Einsetzen in die Formel:

$$\begin{aligned} f'(x_0) &= \lim_{h \to 0} \frac{f(x_0 + h) - f(x_0)}{h} \\ &= \lim_{h \to 0} \frac{17x_0^3 + 51x_0^2 h + 51x_0 h^2 + 17h^3 - 17x_0^3}{h} \\ &= \lim_{h \to 0} \frac{51x_0^2 h + 51x_0 h^2 + 17h^3}{h} \\ &= \lim_{h \to 0} 51x_0^2 + 51x_0 h + 17h^2 \\ &= 51x_0^2 + 51x_0 \cdot 0 + 17 \cdot 0^2 \\ &= 51x_0^2 \end{aligned}$$

Die Ableitung ist also

$$f'(x) = 51x^2.$$

Wichtig ist bei der h-Methode immer, dass du irgendwann an einem Punkt kommst, wo du das h aus dem Nenner wegkürzen kannst. Danach kannst du dann den Grenzwertübergang durchführen.

Wir haben uns jetzt zwei Beispiele angeschaut, wo ziemlich viele Buchstaben vorgekommen sind. Das Ganze kann man natürlich auch mit gewöhnlichen Zahlen machen, indem wir die Ableitung an einer

bestimmten Stelle ausrechnen. Schauen wir uns daher zum Schluss noch ein Beispiel an, in denen wieder Zahlen vorkommen.

Beispiel 3:
Bestimme die Steigung der Funktion

$$f(x) = 2x^3 + 5x$$

an der Stelle $x_0 = 4$.

In diesem Falle ist nach der Steigung bzw. Ableitung an einer ganz bestimmten Stelle gefragt. Das x_0 müssen wir also nicht überall mitschleppen, sondern können dafür direkt 4 einsetzen. Wie gewohnt notieren wir uns die einzelnen Terme:

$$f(x_0) = f(4) = 2 \cdot (4)^3 + 5 \cdot 4 = 148$$

Genauso folgt:

$$f(x_0 + h) = f(4 + h) = 2 \cdot (4 + h)^3 + 5 \cdot (4 + h)$$

Wir vereinfachen wieder mit der binomischen Formel für „Hoch 3":

$$\begin{aligned} f(x_0 + h) &= 2 \cdot (4^3 + 3 \cdot 4^2 \cdot h + 3 \cdot 4 \cdot h^2 + h^3) + 5 \cdot (4 + h) \\ &= 2 \cdot (64 + 48h + 12h^2 + h^3) + 5 \cdot (4 + h) \\ &= 128 + 96h + 24h^2 + 2h^3 + 5 \cdot 4 + 5 \cdot h \\ &= 2h^3 + 24h^2 + 96h + 5h + 128 + 20 \\ &= 2h^3 + 24h^2 + 101h + 148 \end{aligned}$$

In unsere Formel einsetzen ergibt:

$$\begin{aligned} f'(4) &= \lim_{h\to 0} \frac{f(x_0 + h) - f(x_0)}{h} \\ &= \lim_{h\to 0} \frac{2h^3 + 24h^2 + 101h + 148 - 148}{h} \\ &= \lim_{h\to 0} \frac{2h^3 + 24h^2 + 101h}{h} \\ &= \lim_{h\to 0} 2h^2 + 24h + 101 \\ &= 2 \cdot 0^2 + 24 \cdot 0 + 101 \\ &= 101 \end{aligned}$$

Ich denke, dass wir jetzt genug von dieser schweißtreibenden Ableitungsbildung haben. Es kann ja nicht sein, dass man sich so viele Gedanken machen muss, um eine einfache Ableitung zu bilden. Dann würde unsere Welt ja wohl noch ganz weit hinten liegen in der Mathematik. Natürlich ist das nicht der Fall! Alles was wir hier gemacht haben, lässt sich auch in ein paar Sekunden mit Ableitungsregeln bewältigen, die wir im nächsten Kapitel endlich kennenlernen werden.

7.5 Ableitungsregeln

Wie bereits im letzten Kapitel angekündigt, werden wir nun lernen, wie man die Ableitungen von Funktionen bildet. Dafür musst du nicht der größte Mathematiker sein und es sollte dir keine großen Schwierigkeiten bereiten. Es gibt lediglich ein paar Regeln, die man da kennen muss. Je nachdem, von welcher Funktion du die Ableitung bilden willst, musst du manchmal auf unterschiedliche Ableitungsregeln zurückgreifen. Wir werden uns in diesem und dem nächsten Kapitel alle möglichen Regeln anschauen. Dann fangen wir einfach mal an:

1) Konstantenregel

Diese Regel besagt, dass eine Konstante, also eine feste Zahl, abgeleitet immer null ergibt. Das bedeutet mathematisch ausgedrückt:

$$f(x) = k$$
$$\Rightarrow f'(x) = 0$$

k soll irgendeine Zahl sein und wenn man sie ableitet, ergibt das natürlich 0.

Schauen wir uns dafür ein paar Beispiele an.

a) $f(x) = 500$
$\Rightarrow f'(x) = 0$

b) $g(x) = \pi$
$\Rightarrow g'(x) = 0$ (π ist auch nur eine Zahl!)

2) Potenzregel

Die Potenzregel sagt folgendes aus:

$$f(x) = x^n$$
$$\Rightarrow f'(x) = \boldsymbol{n} \cdot x^{n-1}$$

Diese Regel ist auch nicht so komplex. Du benutzt diese Ableitungsregel immer, wenn du „x hoch irgendetwas“ ableiten willst. Bei der Ableitung musst du das n herunterholen und im Exponenten -1 dazu schreiben, also den Exponenten um eins erniedrigen.

$\boldsymbol{n}$ kann dabei nicht nur eine natürliche Zahl, sondern auch jede beliebige **reelle Zahl** sein. Hier nochmal einige Beispiele.

a) $f(x) = x^2$

$$\Rightarrow f'(x) = \mathbf{2} \cdot x^{2-\mathbf{1}} = 2 \cdot x^1 = 2x$$

Du siehst schon, dass es richtig einfach ist, Ableitungen von Potenzfunktionen zu bestimmen. Das n ist hier 2. Diese Zahl holst du herunter, oben im Exponenten ziehst du eins ab und schon hast du deine Ableitung. In *Kap. 7.3* und *7.4* mussten wir für eine solche Ableitung noch seitenlang rechnen.

b) $g(x) = x^{7000}$

$$\Rightarrow g'(x) = \mathbf{7000} \cdot x^{7000-\mathbf{1}} = 7000x^{6999}$$

c) $h(x) = x$

$$\Rightarrow h'(x) = \mathbf{1} \cdot x^{1-\mathbf{1}} = 1 \cdot x^0 = 1 \cdot 1 = 1$$

Auch hier kannst du die Potenzregel anwenden, da

$$x = x^1$$

ist. Als Ableitung ist

$$1 \cdot x^0$$

und da $x^0 = 1$ ist, ist die Ableitung insgesamt 1.

Wie bereits gesagt, geht das Ganze nicht nur mit natürlichen Zahlen. Wir können für n irgendwelche Zahlen auswählen, zum Beispiel

$$\pi, -\frac{1}{8}, -9 \ldots$$

Auch dafür schauen wir uns ein paar Beispiele an.

d) $i(x) = \frac{1}{x^2} = x^{-2}$

$$\Rightarrow i'(x) = -2 \cdot x^{-2-1} = -2 \cdot x^{-3} = -2 \cdot \frac{1}{x^3} = -\frac{2}{x^3}$$

Hier haben wir uns zu Nutze gemacht, dass

$$\frac{1}{x^2}$$

genau dasselbe wie

$$x^{-2}$$

ist. Danach kann man leicht ableiten. Man muss aber beachten, dass

$$-2 - 1 = -3$$

ist und nicht -1 (was selbstverständlich klingt, aber hier macht man häufig Fehler)!

e) $j(x) = \frac{1}{x^{70}}\ (= x^{-70})$

$$\Rightarrow j'(x) = -70 \cdot x^{-70-1} = -70 \cdot x^{-71} = -\frac{70}{x^{71}}$$

f) $k(x) = \sqrt{x} = x^{\frac{1}{2}}$

$$\Rightarrow k'(x) = \frac{1}{2} \cdot x^{\frac{1}{2}-1} = \frac{1}{2} \cdot x^{-\frac{1}{2}} = \frac{1}{2} \cdot \frac{1}{x^{\frac{1}{2}}} = \frac{1}{2\sqrt{x}}$$

Hier haben wir die Tatsache genutzt, dass

$$\sqrt{x} = x^{\frac{1}{2}}$$

ist. Außerdem sollte man den Zusammenhang

$$x^{-n} = \frac{1}{x^n}$$

kennen. Danach haben wir konsequent wie auch bei den vorherigen Teilaufgaben die Regel angewandt.

Der Übersichtlichkeit halber solltest du statt $x^{-\frac{1}{2}}$ lieber $\frac{1}{\sqrt{x}}$ hinschreiben:

$$x^{-\frac{1}{2}} = \frac{1}{x^{\frac{1}{2}}} = \frac{1}{\sqrt{x}}$$

g) $l(x) = \sqrt[17]{x^{14}} = x^{\frac{14}{17}}$

$$\Rightarrow l'(x) = \mathbf{\frac{14}{17}} \cdot x^{\frac{14}{17}-1} = \frac{14}{17} \cdot x^{-\frac{3}{17}} = \frac{14}{17} \cdot \frac{1}{x^{\frac{3}{17}}} = \frac{14}{17 \cdot \sqrt[17]{x^3}}$$

Hier musst du dir ganz allgemein folgendes merken:

$$\sqrt[n]{\boldsymbol{x^m}} = \boldsymbol{x^{\frac{m}{n}}}$$

Damit kannst du mit Leichtigkeit diese „komplizierte" Funktion ableiten.

3) Faktorregel

Das ist eine der einfacheren Regeln. Sie besagt, dass ein konstanter Faktor beim Ableiten immer erhalten bleibt. Du lässt ihn einfach ungestört weiterleben und leitest den Rest wie gewöhnlich ab:

$$f(x) = \boldsymbol{k} \cdot x^n$$

$$\rightarrow f'(x) = \boldsymbol{k} \cdot n \cdot x^{n-1}$$

k ist hier irgendeine Zahl, die beim Ableiten dann keine Rolle spielt. Hier siehst du schon, dass die einzelnen Regeln natürlich kombiniert auftreten. In diesem Falle musste die Faktor- und Potenzregel benutzt werden. Keine Sorge, auch hier kommen nochmal Beispiele.

a) $f(x) = 40 \cdot x^3$

$$\Rightarrow f'(x) = \mathbf{40} \cdot 3 \cdot x^{3-1} = 120x^2$$

Natürlich solltest du hier nicht

$$40 \cdot 3 \cdot x^2$$

stehen lassen, sondern vereinfachen. Du kannst solche Zwischenschritte beim Ableiten natürlich auch weglassen. Ich gebe sie nur an, damit man alles besser nachvollziehen kann.

b) $g(x) = \frac{40}{x^3}$ $(= 40 \cdot \frac{1}{x^3} = 40 \cdot x^{-3})$

$\Rightarrow g'(x) = \mathbf{40} \cdot (-3) \cdot x^{-3-1} = -120x^{-4} = -\frac{120}{x^4}$

Die Faktorregel gilt **immer** unabhängig davon, welche Funktion du ableitest. Auch in diesem Fall musst du sie beachten, um die Funktion abzuleiten. Dabei musst du natürlich auch das Wissen aus der Potenzregel verwenden.

4) Summenregel

Diese Regel besagt nur, dass die Ableitung einer Summe gleich der Ableitung der einzelnen Summanden ist. Was das nun wieder zu bedeuten hat, wirst du anhand der Beispiele ganz leicht verstehen.

a) $f(x) = x^6 + x^4 + x^3$

$\Rightarrow f'(x) = 6x^5 + 4x^3 + 3x^2$

Die Regel besagt nur, dass du die einzelnen Summanden (in diesem Falle x^6, x^4, x^3) getrennt ableiten musst. Das haben wir ja gemacht. Zuerst haben wir

x^6,

dann

x^4

und anschließend

x^3

abgeleitet. Wir können somit schon kompliziertere ganzrationale Funktionen ableiten!

b) $g(x) = 2x^2 + 6x - 90$

$\Rightarrow g'(x) = 2 \cdot 2 \cdot x^1 + 6x^0 - 0 = 4x + 6$

Auch hier müssen wir getrennt ableiten:
$2x^2$ abgeleitet ist $4x$,
$6x$ abgeleitet ist 6,
die Konstante -90 abgeleitet ergibt selbstverständlich 0.

c) $h(x) = \frac{4}{x^2} + 6x^2 - 3 \; (= 4x^{-2} + 6x^2 - 3)$

$$\Rightarrow h'(x) = 4 \cdot (-2) \cdot x^{-3} + 6 \cdot 2 \cdot x^1 - 0 = -\frac{8}{x^3} + 12x$$

In diesem Beispiel sind alle bisherigen Regeln angewandt worden: die Konstanten-, Potenz-, Faktor- und Summenregel.

Wir haben nun die grundlegenden Ableitungsregeln mühevoll kennengelernt. Die Ableitungen zweier weiterer wichtiger Funktionen haben wir uns noch nicht angeschaut: Die Rede ist von der Sinus- und Kosinusfunktion.
Wie diese aussehen, kannst du in *Kap. 14.1* nachschauen. Die Ableitungen dieser Funktionen sind im Folgenden angegeben (die solltest du dir am besten gut merken).

5) Sinusregel

$f(x) = \sin x$
$\Rightarrow f'(x) = \cos x$

6) Kosinusregel

$f(x) = \cos x$
$\Rightarrow f'(x) = -\sin x$

Das waren die grundlegenden Ableitungsregeln, die man für „einfache“ Funktionen benutzt. Wenn du kompliziertere zusammengesetzte Funktionen ableiten willst, dann musst du dir leider auch noch das nächste Kapitel anschauen.

7.6 Produktregel, Quotientenregel, Kettenregel

Wir sind noch nicht fertig mit allen Ableitungsregeln. Es gibt noch drei Regeln, die wir uns auf jeden Fall anschauen müssen. Es handelt sich dabei um folgende Ableitungsregeln:

1) Produktregel
2) Quotientenregel
3) Kettenregel

Man benutzt diese Regeln für kompliziertere Funktionen, die aus mehreren Funktionen zusammengebaut sind. Das wirst du gleich sehen.

1) Produktregel

Wenn eine Funktion aus zwei Funktionen aufgebaut ist, die miteinander multipliziert werden, dann gilt folgendes für die Ableitung folgendes:

Funktion y: $y = f(x) \cdot g(x)$
Ableitung y': $y' = f'(x) \cdot g(x) + f(x) \cdot g'(x)$

Zu dieser Regel gibt es nicht viel zu sagen. Hier ist y die Funktion, die aus den zwei anderen Funktionen f und g zusammengebastelt wurde. Beim Ableiten einer solchen Funktion musst du die Produktregel anwenden. Am einfachsten ist es, wenn du dir jeweils aufschreibst, was

$f(x), f'(x), g(x)$ und $g'(x)$

sind und dann musst du nur noch einsetzen. Man schreibt die Produktregel gerne auch in folgender Form:

$$y = u \cdot v$$
$$y' = u' \cdot v + u \cdot v'$$

Hier haben wir statt $f(x)$ einfach u hingeschrieben und $g(x)$ durch v ersetzt. Das Prinzip bleibt aber das gleiche.

a) $f(x) = x^2 \cdot \sin x$

Wenn wir die zweite Schreibweise benutzen, dann können wir sagen:

$u = x^2 \quad \Rightarrow u' = 2x$
$v = \sin x \quad \Rightarrow v' = \cos x$

Jetzt müssen wir nur noch einsetzen:

$$f'(x) = \boldsymbol{u'} \cdot v + u \cdot \boldsymbol{v'}$$
$$= 2x \cdot sin\,x + x^2 \cdot cos\,x$$

Du darfst nur nicht vergessen, wie die einfachen Ableitungsregeln funktionieren, sonst hast du auch bei der Produktregel ein Problem.

b) $g(x) = (4x^2 - 2x + 9) \cdot (sin\,x + x)$

Das sieht ganz schön kompliziert aus, aber auch hier muss nur die Produktregel angewandt werden:

$$u = 4x^2 - 2x + 9$$
$$\Longrightarrow u' = 8x - 2 + 0 = 8x - 2$$

$$v = sin\,x + x$$
$$\Longrightarrow v' = cos\,x + 1$$

$$g'(x) = \boldsymbol{u'} \cdot v + u \cdot \boldsymbol{v'}$$
$$= (8x - 2) \cdot (sin\,x + x) + (4x^2 - 2x + 9) \cdot (cos\,x + 1)$$

Letzten Endes muss man nur noch einsetzen.

c) $h(x) = \cos^2(x)$

Auch hier kann man die Produktregel anwenden, denn:

$$h(x) = cos^2(x) = cos\,x \cdot cos\,x$$

Die einzelnen Faktoren sind wie immer u und v:

$$u = \cos x \qquad \Longrightarrow u' = -\sin x$$
$$v = \cos x \qquad \Longrightarrow v' = -\sin x$$

$$h'(x) = \boldsymbol{u'} \cdot v + u \cdot \boldsymbol{v'}$$
$$= -sin\,x \cdot cos\,x + cos\,x \cdot (-sin\,x)$$
$$= -\sin x \cdot \cos x - \sin x \cdot \cos x$$
$$= -2 \cdot \sin x \cdot \cos x$$

Die letzten 2 Schritte sind nur Termvereinfachungen.

2) Quotientenregel

Die Quotientenregel ist der Produktregel sehr ähnlich. Man benutzt sie, wenn eine Funktion aus zwei Funktionen aufgebaut ist, die miteinander dividiert werden. Für die Ableitung gilt dann folgendes:

Funktion y: $y = \frac{u}{v}$

Ableitung y': $y' = \frac{u' \cdot v - u \cdot v'}{v^2}$

Hier muss man unbedingt die Reihenfolge wegen des negativen Vorzeichens beachten. Unten im Nenner musst du die Funktion v quadrieren. Auch hier folgen einige Beispiele.

a) $f(x) = \frac{8x^2}{4x-2}$

Wie auch bei der Produktregel sollte man sich zuerst u, u', v, v' notieren, um anschließend nur noch in die Formel einsetzen zu müssen. So ersparst du dir häufig lästige Fehler.

$$u = 8x^2 \qquad \Longrightarrow u' = 8 \cdot 2 \cdot x = 16x$$
$$v = 4x - 2 \qquad \Longrightarrow v' = 4$$

Einsetzen in die Formel liefert:

$$f'(x) = \frac{u' \cdot v - u \cdot v'}{v^2}$$
$$= \frac{16x \cdot (4x - 2) - 8x^2 \cdot (4)}{(4x - 2)^2}$$
$$= \frac{64x^2 - 32x - 32x^2}{(4x - 2)^2}$$
$$= \frac{32x^2 - 32x}{(4x - 2)^2}$$

Du solltest immer im Zähler (der Zähler ist oben im Bruch) möglichst weit vereinfachen. Den Nenner lässt du am besten mit dem Quadrat stehen.

b) $g(x) = \tan x$

Die Tangensableitung ist mit der Quotientenregel problemlos möglich, denn es gilt (→ *Kap. 14.1*):

$$g(x) = tan\, x = \frac{sin\, x}{cos\, x}$$

Jetzt können wir wie zuvor vorgehen:

$$u = sin\, x \quad \Rightarrow u' = cos\, x$$
$$v = cos\, x \quad \Rightarrow v' = -\, sin\, x$$

Damit folgt für die Ableitung:

$$g'(x) = \frac{u' \cdot v \; - \; u \cdot v'}{v^2}$$
$$= \frac{cos\, x \cdot cos\, x - sin\, x \cdot (-\, sin\, x)}{cos^2(x)}$$
$$= \frac{cos^2(x) + sin^2(x)}{cos^2(x)}$$

Da der Zusammenhang

$$cos^2(x) + sin^2(x) = 1$$

gilt (das kann man sich anhand des Einheitskreises erklären, ist aber für uns nicht weiter wichtig), kann man jetzt noch weiter vereinfachen:

$$g'(x) = \frac{1}{cos^2(x)}$$

3) Kettenregel

Manche Lehrer behandeln diese Regel schon in der 11. Klasse, andere wiederum nicht. Es kann ja aber nie schaden, ein bisschen mehr zu können, also habe ich mich entschieden, diese Regel in diesem Buch zu behandeln. Du wirst sie aber in der 12. Klasse erst richtig gebrauchen. Mit der Kettenregel kannst du folgendes anstellen:

Funktion y: $y = f(g(x))$

Ableitung y': $y' = f'\big(g(x)\big) \cdot g'(x)$

Das sagt dir jetzt wahrscheinlich noch gar nichts, aber am Ende wirst du merken, dass du mit dieser Regel ganz bequem einige zusammengesetzte Funktionen ableiten kannst.

Es handelt sich hier um eine **Verkettung** von 2 Funktionen. Man sagt auch: g ist verkettet mit f. Eine solche verkettete Funktion leitest du ab, indem du die **äußere Ableitung** mit der **inneren Ableitung** multiplizierst. Was man sich genau unter einer Verkettung vorzustellen hat, zeigt die folgende Funktion:

$$y = cos(4x - 2)$$

Das ist ein schönes Beispiel für eine Verkettung. Du hast hier zwei Funktionen f und g, die miteinander verkettet sind. f ist die **äußere Funktion** und hat die Funktionsgleichung

$$f\ (x) = cos(x).$$

g ist die **innere Funktion** und hat die Funktionsgleichung

$$g(x) = 4x - 2.$$

Die Verkettung von g und f kommt jetzt zustande, indem man

$$g(x)$$

für das x bei $f(x)$ einsetzt. Dann entsteht die Funktionsgleichung

$$f(g(x)) \ = cos(4x - 2).$$

Fassen wir das Prinzip der Verkettung kurz zusammen:

- Man stellt die Funktionsgleichungen von $f(x)$ und $g(x)$ auf.
- Überall, wo bei $f(x)$ ein x steht, schreiben wir stattdessen ein $g(x)$ hin. Dann erhalten wir die verkettete Funktionsgleichung $f(g(x))$.

Wenn man verstanden hat, wie die Verkettung zustande kommt, ist es ein leichtes, die Ableitung zu bestimmen. Wie wir bereits wissen, berechnet sich die Ableitung einer verketteten Funktion mit:

$$y' = f'\big(g(x)\big) \cdot g'(x)$$

Wir müssen für die Ableitung y' einmal die **äußere** Ableitung

$$f'\big(g(x)\big)$$

und dann die **innere** Ableitung

$$g'(x)$$

ausrechnen.

Für die äußere Ableitung müssen wir zunächst einmal die äußere Funktion ableiten:

$$f(x) = \cos x$$
$$\Rightarrow f'(x) = -\sin x$$

Da wir aber nicht

$$f'(\boldsymbol{x}),$$

sondern

$$f'(\boldsymbol{g}(\boldsymbol{x}))$$

suchen, müssen wir noch unser x in $f'(x)$ durch $g(x)$ ersetzen. Wir haben bereits festgestellt, dass

$$g(x) = 4x - 2$$

ist, deshalb folgt:

$$f'(g(x)) = -\sin(4x - 2)$$

Nun müssen wir noch $g'(x)$ bestimmen. Das ist easy:

$$g(x) = 4x - 2$$
$$g'(x) = 4$$

Zu guter Letzt müssen wir nur noch in die Formel einsetzen:

$$\begin{aligned} y' &= f'\big(g(x)\big) \cdot g'(x) \\ &= -\sin(4x - 2) \cdot 4 \\ &= -4\sin(4x - 2) \end{aligned}$$

Wenn man hier das Prinzip verstanden hat, kann man die Ableitung mittels der Kettenregel ganz schnell bilden. Schauen wir uns noch ein Beispiel dazu an.

Beispiel: Bestimme die Ableitung der Funktion

$$y = (2x + 6)^{10}.$$

Auch diese Funktion muss man nach der Kettenregel ableiten. Du kannst natürlich auch

$$(2x + 6)^{10}$$

ausmultiplizieren und danach ableiten, aber dann sitzt du noch bis morgen hier dran und hast am Ende wahrscheinlich noch ein falsches Ergebnis, weil du dich verrechnet hast.
Mit der Kettenregel geht das in wenigen Sekunden. Zunächst einmal will ich kurz zeigen, wie diese Verkettung überhaupt zustande kommt, denn das leuchtet vielleicht nicht direkt ein.

Äußere Funktion:	$f(x) = x^{10}$
Innere Funktion:	$g(x) = 2x + 6$
Verkettete Funktion:	$f(g(x)) = (2x + 6)^{10}$

Im letzten Schritt wurde, wie im letzten Beispiel auch, das x in $f(x)$ durch $g(x)$ ersetzt.
Kommen wir jetzt zur Ableitung:

$$y' = f'(g(x)) \cdot g'(x)$$

Die äußere Ableitung bilden wir wieder, indem wir die äußere Funktion wie gewöhnlich ableiten und anschließend x durch $g(x)$ ersetzen:

$$f(x) = x^{10}$$
$$f'(x) = 10 \cdot x^{10-1} = 10 \cdot x^9$$

Nun setzen wir für x unser

$$g(x) = 2x + 6$$

ein:

$$f'(g(x)) = 10 \cdot (2x + 6)^9$$

Die innere Ableitung zu bilden ist für uns mittlerweile niveaulos geworden:

$$g'(x) = 2$$

Und damit folgt dann die Ableitung y':

$$\Rightarrow y' = 10 \cdot (2x+6)^9 \cdot 2 = 20 \cdot (2x+6)^9$$

Vielleicht ging das etwas zu schnell, daher ist im Folgenden nochmal die Vorgehensweise erläutert, um eine verkettete Funktion abzuleiten.

- Als erstes musst du erkennen, wie die Verkettung zustande kommt, d.h. du musst die äußere Funktion $f(x)$ und die innere Funktion $g(x)$ identifizieren. Meist ist die äußere Funktion eine Potenzfunktion (z.B. x^{10}) oder eine Sinusfunktion ($sin\,x$). Die innere Funktion kann beispielsweise eine ganzrationale Funktion sein wie $x^2 + x + 1$.
- Nun kannst du die äußere Ableitung

  $$f'(g(x))$$

  bilden. Dafür nimmst du die äußere Funktion $f(x)$, die du zuvor bestimmt hast, und leitest sie ganz normal ab. Anschließend ersetzt du in dieser Ableitung x durch $g(x)$.
- Für die innere Ableitung leitest du die innere Funktion ganz gewöhnlich ab.
- Zum Schluss musst du nur in die Formel

  $$y' = f'(g(x)) \cdot g'(x)$$

  einsetzen.

Damit sind wir aber endgültig mit den Ableitungsregeln durch.

7.7 Wichtige Vokabeln

Hier findest du kurze Erklärungen zu ein paar Vokabeln zum Thema Ableitungen, die immer so wahnsinnig kompliziert klingen und in Wirklichkeit simpel sind:

- **Differenzieren** bedeutet nichts anderes als die Ableitungsfunktion zu bestimmen. Es ist ein anderes Wort für ableiten.
- Eine Funktion ist **differenzierbar**, wenn man die Funktion ableiten kann.
- Unter der **lokalen Änderungsrate** in einem Punkt versteht man nichts weiter als die **Steigung** in diesem Punkt. Es gilt also: **lokale Änderungsrate = Steigung = Ableitung**
- Wenn man von der **2.** Ableitung spricht, meint man die Ableitung der Ableitung. Man schreibt dafür f'', also mit 2 Apostrophs. Genauso kann man die **3.** Ableitung bilden, das ist dann die Ableitung der 2. Ableitung: f'''. Ab der 3. Ableitung schreibt man dann über dem f die Zahl hin. Für die 4. Ableitung würde man $f^{(4)}$ schreiben.

7.8 Tangentengleichung bestimmen

Im *Kap. 7.1* und *7.2* haben wir festgestellt, dass in jedem Punkt folgender Zusammenhang gilt:

Steigung einer Funktion
= Steigung der Tangente = Ableitung

Mit diesem Vorwissen kann man ganz leicht die Tangente von irgendeiner Funktion an irgendeiner Stelle bestimmen. Da die Tangente eine **Gerade** ist, können wir wie im *Kap. 2* eine Geradengleichung für sie aufstellen:

$$t(x) = mx + b$$

Um also die Tangentengleichung zu bestimmen, müssen wir wie gewohnt die Steigung m und den y-Achsenabschnitt b der Geraden bestimmen.

Die Tangente t hat die **gleiche Steigung** wie die **Funktion** an der Stelle, an der sich Funktion und Tangente berühren. Wir können deshalb die Tangentengleichung auch so formulieren:

$$t(x) = f'(x_0) \cdot x + b$$

Der Ausdruck $f'(x_0)$ ist einfach nur die Ableitung der Funktion f im Berührpunkt, also die Steigung. Das sieht jetzt nicht mehr so schön aus, deshalb schauen wir uns besser gleich ein Beispiel an, dann wird alles viel verständlicher.

Beispiel:
Gesucht ist die Tangentengleichung von

$$f(x) = \frac{1}{2}x^2$$

an der Stelle $x_0 = 2$.

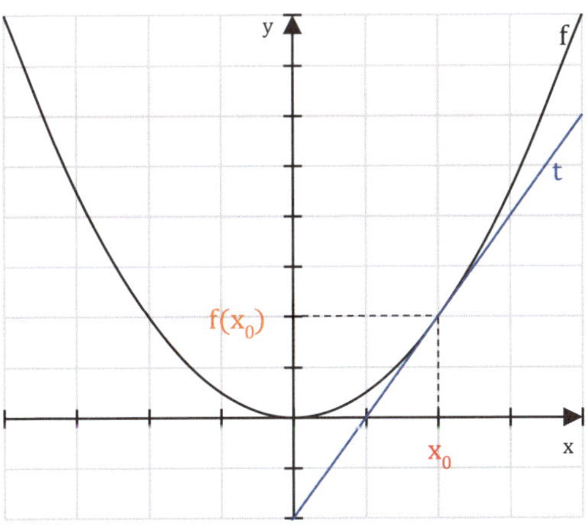

Abb. 7.4: Tangente von $f(x) = \frac{1}{2}x^2$ an der Stelle $x_0 = 2$

Die graphische Lösung siehst du in *Abb. 7.4*. Hier ist auch der Berührpunkt der Tangente mit der Funktion eingetragen.
x_0 ist die Stelle, an der die Tangente die Funktion berührt. Lass dich dabei nicht von x_0 irritieren, es handelt sich hierbei nur um einen bestimmten x-Wert.

$f(x_0)$ ist der y-Wert, an dem die Tangente die Funktion berührt. Er ist hier nicht gegeben, aber wir rechnen ihn ganz leicht aus, indem wir x_0 in die Funktionsgleichung einsetzen:

$$f(x_0) = f(2) = \frac{1}{2} \cdot 2^2 = 2.$$

Uns interessiert jetzt die rechnerische Bestimmung der Tangentengleichung. Den Ansatz haben wir uns ja bereits überlegt:

$$t(x) = f'(x_0) \cdot x + b$$

Zuerst kümmern wir uns um die Steigung an der Stelle $x_0 = 2$. Dafür müssen wir die Ableitung bestimmen:

$$f(x) = \frac{1}{2}x^2 \text{ und } x_0 = 2$$

$$f'(x) = \frac{1}{2} \cdot 2 \cdot x^1 = x$$

$$f'(\boldsymbol{x_0}) = f'(\mathbf{2}) = 2$$

Wenn wir das oben einsetzen, erhalten wir:

$$t(x) = 2x + b$$

Jetzt fehlt noch b zu bestimmen. Aber das ist ein Kinderspiel, wir setzen einfach den Berührpunkt ein (→ *Abb. 7.4*). Er liegt ja bei $P(\mathbf{2}|\mathbf{2})$. Dann erhalten wir:

$$\mathbf{2} = 2 \cdot \mathbf{2} + b \qquad | -4$$

$$-2 = b$$

Die Funktionsgleichung der Tangente lautet also:

$$t(x) = 2x - 2.$$

Und das war's dann auch. In 2 Schritten kann man also die Funktionsgleichung einer Tangente bestimmen. Als erstes rechnest du die Steigung m aus, indem du die Ableitung bildest. Anschließend setzt du den Berührpunkt ein, um den y-Achsenabschnitt b zu bestimmen. Das Prinzip ist also nicht viel anders als bei den linearen Funktionen in *Kap. 2*.

8 Monotonie- und Krümmmungskriterium

8.1 Monotoniekriterium

Wir haben uns im *Kap. 4.3* das Monotonieverhalten von Potenzfunktionen bereits angeschaut. Mithilfe der Ableitung können wir sogar Aussagen über die Monotonie für jede beliebige Funktion machen. Es gibt dafür ein Monotoniekriterium, mit dessen Hilfe man aussagen kann, ob eine Funktion streng monoton steigt oder fällt. Es lautet folgendermaßen:

(1) Wenn die Ableitung $\boldsymbol{f'(x)}$ von der Funktion f **größer** ist als 0, dann ist die Funktion streng monoton **steigend**:
$f'(x) > 0 \Longrightarrow f$ streng monoton steigend

(2) Wenn die Ableitung $\boldsymbol{f'(x)}$ von der Funktion f **kleiner** ist als 0, dann ist die Funktion streng monoton **fallend**:
$f'(x) < 0 \Longrightarrow f$ streng monoton fallend

Das Kriterium ist anhand des Beispiels in *Abb. 8.1* sehr schnell erklärt:

(1) Wenn die Ableitung größer 0 und damit oberhalb der x-Achse ist, dann heißt das ja gleichzeitig, dass die Steigung auch größer als 0 sein muss, denn:

$$Steigung = Ableitung$$

Und wenn die Steigung größer als 0 ist, muss die Funktion f streng monoton wachsen, d.h. sie wird immer größer werden.
In unserem Beispiel ist die Funktion

$$f(x) = \frac{1}{2}x^2$$

für $x > 0$ streng monoton wachsend.

(2) Dieser Fall lässt sich genauso erklären wie Fall 1. f ist für $x < 0$ streng monoton fallend.
Man kann sich das Ganze aber auch andersherum denken. Wenn die Funktion streng monoton fällt, dann müssen die Steigung und somit auch die Ableitung negativ sein. In diesem Fall liegt die Ableitung also unterhalb der x-Achse.

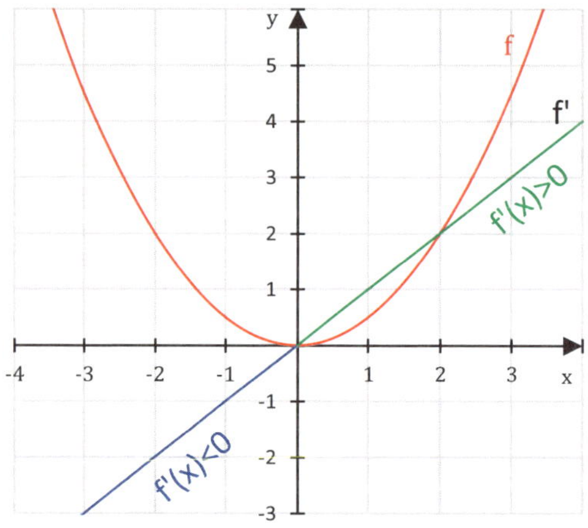

Abb. 8.1: Monotonie von $f(x) = \frac{1}{2}x^2$

Eine Sache habe ich noch nicht erwähnt. Natürlich kann man Aussagen zur Monotonie nur für ein bestimmtes **Intervall** machen. Man kann zum Beispiel **nicht** sagen: Die Funktion

$$f(x) = \frac{1}{2}x^2$$

ist streng monoton steigend, denn sie ist ja nicht überall streng monoton steigend. Für alle negativen x-Werte ist sie nämlich streng monoton fallend. Man muss also einschränken. Die Funktion $f(x) = \frac{1}{2}x^2$ ist nur für positive x-Werte streng monoton steigend. Ich will ein Beispiel zur Verdeutlichung bringen.

Beispiel:
Untersuche die Funktion

$$f(x) = -x^2 - 2x + 3$$

auf ihre Monotonie.

Als allererstes müssen wir ohne zu überlegen die Ableitung bilden:

$$f'(x) = -2x - 2$$

Nun müssen wir schauen, wo f' größer und kleiner als 0 ist. Man zeichnet am besten den Graphen von f' und liest ab, wo er ober- und unterhalb der x-Achse ist (→ *Abb. 8.2*).

(1) Für $x < -1$ ist der Graph von f' oberhalb der x-Achse, $f'(x)$ ist also größer als 0. f ist deshalb für $x < -1$ streng monoton steigend.

(2) Für $x > -1$ ist der Graph unterhalb der x-Achse, $f'(x)$ ist also kleiner als 0. f ist deshalb für $x > -1$ streng monoton fallend.

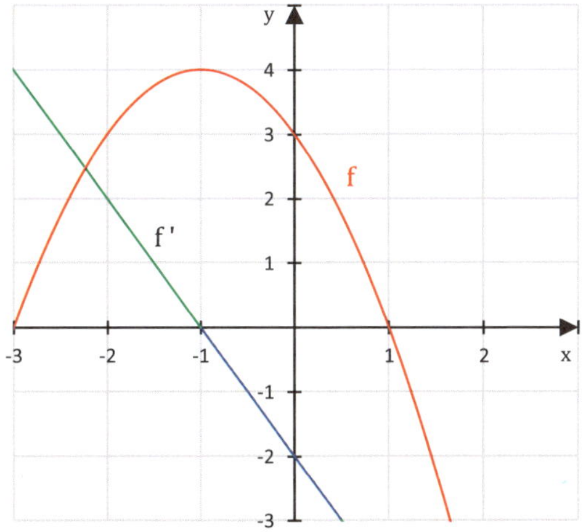

Abb. 8.2: Monotonie von $f(x) = -x^2 - 2x + 3$

Zum Schluss will ich vollständigkeitshalber noch 2 weitere Definitionen angeben:

(3) Wenn $f'(x) \geq 0$ ist, dann ist f **monoton** steigend.

(4) Wenn $f'(x) \leq 0$ ist, dann ist f **monoton** fallend.

Der einzige Unterschied zu den Definitionen (1) und (2) besteht in dem Größer-**Gleich**-Zeichen bzw. Kleiner-**Gleich**-Zeichen, dann spricht man **nicht** von **strenger** Monotonie.
Du brauchst ihnen aber keine besondere Aufmerksamkeit zu schenken. Es ist nur wichtig, dass du die Aussagen (1) und (2) zur **strengen** Monotonie kennst.

8.2 Krümmungskriterium

Nun geht es darum, die Krümmung von einer Funktion zu untersuchen. Das sieht man schön an der Funktion (→ *Abb. 8.3*)

$$f(x) = \frac{1}{2}x^2.$$

Sie ist überall **linksgekrümmt**. Stell dir einfach vor, du fährst mit einer Achterbahn von links oben auf dieser Parabel los. Du fährst dann die gesamte Parabel entlang nur eine Linkskurve; die Funktion ist also linksgekrümmt.

Anders sieht das bei der Funktion

$$g(x) = -\frac{1}{2}x^2$$

aus (→ *Abb. 8.3 unten*). Hier muss man die ganze Zeit eine Rechtskurve fahren, um auf der Bahn zu bleiben. Diese Funktion ist somit **rechtsgekrümmt**.

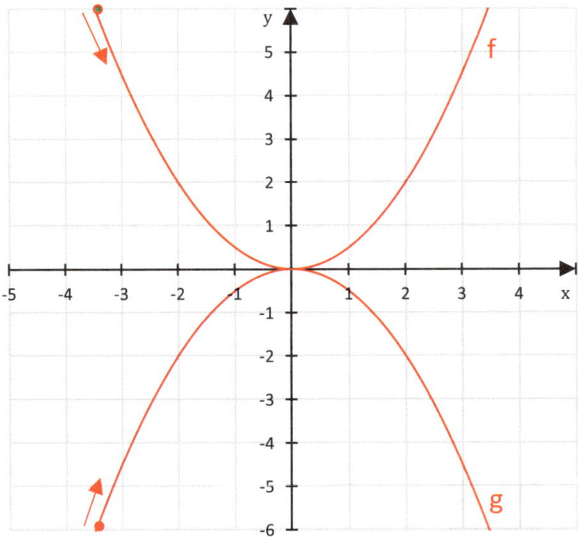

Abb. 8.3: Krümmung von f und g

Es gibt genauso wie bei der Monotonie ein Krümmungskriterium. Beim Krümmungskriterium kommt die **2. Ableitung** ins Spiel (2. Ableitung = Ableitung der 1. Ableitung).

(1) Wenn die 2. Ableitung $\boldsymbol{f''(x)}$ **größer** ist als 0, dann ist die Funktion f linksgekrümmt:
$f''(x) > 0 \Longrightarrow$ linksgekrümmt

(2) Wenn die 2. Ableitung $\boldsymbol{f''(x)}$ **kleiner** ist als 0, dann ist die Funktion f rechtsgekrümmt:
$f''(x) < 0 \Longrightarrow$ rechtsgekrümmt

Jetzt können wir die Krümmung unserer Funktionen auch mathematisch zeigen. Dafür müssen wir die **2. Ableitung** bilden. Schauen wir uns dafür ein paar Beispiele an.

a) $\boldsymbol{f(x) = \frac{1}{2}x^2}$
$f'(x) = x$
$f''(x) = 1$

$f''(x)$ ist überall größer als 0, wie man am Graphen sieht (→ *Abb. 8.4*). Daher ist die Funktion

$$f(x) = \frac{1}{2}x^2$$

überall linksgekrümmt.

b) $\boldsymbol{g(x) = -\frac{1}{2}x^2}$
$g'(x) = -x$
$g''(x) = -1$

Da $g''(x)$ überall kleiner als 0 ist (→ *Abb. 8.4*), gilt: g ist an jeder Stelle rechtsgekrümmt.

c) Schauen wir uns doch mal die Krümmung der Funktion

$$h(x) = -\frac{1}{3}x^3$$

an. Zunächst müssen wir die Ableitungen bilden:

$$h'(x) = -x^2$$
$$h''(x) = -2x$$

Hier können wir nicht direkt sagen, ob h links- oder rechtsgekrümmt ist, wie wir es in den letzten Beispielen machen konnten. Es kommt darauf an, was man für x einsetzt.
Wir müssen uns daher überlegen, wann $h''(x)$ **kleiner** und **größer** als 0 ist. Ein kleiner Blick auf die Funktionsgleichung verrät uns schon:

Wenn man für x negative Werte einsetzt, z.B. $x = -3$, dann ist

$$h''(-3) = -2 \cdot (-3) = 6$$

positiv. Für negative x-Werte nimmt hier die 2. Ableitung immer positive Werte an.
Für $\boldsymbol{x < 0}$ ist die Funktion

$$h(x) = -\frac{1}{3}x^3$$

somit **linksgekrümmt**.

Setzt man für x positive Werte einsetzt, kommt für $h''(x)$ ein negatives Ergebnis heraus. Für $\boldsymbol{x > 0}$ ist die Funktion

$$h(x) = -\frac{1}{3}x^3$$

somit rechtsgekrümmt.

Für $x = 0$ erhalten wir

$$h''(x) = 0.$$

Das bedeutet, dass hier ein Krümmungswechsel stattfindet. Das werden wir uns aber im *Kap. 9.5* genauer anschauen.

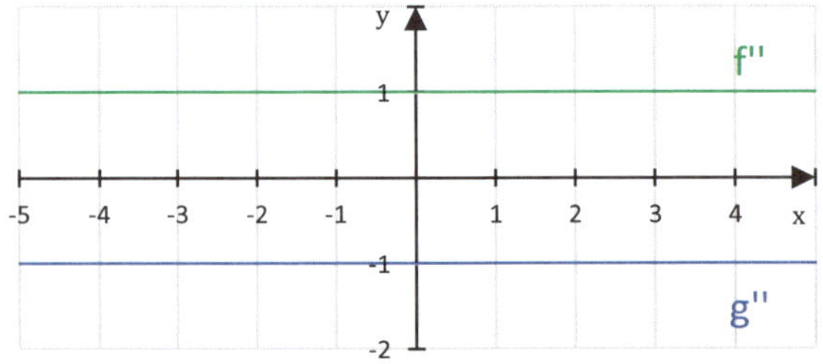

Abb. 8.4: Krümmung von f und g

9 Spezielle Punkte

9.1 Extrempunkte bestimmen

Dieses Kapitel handelt von einem der einfachsten und zugleich wichtigsten Themen: Wie bestimme ich Extrempunkte?

Ein Extrempunkt einer Funktion ist ganz einfach gesagt entweder der höchste oder der tiefste Punkt in einer Umgebung. Wie so etwas aussieht, kannst du in *Abb. 9.1* sehen.

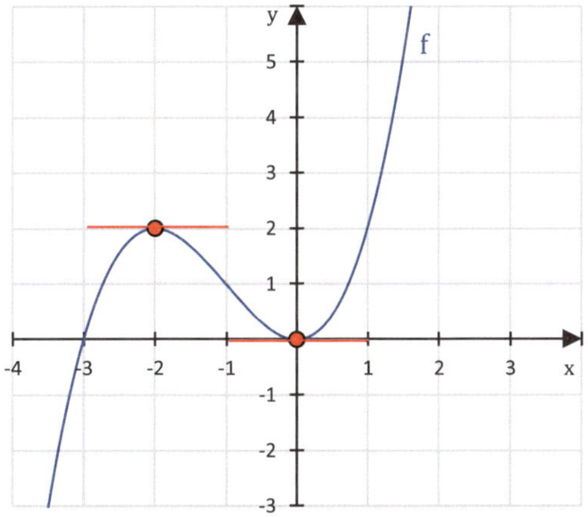

Abb. 9.1: $f(x) = \frac{1}{2}x^3 + \frac{3}{2}x^2$

Die Funktion hat zwei Extrempunkte, der eine ist an der Stelle $x = -2$, der andere an der Stelle $x = 0$. Ich hatte ja gesagt, dass ein Extrempunkt der höchste oder tiefste Punkt in der Umgebung ist. Beim **höchsten** Punkt spricht man von einem **Hoch**punkt (wir kürzen das durch ***HP*** ab). Beim **tiefsten** Punkt spricht man von einem **Tiefpunkt** (Abk.: ***TP***). Auf unseren Fall übertragen heißt das, dass bei $HP(-2|2)$ ein Hochpunkt und bei $TP(0|0)$ ein Tiefpunkt vorliegt.

Man spricht übrigens auch von einem lokalen Hochpunkt oder Tiefpunkt, wenn es sich nur um den höchsten bzw. tiefsten Punkt in seiner unmittelbaren Umgebung handelt. In *Abb. 9.1* handelt es sich um einen lokalen Hochpunkt und Tiefpunkt. Betrachtet man die gesamte Funktion, so erkennt man, dass hier auch viel größere Funktionswerte vorkommen als

beim Hochpunkt, daher ist der Hochpunkt nur **lokal**. Genauso nimmt die Funktion auch viel kleinere Funktionswerte an als im Tiefpunkt, daher spricht man hier auch nur von einem lokalen Tiefpunkt.
Wenn es sich um den höchsten bzw. tiefsten Punkt der **gesamten Funktion** handelt, dann spricht man von einem **absoluten** Hochpunkt oder Tiefpunkt. Ein Beispiel für einen absoluten Hochpunkt siehst du in *Abb. 9.2*.

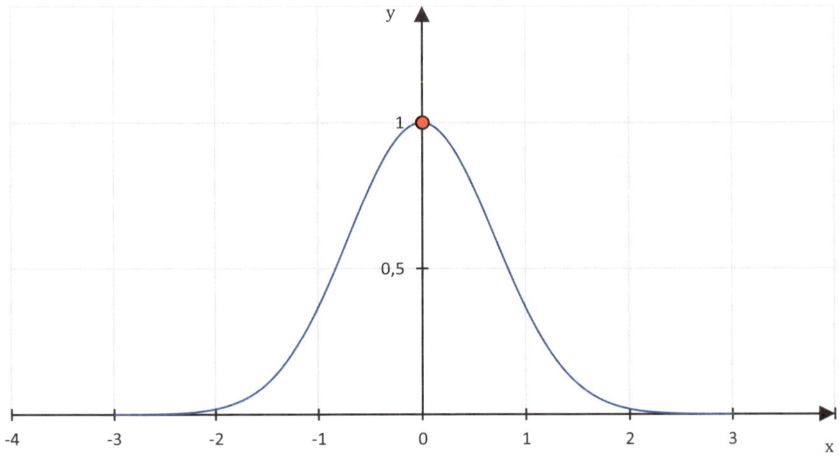

Abb. 9.2: Absoluter Hochpunkt bei $x = 0$

Wir wollen uns jetzt damit beschäftigen, wie man solche Extrempunkte rechnerisch ermittelt. Extrempunkte haben eine besondere Eigenschaft: Hier ist die

$$Steigung = 0.$$

Das erkennt man an der Tangente (→ *Abb. 9.1*). Die Tangente verläuft waagerecht, sie hat deshalb die $Steigung\ 0$.
Darum ist die **notwendige Bedingung**, die unbedingt erfüllt sein muss, damit ein Extrempunkt vorliegt, folgende:

$$Steigung = 0.$$

Oder anders formuliert heißt das, dass die 1. Ableitung null ist:

$$\boldsymbol{f'(x) = 0}$$

Wir müssen also als erstes $f'(x) = 0$ setzen. Das wollen wir an unserer Funktion aus *Abb. 9.1* testen.

$$f(x) = \frac{1}{2}x^3 + \frac{3}{2}x^2$$

$$f'(x) = \frac{3}{2}x^2 + 3x$$

Wir geben die notwendige Bedingung an:

$$f'(x) = 0$$

$$0 = \frac{3}{2}x^2 + 3x$$

Die Lösungen dieser Gleichung liefert der Taschenrechner:

$$x_1 = -2 \text{ und } x_2 = 0$$

Prima! Wir kennen jetzt 2 (mögliche) Extremstellen. Und was nun? Ohne die *Abb. 9.1* wüssten wir nicht, ob es sich jeweils um einen Hochpunkt oder Tiefpunkt handelt. Um genau das festzustellen, benötigen wir eine sogenannte **hinreichende Bedingung**:

> Wenn $f'(x) = 0$ ist und
> (1) $f''(x)$ kleiner als 0 ist, dann liegt ein Hochpunkt vor.
> (2) $f''(x)$ größer als 0 ist, dann liegt ein Tiefpunkt vor.

Das können wir an unserem Beispiel anwenden. Dazu müssen wir zunächst die 2. Ableitung bilden.

$$f''(x) = \frac{3}{2} \cdot 2 \cdot x + 3 \cdot 1 = 3x + 3$$

Wir müssen jeweils x_1 und x_2 einsetzen und dann schauen, was für $f''(x)$ herauskommt:

$$f''(x_1) = f''(-2) = 3 \cdot (-2) + 3 = -3$$

$$f''(x_2) = f''(0) = 3 \cdot (0) + 3 = 3$$

Bei x_1 liegt ein **Hochpunkt** vor, da

$$f''(-2) = -3$$

kleiner als 0 ist.

Dementsprechend liegt bei x_2 ein **Tiefpunkt** vor, da

$$f''(0) = 3 > 0$$

ist.

Uns fehlt nur noch eine einzige Angabe: der y-Wert des Extrempunkts. Den y-Wert berechnet man, indem man die entsprechenden Stellen x_1 und x_2 jeweils in $f(x)$ einsetzt:

$$f(x_1) = f(-2) = \frac{1}{2} \cdot (-2)^3 + \frac{3}{2} \cdot (-2)^2 = 2$$

$$f(x_2) = f(0) = \frac{1}{2} \cdot (0)^3 + \frac{3}{2} \cdot (0)^2 = 0$$

Nun haben wir endlich alle Angaben zusammen:

$HP(-2|2)$ und $TP(0|0)$

Ich will nochmal kurz zusammenfassen, wie man die Extrempunkte berechnet:

1. Notwendige Bedingung aufstellen:

   $$f'(x) = 0$$

   Man erhält dann (eventuell) x-Werte, indem man diese Gleichung löst. Wenn die Gleichung nicht lösbar ist und du somit keine x-Werte herausbekommst, gibt es keine Extrempunkte!
2. Hinreichende Bedingung aufstellen:

   $$f''(x) \neq 0$$

   Man setzt die x-Werte aus 1. in $f''(x)$ ein. Die hinreichende Bedingung entscheidet darüber, ob ein *HP* oder *TP* vorliegt.
3. x-Werte aus 1. in $\boldsymbol{f(x)}$ einsetzen
4. Hochpunkte und Tiefpunkte notieren

Wenn die notwendige Bedingung erfüllt ist, beweist das nicht gleich, dass ein Extrempunkt vorliegt (es könnte sich auch um einen Sattelpunkt handeln, siehe *Kap. 9.5*).
Du **musst** die hinreichende Bedingung angeben. Erst wenn diese erfüllt ist, kannst du mit 100 prozentiger Sicherheit sagen, dass es sich um einen Extrempunkt handelt. Falls die hinreichende Bedingung nicht erfüllt ist, also wenn $f''(x) = 0$ ist, dann kannst du auch **keine Aussage** machen, ob ein Extrempunkt vorliegt. In diesem Falle hilft dir das **Vorzeichenwechselkriterium** aus der Zwickmühle (→ *Kap. 9.2*).

Ich will das Ganze an einem Beispiel ohne große Erklärungen abrunden.

Beispiel:
Bestimme die Extrema der Funktion

$$f(x) = -\frac{4}{3}x^3 - 2x^2 + 8x - \frac{2}{3}$$

1. Notwendige Bedingung:

   $$f'(x) = 0$$
   $$f'(x) = 0 = -4x^2 - 4x + 8$$

   Der Taschenrechner liefert:

   $x_1 = 1$ und

   $x_2 = -2$

2. Hinreichende Bedingung:

   $$f''(x) \neq 0$$
   $$f''(x) = -8x - 4$$
   $$f''(x_1) = f''(1) = -8 \cdot 1 - 4 = -12$$
   $$f''(x_2) = f''(-2) = -8 \cdot (-2) - 4 = 12$$

   Bei x_1 liegt ein Hochpunkt, bei x_2 ein Tiefpunkt vor.

3. Die y-Werte ergeben sich durch Einsetzen von x in $f(x)$:

   $$f(1) = -\frac{4}{3} \cdot (1)^3 - 2 \cdot (1)^2 + 8 \cdot 1 - \frac{2}{3} = 4$$
   $$f(-2) = -\frac{4}{3} \cdot (-2)^3 - 2 \cdot (-2)^2 + 8 \cdot (-2) - \frac{2}{3} = -14$$

4. Und wir notieren uns ganz ordentlich unsere Extrempunkte:

   $HP(1|4)$

   $TP(-2|-14)$

9.2 Vorzeichenwechselkriterium für Extrempunkte

In der letzten Lektion haben wir gelernt, dass man mithilfe der 2. Ableitung sagen kann, ob ein Hochpunkt oder Tiefpunkt vorliegt. Eine mächtigere Alternative dazu ist das sogenannte **Vorzeichenwechselkriterium**. Das möchte ich dir jetzt vorstellen. Du wirst sicherlich nicht sofort verstehen, was es damit auf sich hat, aber ich werde es sowieso an einem Beispiel verdeutlichen, also nur keine Panik.

Ist $f'(x_0) = 0$ und hat die Ableitung f' an der Stelle x_0 einen Vorzeichenwechsel
(1) von + nach −, dann hat f an dieser Stelle ein lokales Maximum.
(2) Von − nach +, dann hat f an dieser Stelle ein lokales Minimum.

Du wirst gleich am folgenden Beispiel sehen, dass dieses „wahnsinnig komplizierte" Kriterium nur daraus besteht, ein paar Zahlen in den Taschenrechner zu tippen.

Beispiel:
Bestimme die Extrempunkte der Funktion

$$f(x) = \frac{2}{3}x^3 - \frac{3}{4}x^2 - 5x + 2.$$

1. An der notwendigen Bedingung kommen wir nicht vorbei:

$$f'(x) = 0$$

$$f'(x) = 2x^2 - \frac{3}{2}x - 5$$

$$0 = 2x^2 - \frac{3}{2}x - 5$$

Die Lösungen dieser Gleichung liefert der Taschenrechner:

$$x_1 = +2 \text{ und } x_2 = -\frac{5}{4}$$

2. Jetzt überprüfen wir zunächst $\boldsymbol{x_1}$ auf einen Vorzeichenwechsel. Das geht folgendermaßen: Wir setzen als erstes in die Ableitung $\boldsymbol{f'}(x)$ einen Wert **links** von $x_1 = +2$ ein, zum Beispiel 1,5. Wir erhalten dann:

$$f'(1{,}5) = 2 \cdot (1{,}5)^2 - \frac{3}{2} \cdot (1{,}5) - 5 = -\frac{11}{4}$$

Als nächstes setzen wir einen Wert rechts von $x_1 = +2$ ein, zum Beispiel 2,5:

$$f'(2{,}5) = 2 \cdot (2{,}5)^2 - \frac{3}{2} \cdot (2{,}5) - 5 = +\frac{15}{4}$$

Das war's. Wie versprochen musstest du nur Zahlen in den Taschenrechner eintippen.

Du musstest als erstes eine Zahl **links** von der Stelle eingeben und schauen, was für ein Vorzeichen herausspringt. Dann musstest du eine Zahl **rechts** von der Stelle eingeben und erneut das Vorzeichen beobachten.

In unserem Fall hat ein Vorzeichenwechsel von **– nach +** stattgefunden, denn links von x_1 haben wir eine negative Zahl $(-\frac{11}{4})$ und rechts von x_1 eine positive Zahl $(+\frac{15}{4})$ erhalten. Daher liegt an der Stelle

$$x_1 = 2$$

ein **Tiefpunkt** vor.

Das gleiche Spielchen machen wir auch mit der Stelle

$$x_2 = -\frac{5}{4} = -1{,}25.$$

Wir setzen jeweils einen Wert etwas weiter links und rechts ein.

Links: $f'(-2) = 2 \cdot (-2)^2 - \frac{3}{2} \cdot (-2) - 5 = +6$

Rechts: $f'(-1) = 2 \cdot (-1)^2 - \frac{3}{2} \cdot (-1) - 5 = -1{,}5$

Hier findet ein Vorzeichenwechsel von **+ nach –** statt, also liegt an der Stelle

$$x_2 = -\frac{5}{4}$$

ein **Hochpunkt** vor.

3. Die y-Werte folgen wie immer durch Einsetzen in $\boldsymbol{f}(x)$:

$$f(2) = -5{,}67$$

$$f\left(-\frac{5}{4}\right) = 5{,}78$$

4. Die Extrempunkte folgen zu:

$$TP(2| - 5{,}67)$$

$$HP\left(-\frac{5}{4}\middle| 5{,}78\right)$$

Damit sind wir auch schon fertig. Nur der 2. Schritt war neu, der Rest ist ja aus dem letzten Kapitel bekannt.

Eine kleine Sache habe ich dir verschwiegen. Es kann auch der Fall eintreten, dass es an einer Stelle keinen Vorzeichenwechsel gibt. Zum Beispiel könnten beide Werte links und rechts von der Stelle positiv oder beide negativ sein. In diesem Falle liegt dann **kein** Extrempunkt mehr vor, sondern ein sogenannter **Sattelpunkt** (mehr dazu findest du aber im *Kap. 9.5*). Daher ist das Vorzeichenwechselkriterium mächtiger, weil du damit **immer** eine Aussage treffen kannst, ob an einer bestimmten Stelle ein Hochpunkt oder Tiefpunkt vorliegt oder eben dieser geheimnisvolle Sattelpunkt.

Ich will nur noch kurz einige wichtige Hinweise geben, bevor wir das Kapitel abschließen:

- Beim Vorzeichenwechselkriterium musst du in die Ableitung $\boldsymbol{f}'(x)$ einsetzen.
- Du musst zuerst einen Wert links und dann rechts **in dieser Reihenfolge** einsetzen!
- Es ist prinzipiell egal, welche Werte links und rechts du auswählst. Nimm am besten die nächstmöglichen ganzen Zahlen.
  Sehr wichtig ist aber, dass du mit deinen Werten nicht über die nächste Extremstelle stolperst.
  Beispiel: Wenn die Stelle $x_1 = 1$ und $x_2 = 1{,}5$ auf Vorzeichenwechsel untersucht werden, darfst du für die Überprüfung von x_1 beispielsweise den Wert 0 links von $x_1 = 1$ benutzen.

Du darfst aber nicht die 2 für die rechte Seite benutzen! Mit der 2 springst du dann schon über $x_2 = 1{,}5$ und das ist nicht erlaubt, denn bei 1,5 ist ja schon die nächste Extremstelle! Hier müsstest du dich dann zum Beispiel mit den Werten 0 für die linke Seite und 1,25 für die rechte Seite begnügen.

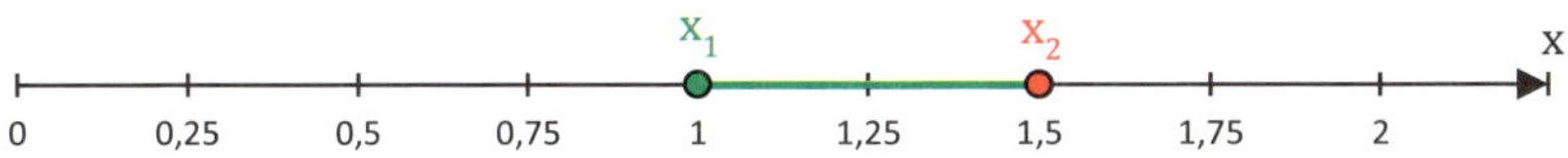

- Du solltest das Vorzeichenwechselkriterium immer benutzen, wenn leider $f''(x) = 0$ folgt und deshalb die hinreichende Bedingung aus *Kap. 9.1* nicht erfüllt ist oder wenn es zu aufwendig wäre, die 2. Ableitung zu bilden. Mit dem Vorzeichenwechselkriterium kann man dies umgehen. In ganz einfachen Fällen würde ich dir aber eher das Vorgehen mit der hinreichenden Bedingung aus *Kap. 9.1* empfehlen.

9.3 Wendepunkte bestimmen

Dieses Thema ist dem *Kap. 9.1* sehr ähnlich. Wir werden uns in diesem Kapitel mit der Berechnung von Wendepunkten beschäftigen.
Ein Wendepunkt ist ein Punkt des Graphen, in dem sich die Krümmung des Graphen ändert. Wenn der Graph zuvor rechtsgekrümmt war, dann ist er nach dem Wendepunkt linksgekrümmt. Wenn er vorher in einer Linkskurve verläuft, verläuft er nach dem Wendepunkt in einer Rechtskurve. Man spricht dann entweder von einem Rechts-Links-Wendepunkt (→ *Abb. 9.3*) oder von einem Links-Rechts-Wendepunkt (→ *Abb. 9.4*).

Der Graph von *Abb. 9.3* hat bei

$$x = -1$$

einen **Wendepunkt**. Wenn ein Formel-1-Rennfahrer von links unten losfahren würde, müsste er zunächst eine Rechtskurve fahren. Im Idealfall würde er genau im Wendepunkt von einer Rechtskurve in eine Linkskurve übergehen, es handelt sich daher um einen **Rechts-Links-Wendepunkt**.

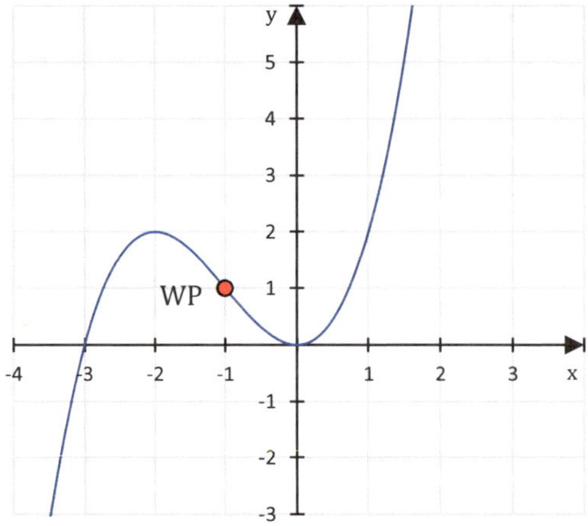

Abb. 9.3: Rechts-Links-Wendepunkt

Im anderen Fall (→ *Abb. 9.4*) müsste der Fahrer von links oben angekommen erst eine Linkskurve und nach dem Wendepunkt eine Rechtskurve fahren: Hier liegt also ein **Links-Rechts-Wendepunkt** vor.

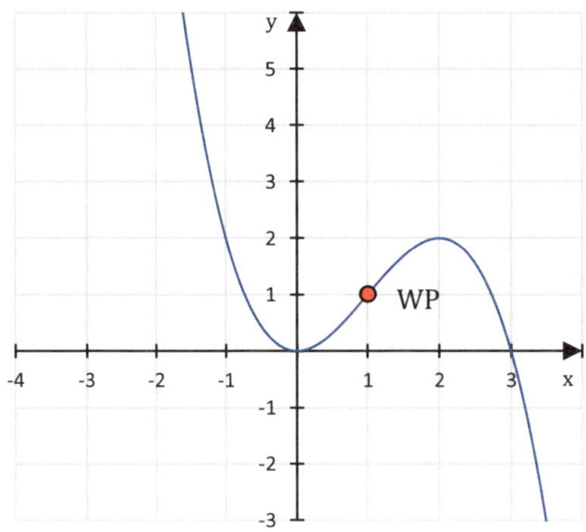

Abb. 9.4: Links-Rechts-Wendepunkt

Kommen wir nun zur Berechnung der Wendepunkte, die nach dem gleichen Prinzip abläuft wie die Extrempunktberechnung. Es gibt eine notwendige Bedingung, die erfüllt werden muss (wenn sie nicht erfüllt ist, gibt es auch keinen Wendepunkt) und es gibt eine hinreichende Bedingung. Man geht auf ähnliche Weise vor:

(1) Die **notwendige** Bedingung lautet hier:

$$f''(x) = 0$$

Man benötigt hier die **2.** Ableitung.

(2) Für die **hinreichende** Bedingung brauchst du die **3. Ableitung**. Sie lautet folgendermaßen:

Wenn

$$f''(x) = 0$$

und

$$f'''(x) \neq 0$$

gilt, so liegt ein Wendepunkt vor.

Wenn man spezifisch zwischen Links-Rechts- und Rechts-Links-Wendepunkten unterscheiden will, muss man noch folgendes beachten:

- Wenn $f'''(x) < 0$ ist, dann liegt ein Links-Rechts-Wendepunkt vor.
- Wenn $f'''(x) > 0$ ist, dann liegt ein Rechts-Links-Wendepunkt vor.

Auch hier musst du beachten, dass die notwendige Bedingung alleine nicht die Existenz von Wendepunkten beweist. Die hinreichende Bedingung **muss** auch erfüllt sein. Erst dann ist die Existenz der Wendepunkte bewiesen.

Falls es tatsächlich Wendepunkte gibt, kannst du dann die y-Werte ermitteln. Dafür musst du wie gewohnt die x-Werte aus (1) in $f(x)$ einsetzen. Zum Schluss notierst du dir schön und ordentlich die Wendepunkte.

Auch dieses Kapitel wollen wir nicht ohne ein Beispiel verlassen.

Beispiel:

Untersuche die Funktion

$$f(x) = -\frac{1}{2}x^3 + \frac{3}{2}x^2$$

auf Wendepunkte.

0. Bevor wir mit der Untersuchung anfangen, bilden wir gleich am Anfang die 3 Ableitungen, die wir noch brauchen werden.

$$f'(x) = -\frac{3}{2}x^2 + 3x$$

$$f''(x) = -3x + 3$$

$$f'''(x) = -3$$

1. Nun können wir mit der eigentlichen Arbeit beginnen. Die notwendige Bedingung für Wendepunkte muss erfüllt sein:

$$f''(x) = 0$$

$$0 = -3x + 3$$

$$\Longrightarrow x = 1$$

2. Die hinreichende Bedingung muss auch erfüllt sein:

$$f'''(x) \neq 0$$

Wir müssen also schauen, ob unsere 3. Ableitung an der Stelle

$$x = 1$$

nicht zu 0 wird. Dann liegt ein Wendepunkt vor.

$$f'''(x) = -3$$

$$f'''(1) = -3$$

Die dritte Ableitung ist bei uns **überall** ungleich 0 und somit auch an unserer Stelle $x = 1$. Hier liegt also ein Wendepunkt vor.

Da die dritte Ableitung **kleiner** als 0 ist (in diesem Fall ist die Ableitung immer -3, egal welchen Wert du für x einsetzt), liegt ein Links-Rechts-Wendepunkt vor. Das ist aber nur von zweitrangiger Bedeutung. Meistens will man nur wissen, ob es überhaupt einen Wendepunkt gibt.

3. Der y-Wert berechnet sich folgendermaßen:

$x = 1$ in $f(x)$ einsetzen

$$f(1) = -\frac{1}{2} \cdot (1)^3 + \frac{3}{2} \cdot (1)^2 = 1$$

4. Der Wendepunkt liegt bei $WP(1|1)$.

Die Funktion mit ihrem Wendepunkt ist in *Abb. 9.4* graphisch dargestellt.

Mit einer Schlussbemerkung will ich das Thema beenden: Ein Wendepunkt liegt **immer** vor, wenn du einen Hochpunkt **und** einen Tiefpunkt hast. Der Wendepunkt liegt dann irgendwo zwischen diesen Extremen.

9.4 Vorzeichenwechselkriterium für Wendepunkte

Auch für Wendepunkte gibt es ein Vorzeichenwechselkriterium als Ersatz für die hinreichende Bedingung, die wir im letzten Kapitel benutzt haben. Damit kann man die 3. Ableitung umgehen, was sich ziemlich lohnen kann, wenn es zu zeitaufwendig wäre, die Funktion dreimal abzuleiten. Das Kriterium lautet folgendermaßen:

Wenn $f''(x_0) = 0$ ist und die 2. Ableitung f'' an der Stelle x_0 einen Vorzeichenwechsel hat, dann befindet sich dort eine Wendestelle.

(1) Bei einem Vorzeichenwechsel von + nach − liegt ein Links-Rechts-Wendepunkt vor.

(2) Bei einem Vorzeichenwechsel von − nach + liegt ein Rechts-Links-Wendepunkt vor.

Man benutzt es genauso, wie wir es auch im *Kap. 9.2* getan haben. Du musst nur beachten, dass wir hier in der **2. Ableitung** einsetzen müssen.

Beispiel:

Untersuche die Funktion

$$f(x) = \frac{1}{2}x^3 + \frac{3}{2}x^2$$

auf Wendepunkte.

0. Auch hier bestimmen wir wie im vorherigen Kapitel zunächst die ersten zwei Ableitungen. Die dritte Ableitung benötigen wir hier nicht, weil wir ja das Vorzeichenwechselkriterium verwenden wollen:

   $f'(x) = \frac{3}{2}x^2 + 3x$

   $f''(x) = 3x + 3$

1. **Notwendige Bedingung**: $f''(x) = 0$

   $0 = 3x + 3$

   $\Rightarrow x = -1$

2. **Vorzeichenwechselkriterium** (ist auch eine hinreichende Bedingung):
   Wir setzen eine Zahl links von $x = -1$ ein, zum Beispiel -2:

   $f''(-2) = 3 \cdot (-2) + 3 = \mathbf{-3}$

   Und nun eine Zahl rechts von $x = -1$, zum Beispiel 0:

   $f''(0) = 3 \cdot 0 + 3 = \mathbf{+3}$

   Es findet an der Stelle $x = -1$ ein Vorzeichenwechsel von $-$ nach $+$ statt, also befindet sich dort ein Rechts-Links-Wendepunkt.

3. Nun kann man wie immer den **y-Wert** des Wendepunktes durch Einsetzen der Wendestelle $x = -1$ in $f(x)$ bestimmen:

   $f(-1) = \frac{1}{2}(-1)^3 + \frac{3}{2}(-1)^2 = -\frac{1}{2} + \frac{3}{2} = 1$

4. Zum Schluss notieren wir uns den Wendepunkt. Er liegt bei $WP(-1|1)$.

Die Funktion f ist in *Abb. 9.3* dargestellt.

9.5 Sattelpunkt

Ein Sattelpunkt ist ein ganz spezieller Wendepunkt. Man nennt ihn auch einen **Horizontalwendepunkt**. In *Abb. 9.5* siehst du, wie er aussieht.
Ein Sattelpunkt hat zwei wichtige Eigenschaften:

(1) Er hat eine horizontale Tangente, die Steigung ist also 0:

$$f'(x) = 0.$$

(2) Da es sich bei einem Sattelpunkt auch um einen Wendepunkt handelt, muss die notwendige Bedingung für Wendepunkte erfüllt sein:

$$f''(x) = 0.$$

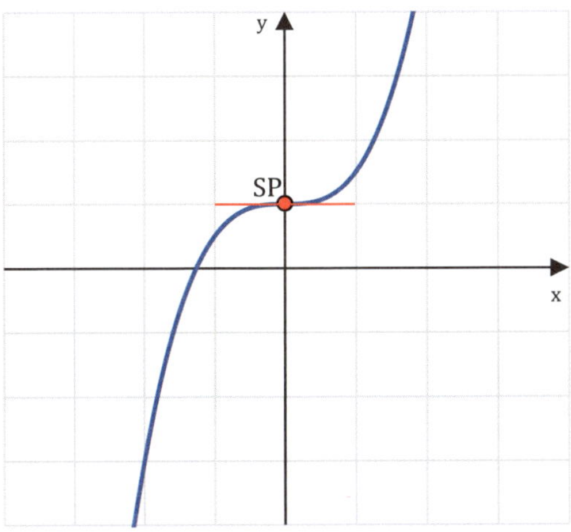

Abb. 9.5: Sattelpunkt

Aus der 1. Eigenschaft ergibt sich ein kleines Problem: Wie soll man jetzt erkennen, ob an einer bestimmten Stelle, an der die $Steigung = 0$ ist, ein Hochpunkt, Tiefpunkt **oder** ein Sattelpunkt vorliegt? Für dieses Problem gibt es verschiedene Lösungswege, die wir uns an einem kleinen Beispiel anschauen werden.

Beispiel:
Untersuche die Funktion

$$f(x) = \frac{1}{2}x^3 + 1$$

auf **Extrempunkte**.

Wie immer bilden wir gleich die Ableitungen der Funktion:

$$f'(x) = \frac{1}{2} \cdot 3 \cdot x^2 = \frac{3}{2}x^2$$

$$f''(x) = \frac{3}{2} \cdot 2 \cdot x = 3x$$

$$f'''(x) = 3$$

Die **notwendige Bedingung** für **Extrempunkte** muss erfüllt sein:

$$f'(x) = 0$$

$$0 = \frac{3}{2}x^2$$

$$\Longrightarrow x = 0$$

Die **hinreichende Bedingung** für **Extrempunkte** sollte uns jetzt bestätigen, ob ein Extrempunkt vorliegt oder nicht:

$$f''(0) = 3 \cdot 0 = 0$$

Die **2. Ableitung** ist in diesem Falle an der Stelle $x = 0$ leider auch 0. Die hinreichende Bedingung ist daher nicht erfüllt, deshalb können wir nicht sagen, ob jetzt ein Hochpunkt, Tiefpunkt oder Sattelpunkt vorliegt. Es besteht aber der große Verdacht, dass es ein Sattelpunkt sein könnte.
Diesem Verdacht können wir auf 2 Wegen nachgehen, die wir uns im Folgenden anschauen.

(1) In unserem Fall ist die einfachste Methode, die **hinreichende Bedingung** für **Wendepunkte** mit der **3. Ableitung** zu benutzen. Wenn an unserer kritischen Stelle $x = 0$ tatsächlich

$$f'''(x) \neq 0$$

gilt, liegt hier ein Wendepunkt bzw. genauer gesagt ein Sattelpunkt vor.

$$f'''(x) = 3$$

$$\Longrightarrow f'''(0) = 3$$

Damit haben wir nachgewiesen, dass es keinen Extrempunkt gibt, sondern nur einen **Sattelpunkt**.
Beachte: Ein Sattelpunkt ist **kein** Extrempunkt, obwohl hier

$$f'(x) = 0$$

gilt. $Sattelpunkt = Wendepunkt$!

(2) Eine andere Methode ist das Vorzeichenwechselkriterium **für Extrempunkte** (→ *Kap. 9.2*). Wenn es an der kritischen Stelle, die wir verdächtigen, **keinen** Vorzeichenwechsel gibt, handelt es sich um einen Sattelpunkt!

Wir setzen in die Ableitung $\boldsymbol{f'}$ zuerst eine Zahl links von $x = 0$ ein, zum Beispiel -1:

$$f'(-1) = \frac{3}{2} \cdot (-1)^2 = +\frac{3}{2}$$

Nun setzen wir eine Zahl rechts von $x = 0$ ein, z.B. $+0{,}5$:

$$f'(0{,}5) = \frac{3}{2} \cdot (0{,}5)^2 = +0{,}375$$

Beide Zahlen sind positiv. Es findet also **kein** Vorzeichen**wechsel** statt, daher liegt kein Extrempunkt vor, sondern ein Sattelpunkt.

Mit den 2 Möglichkeiten, die wir hier benutzt haben, kann man zwischen Hochpunkt/Tiefpunkt und Sattelpunkt unterscheiden. Wenn

$$f'(x) = 0$$

und

$$f''(x) = 0$$

ist, handelt es sich zwar in den meisten Aufgaben um einen Sattelpunkt, doch leider nicht immer. Zum Beispiel liegt bei

$$f(x) = x^4$$

an der Stelle $x = 0$ kein Sattelpunkt vor, obwohl an dieser Stelle $f'(x) = 0$ und auch $f''(x) = 0$ gilt. Stattdessen liegt dort ein Tiefpunkt vor.

Am besten benutzt du das Vorzeichenwechselkriterium für Extrempunkte (das war unser 2. Weg). Dann hast du in ein paar Sekunden nachgewiesen, um was es sich handelt.

10 Kurvendiskussion ganzrationaler Funktionen

Dieses Kapitel kann man als eine Art Zusammenfassung von den bisherigen Themen sehen. Bei der sogenannten **Kurvendiskussion** untersucht man eine Funktion auf ihre Eigenschaften. Dafür muss man keinen 10 Seiten langen Text schreiben oder irgendwelche Graphen bis auf Millimeter genau zeichnen. Es geht nur darum herauszufinden, um was für eine Funktion es sich handelt, wo die wichtigsten Punkte wie Extrempunkte oder Wendepunkte liegen usw.

Kurz gesagt: Man muss die **Eigenschaften der Funktion** zusammentragen. Bei der Kurvendiskussion einer ganzrationalen Funktion muss man Folgendes (am besten in dieser Reihenfolge) bestimmen:

(1) Funktionstyp, Grad der Funktion, Definitionsbereich
(2) Symmetrie
(3) Verhalten für $x \to \pm\infty$
(4) Schnittpunkte mit den Achsen
 a. Nullstellen bestimmen
 b. Schnittpunkt mit der y-Achse (y-Achsenabschnitt)
(5) Extrempunkte
(6) Wendepunkte
(7) Skizze des Graphen

Das sind die 7 Punkte, die man abarbeiten muss. Wir haben alles bis auf die (7) in den letzten Kapiteln ausführlich besprochen. Den Graphen zu skizzieren ist aber auch nicht weiter schwierig, wenn man Punkte (1) bis (6) richtig bearbeitet hat. Tragen wir also unser Wissen einmal zusammen und führen wir die berühmt berüchtigte und gefürchtete Kurvendiskussion durch.

Beispiel: Diskutiere die Funktion

$$f(x) = \frac{1}{4}x^4 - 8x^2 - 36.$$

(1) Funktionstyp, Grad, Definitionsbereich

Es handelt sich um eine ganzrationale Funktion 4. Grades (das erkennst du am x^4). Der Definitionsbereich sind die reellen Zahlen, wie auch bei jeder anderen ganzrationalen Funktion:

$$\mathbb{D} = \mathbb{R}.$$

Man darf nämlich alle möglichen Zahlen in die Funktion für x einsetzen, ohne irgendeine mathematische Sünde zu begehen.

(2) Symmetrie

Das ist auch ganz einfach. Diese Funktion ist achsensymmetrisch, weil nur gerade Exponenten vorkommen (→ *Kap. 6.2*). Die Konstante -36 zählen wir als geraden Exponenten, da

$$-36 = -36x^0$$

und die 0 sehen wir als gerade an. Das reicht als Begründung vollkommen aus.

Man kann aber auch rechnerisch begründen. Für die Achsensymmetrie muss folgendes gelten:

$$f(x) = f(-x)$$

Das können wir leicht überprüfen:

$$f(-x) = \frac{1}{4}(-x)^4 - 8(-x)^2 - 36 = \frac{1}{4}x^4 - 8x^2 - 36$$

$$\Rightarrow f(x) = f(-x)$$

$$\Rightarrow \text{achsensymmetrisch}$$

Wenn dir dieses Kriterium sehr unbekannt vorkommt, dann schau nochmal im *Kap. 6.2* nach.

(3) Verhalten für $x \to \pm\infty$

Das hört sich immer viel, viel komplizierter an als es wirklich ist. Wir haben im *Kap. 6.5* vier mathematische Sätze kennengelernt. Wenn du diese noch beherrschst, dann solltest du keine Verständnisprobleme mit dieser Lösung haben:

$$\lim_{x \to +\infty} \frac{1}{4}x^4 - 8x^2 - 36 = +\infty,$$

$$\lim_{x \to -\infty} \frac{1}{4}x^4 - 8x^2 - 36 = +\infty,$$

da

$$a_n = \frac{1}{4}$$

größer ist als 0 und die Funktion einen **geraden Grad** ($Grad = 4$) hat (→ *Satz 1*, *S.78*).

So einfach ist das, du musst hier nicht raten (das haben viele Schüler in meiner Klasse gemacht)! Ich habe nur *Satz 1* aus *Kap. 6.5* benutzt.
Um das ganze etwas anders zu formulieren, könnte ich statt der Limes-Schreibweise auch folgendes hinschreiben können:

Für $x \to +\infty$ geht $f(x) \to +\infty$,

Für $x \to -\infty$ geht $f(x) \to +\infty$,

Das ist genau dasselbe.

(4) Schnittpunkte mit den Achsen

a. Nullstellen bestimmen

$$f(x) = \frac{1}{4}x^4 - 8x^2 - 36$$

Man muss

$$f(x) = 0$$

setzen, um die Nullstellen zu bestimmen. Daraus folgt:

$$0 = \frac{1}{4}x^4 - 8x^2 - 36$$

Es handelt sich um eine biquadratische Gleichung. Man löst sie durch Substitution (→ *Kap. 6.3*):

$$0 = \frac{1}{4}x^2 \cdot x^2 - 8x^2 - 36 \qquad | \text{ Substitution: } x^2 = z$$

$$0 = \frac{1}{4}z \cdot z - 8z - 36 = \frac{1}{4}z^2 - 8z - 36$$

Die Lösungen von **z** liefert uns der Taschenrechner:

$$z_1 = 36,\ z_2 = -4$$

Durch Resubstitution (rückgängig machen der Substitution) erhalten wir die Lösungen für $\boldsymbol{x}$:

$$x^2 = z_1$$

$$x^2 = 36 \qquad | \text{ Wurzel ziehen}$$

$$\Rightarrow x_1 = +\sqrt{36} = +6$$

$$\Rightarrow x_2 = -\sqrt{36} = -6$$

Genauso machen wir das auch für z_2:

$$x^2 = z_2$$

$$x^2 = -4 \qquad | \text{ Wurzel ziehen}$$

$$\Rightarrow x_{3/4} = \pm\sqrt{-4}$$

$x_{3/4}$ liefert keine Lösungen, denn unter der Wurzel steht eine negative Zahl. Die Nullstellen liegen bei x_1 und x_2, also:

$NST_1(6|0)$ und $NST_2(-6|0)$.

Zur Erinnerung: Der y-Wert einer **Null**stelle ist logischerweise immer **null**.

b. y-Achsenabschnitt

Den y-Achsenabschnitt erhalten wir, indem wir $\boldsymbol{x = 0}$ setzen:

$$f(x) = \frac{1}{4}x^4 - 8x^2 - 36$$

$$f(\mathbf{0}) = \frac{1}{4} \cdot 0^4 - 8 \cdot 0^2 - 36 = -36$$

Der Schnittpunkt mit der y-Achse liegt somit bei $S(0|-36)$.

(5) Extrempunkte

Wir bilden gleich am Anfang die ersten drei Ableitungen, wir werden sie schließlich auch bei den Wendepunkten benötigen.

$$f(x) = \frac{1}{4}x^4 - 8x^2 - 36$$

$$f'(x) = x^3 - 16x$$

$$f''(x) = 3x^2 - 16$$

$$f'''(x) = 6x$$

1. Damit Extrempunkte existieren können, muss die notwendige Bedingung erfüllt sein:

$$f'(x) = 0$$

$$0 = x^3 - 16x$$

Hier siehst du durch scharfes Hinsehen, dass man x ausklammern kann, was dann zu der Gleichung

$$0 = x^3 - 16x = x \cdot (x^2 - 16)$$

führt. Damit

$$x \cdot (x^2 - 16)$$

zu 0 wird, muss **entweder** der Faktor

$$x$$

oder der Faktor

$$x^2 - 16$$

gleich 0 sein. Die erste Lösung ist ganz einfach:

$$x_1 = 0$$

Die weiteren Lösungen bekommen wir, wenn der zweite Faktor gleich 0 ist:

$$0 = x^2 - 16 \qquad | + 16$$

$$x^2 = 16 \qquad | \text{ Wurzel ziehen}$$

$$\Rightarrow x_2 = +\sqrt{16} = 4$$

$$\Rightarrow x_3 = -\sqrt{16} = -4$$

Die Gleichung kannst du aber selbstverständlich auch mit dem Taschenrechner lösen.

2. Als nächstes überprüfen wir, ob unsere gerade berechneten Stellen x_1, x_2, x_3 die hinreichende Bedingung (mit der **2. Ableitung**) erfüllen:

   $f''(0) = 3 \cdot 0^2 - 16 = -16$

   $\Longrightarrow$ Hochpunkt an der Stelle $x_1 = 0$, weil $f''(0) = -16 < 0$

   $f''(4) = 3 \cdot 4^2 - 16 = 32$

   $\Longrightarrow$ Tiefpunkt an der Stelle $x_2 = 4$, weil $f''(4) = 32 > 0$

   $f''(-4) = 3 \cdot (-4)^2 - 16 = 32$

   $\Longrightarrow$ Tiefpunkt an der Stelle $x_3 = -4$, weil $f''(-4) = 32 > 0$

3. Die y-Werte der Extrempunkte werden nun durch Einsetzen von x_1, x_2, x_3 in $f(x)$ berechnet:

   $f(0) = \frac{1}{4} \cdot 0^4 - 8 \cdot 0^2 - 36 = -36$

   Diesen Wert hatten wir bereits in **(4)** ausgerechnet.
   Die weiteren x-Werte ergeben:

   $f(4) = \frac{1}{4} \cdot 4^4 - 8 \cdot 4^2 - 36 = -100$

   $f(-4) = \frac{1}{4} \cdot (-4)^4 - 8 \cdot (-4)^2 - 36 = -100$

   Dass bei $f(4)$ dasselbe herauskommen würde wie bei $f(-4)$, hätte man erahnen können, denn die Funktion ist ja achsensymmetrisch, wie wir aus **(2)** wissen. Dann müssen die Funktionswerte, also die y-Werte, an den Stellen 4 und -4 natürlich dieselben sein.

4. Jetzt alles schön notieren:

   $HP(0|-36)$

   $TP_1(4|-100)$

   $TP_2(-4|-100)$

(6) Wendepunkte

Auf die gleiche Weise rechnen wir auch die Wendepunkte in 4 Schritten aus.

1. Wir stellen die notwendige Bedingung für Wendepunkte auf:

$$f''(x) = 0$$

$$0 = 3x^2 - 16 \qquad | + 16 \quad |:3$$

$$x^2 = \frac{16}{3} \qquad | \text{ Wurzel ziehen}$$

$$\Rightarrow x_1 = \sqrt{\frac{16}{3}} = \frac{4}{\sqrt{3}}$$

$$\Rightarrow x_2 = -\sqrt{\frac{16}{3}} = -\frac{4}{\sqrt{3}}$$

2. Als nächstes überprüfen wir, ob unsere Stellen x_1, x_2 die hinreichende Bedingung (mit der **3. Ableitung**) erfüllen:

$$f'''(x_1) = f'''\left(\frac{4}{\sqrt{3}}\right) = 6 \cdot \frac{4}{\sqrt{3}} = 8 \cdot \sqrt{3}$$

$\Rightarrow$ Rechts-Links-Wendepunkt, weil $f'''(\frac{4}{\sqrt{3}}) > 0$

$$f'''(x_2) = f'''\left(-\frac{4}{\sqrt{3}}\right) = 6 \cdot \left(-\frac{4}{\sqrt{3}}\right) = -8 \cdot \sqrt{3}$$

$\Rightarrow$ Links-Rechts-Wendepunkt, weil $f'''\left(-\frac{4}{\sqrt{3}}\right) < 0$

3. Die y-Werte der Wendepunkte erhalten wir nun durch Einsetzen von x_1, x_2 in $f(x)$:

$$f\left(\frac{4}{\sqrt{3}}\right) = \frac{1}{4} \cdot \left(\frac{4}{\sqrt{3}}\right)^4 - 8 \cdot \left(\frac{4}{\sqrt{3}}\right)^2 - 36 \approx -71{,}56$$

$$f\left(-\frac{4}{\sqrt{3}}\right) = \frac{1}{4} \cdot \left(-\frac{4}{\sqrt{3}}\right)^4 - 8 \cdot \left(-\frac{4}{\sqrt{3}}\right)^2 - 36 \approx -71{,}56$$

Auch hier kommt natürlich für $f\left(\frac{4}{\sqrt{3}}\right)$ und $f\left(-\frac{4}{\sqrt{3}}\right)$ dasselbe heraus, weil die Funktion achsensymmetrisch ist.

4. Wir notieren unsere Wendepunkte:

$$WP_1\left(\frac{4}{\sqrt{3}} \,|\, -71{,}56\right),\ WP_2\left(-\frac{4}{\sqrt{3}} \,|\, -71{,}56\right)$$

(7) Graph skizzieren

Jetzt sind wir so gut wie fertig. Es fehlt nur noch der Graph. Um den Graphen zu **skizzieren**, müssen wir alle unsere mit viel Mühe gewonnenen Erkenntnisse zusammentragen. Die Betonung liegt auf skizzieren, es soll kein Kunstwerk werden.
Man fängt am besten damit an, eine kurze Zusammenfassung der Ergebnisse zu machen:

(2) Achsensymmetrisch

(3) Für $x \to +\infty$ geht $f(x) \to +\infty$,
für $x \to -\infty$ geht $f(x) \to +\infty$

(4) $NST_1(6|0)$ und $NST_2(-6|0)$

(5) $HP(0|-36), TP_1(4|-100), TP_2(-4|-100)$

(6) $WP_1\left(\frac{4}{\sqrt{3}}|-71{,}56\right), WP_2\left(-\frac{4}{\sqrt{3}}|-71{,}56\right)$

Jetzt kannst du dir überlegen, wie die Skalierung der x- und y-Achse aussehen sollte. Auf der x-Achse könntest du auf deinem Blatt für 1cm die Längeneinheit 1 nehmen. Auf der y-Achse kann man für 1cm ruhig 10 oder 20 Längeneinheiten nehmen, da die Tiefpunkte sehr tief liegen. Beachte hier, dass es keine „richtige“ oder „falsche“ Skalierung gibt. Wenn du den Graphen etwas größer oder kleiner machst, ist das auch in Ordnung.
Nachdem du sinnvoll skaliert hast, musst du die wichtigsten Punkte im Koordinatensystem markieren (→ *Abb. 10.1*).

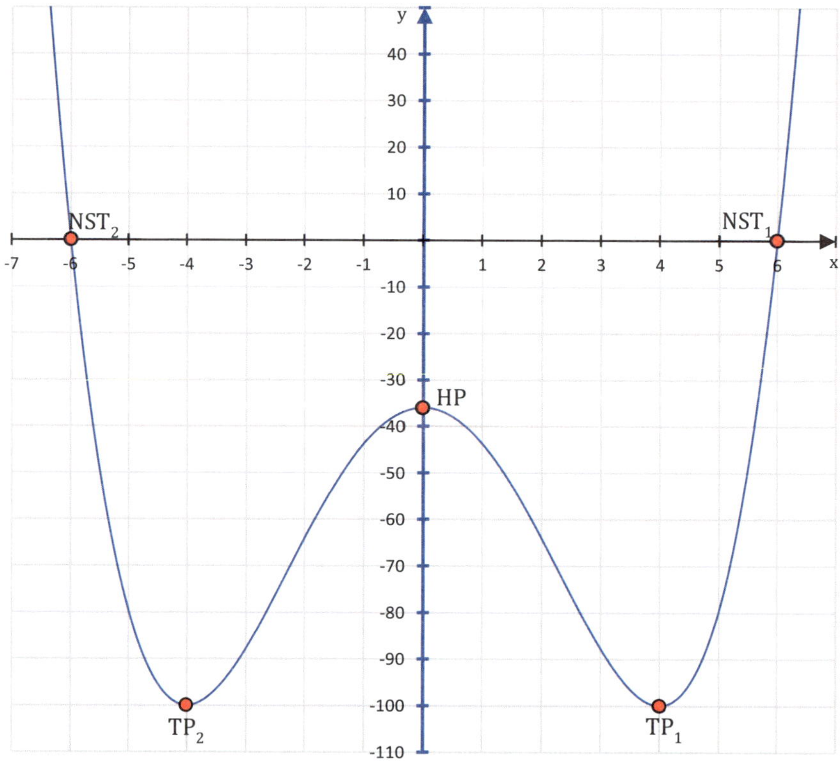

Abb. 10.1: $f(x) = \frac{1}{4}x^4 - 8x^2 - 36.$

Nun kannst du anfangen, den Graphen **von links nach rechts** zu zeichnen. Wir wissen aus **(3)**, dass die Funktion für $x \to -\infty$ nach $+\infty$ geht, also ins Unendliche nach oben. Das heißt dann, dass der Graph von links oben kommt. Mit dieser Erkenntnis kannst du den Graphen über die Nullstelle NST_2 nach oben „ins Unendliche" zeichnen.
Danach kannst du den Graphen zwischen Nullstelle NST_2, Tiefpunkt TP_2 und Hochpunkt HP nacheinander verbinden. Da in unserer Funktion die Potenzen x^4 und x^2 vorkommen, kannst du die einzelnen Punkte nicht einfach mit einer Geraden verbinden. Du musst die Funktion etwas „gebogen" zeichnen.
Nach dem Tiefpunkt TP_2 muss die Funktion wieder nach oben gehen. Wenn sie weiter nach unten gehen würde, dann wäre dieser Punkt ja kein Tiefpunkt. Genauso muss der Graph nach dem Hochpunkt

selbstverständlich nach unten gehen, sonst wäre der Punkt kein Hochpunkt.
In gleicher Weise kann man sich auch Schritt für Schritt überlegen, wie man den Graphen auf der rechten Seite zeichnen sollte, also für $x > 0$.
In unserem Fall ist die Funktion achsensymmetrisch. Das erspart uns die ganze Arbeit. Die rechte Seite ist einfach das Spiegelbild der linken Seite. Das ist das Schöne an solchen achsensymmetrischen Funktionen.

Ich will nochmal anmerken, dass es sich bei dir nur um eine Skizze handeln sollte. Wenn die Funktion bei dir ein bisschen geknickt ist oder auch einfach nicht so schön aussieht wie in *Abb. 10.1*, ist das vollkommen egal. Hauptsache ist, dass die wichtigsten Eigenschaften erkennbar sind.
Zum Graphen in *Abb. 10.1* will ich noch sagen, dass er vielleicht einen falschen Eindruck vermitteln kann. Wir haben auf der y-Achse 10-er Schritte genommen, darum sieht der Graph noch relativ „flach“ aus. Wenn wir **theoretisch** 1-er Schritt auf der y-Achse nehmen würden, würde der Graph anders aussehen. Er wäre viel steiler. Dann bräuchtest du aber auch 2m Papier, um den wichtigsten Bereich des Graphen darzustellen…

11 Kurvendiskussion gebrochenrationaler Funktionen

In diesem Kapitel geht es um die Kurvendiskussion sogenannter **gebrochenrationaler Funktionen**.
Viele behandeln dieses Thema nicht in der Einführungsphase. Wenn du auch dazu gehörst, kannst du dir die Arbeit ja ersparen. Dieses Thema würde ich zu den Top 3 der kompliziertesten Themen in diesem Buch zählen. Ich hoffe, ich habe dir damit keinen Schrecken eingejagt. Wie du weißt, werden wir alles Schritt für Schritt an einem Beispiel durchgehen, sodass du nach diesem Kapitel sicherlich um ein Vielfaches schlauer sein wirst.

Eine gebrochenrationale Funktion ist ein Quotient von zwei ganzrationalen Funktionen. Eine solche Funktion ist z.B.

$$f(x) = \frac{x^2 + 2x - 1}{x^6 - x^3 + x^2}$$

Der Zähler

$$x^2 + 2x - 1$$

und der Nenner

$$x^6 - x^3 + x^2$$

sind jeweils ganzrationale Funktionen. f ist deshalb eine gebrochenrationale Funktion.

Abb. 11.1 zeigt dir, was in etwa in diesem Kapitel auf dich zukommt: Dieser Graph hat die Funktionsgleichung

$$f(x) = \frac{3x + 2}{(x - 2)(x + 1)}$$

und sieht entsprechend kompliziert aus. Du hast wahrscheinlich schon anhand des Graphen gemerkt, dass gebrochenrationale Funktionen meistens sogenannte **Definitionslücken** haben, d.h. der Graph geht durch manche Stellen nicht hindurch (in unserem Falle $x = -1$ und $x = 2$). Dadurch entstehen auch diese 3 „Teilgraphen“. Wir werden aber darauf noch näher eingehen.

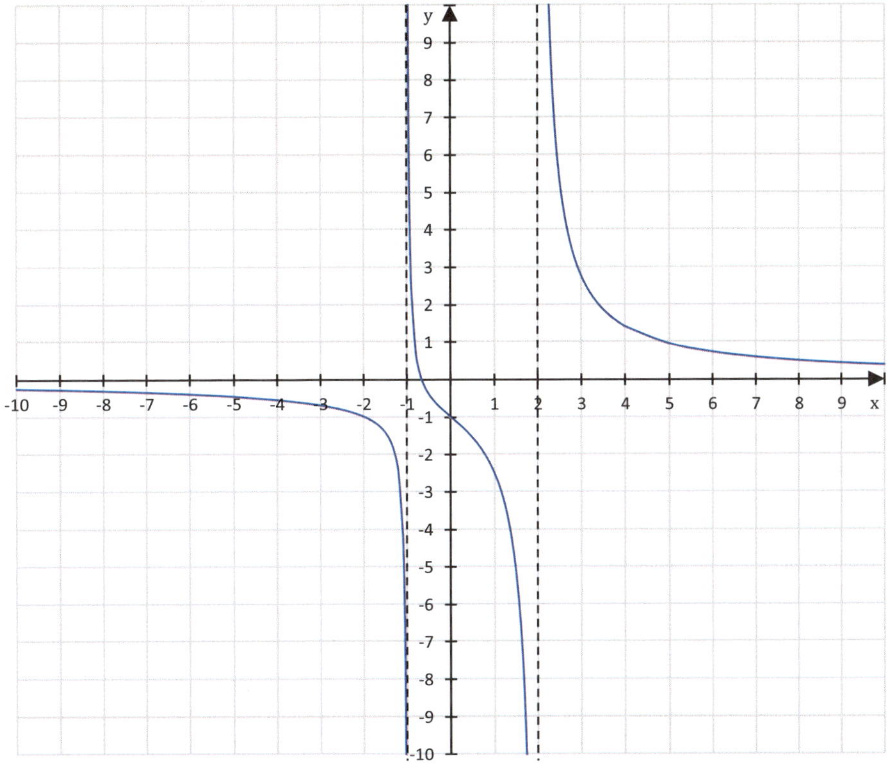

Abb. 11.1: $f(x) = \frac{3x+2}{(x-2)(x+1)}$

Zunächst einmal will ich dir einen Überblick verschaffen, was man bei der Kurvendiskussion von **gebrochenrationalen** Funktionen machen muss. Sie unterscheidet sich nämlich zum Teil von der Kurvendiskussion **ganzrationaler** Funktionen.

(1) Allgemeines
   a. Funktionstyp
   b. Definitionsbereich angeben
   c. Pole und Lücken angeben
(2) Symmetrie
(3) Grenzwertverhalten
   a. Verhalten für $x \to \pm\infty$
   b. Verhalten für $x \to Polstellen$
   c. Asymptoten
(4) Schnittpunkte mit den Achsen
   a. Nullstellen bestimmen
   b. Schnittpunkt mit der y-Achse (y-Achsenabschnitt)
(5) Extrempunkte
(6) Wendepunkte
(7) Skizze des Graphen

Das kommt dir hoffentlich alles bis auf **(1)c** sowie **(3)b**, **c** bekannt vor. Allerdings ist es hier ein bisschen komplizierter, die einzelnen Punkte abzuarbeiten. Ich werde erstmal kurz theoretisch erklären, wie man die Punkte abarbeitet. Anschließend werden wir eine Kurvendiskussion von einer gebrochenrationalen Funktion durchführen. Wenn du die Erklärung nicht gleich zu 100% verstehst, ist das nicht so schlimm, denn es folgt ja noch ein Beispiel.

Theoretische Grundlagen (*S.147-152*):

(1) Allgemeines

a. Funktionstyp

Dazu brauche ich wohl nichts zu sagen.

b. Definitionsbereich angeben

Den Definitionsbereich von gebrochenrationalen Funktionen muss man einschränken. Du weißt ja (wahrscheinlich schon aus der Grundschule), dass man nicht durch 0 teilen darf. Deshalb darf der **Nenner** niemals 0 sein. Eine Null im Nenner ist eine mathematische Straftat! Deshalb darfst du zum Beispiel bei der Funktion

$$f(x) = \frac{2x^2 - 3}{x + 1}$$

nicht $x = -1$ einsetzen, denn dann wäre der $Nenner = 0$! Der Definitionsbereich besteht somit immer aus den reellen Zahlen **außer** den x-Werten, bei denen der $Nenner = 0$ wird.

c. **Pole und Lücken angeben**

Jetzt kommen neue Begriffe auf dich zu. Wie du aus (1)b schon weißt, gibt es meistens irgendwelche **Definitionslücken** bei gebrochenrationalen Funktionen. Man unterscheidet hierbei zwischen Polstellen (kurz auch **Pole** genannt) und **Lücken**.

Pol: Wenn an irgendeiner Stelle der $Nenner = 0$ und der Zähler **nicht** gleich 0 ist, so liegt an dieser Stelle ein Pol vor. Beispielsweise liegt bei

$$f(x) = \frac{x + 5}{x^2}$$

an der Stelle $x = 0$ ein Pol vor, da dann der $Nenner = 0$ ist und der $Z\ddot{a}hler = 5$, also ungleich 0.

Ein Pol hat die Eigenschaft, dass die Funktion in seiner Nähe ins Unendliche wächst (→ *Abb. 11.1*).

Lücke: Wenn an irgendeiner Stelle der $Nenner = 0$ und **auch** der $Z\ddot{a}hler = 0$ ist, so kann man diese gebrochenrationale Funktion immer kürzen. Zum Beispiel ist

$$f(x) = \frac{(x^2 + 2x + 2) \cdot (x + 2)}{x^2 \cdot (x + 2)}$$

bei $x = -2$ im Nenner und im Zähler gleich 0. Du kannst hier deshalb

$$(x + 2)$$

aus der Funktion herauskürzen und erhältst dann

$$f(x) = \frac{(x^2 + 2x + 2)}{x^2}$$

Das ist jetzt die gekürzte Ersatzfunktion, die aber die gleichen Eigenschaften hat wie die ursprüngliche Funktion.

Da du in dieser Ersatzfunktion $x = -2$ einsetzen kannst, ohne durch 0 teilen zu müssen, spricht man auch von einer sogenannten **stetig behebbaren Lücke** an der Stelle $x = -2$.

Um nun Pole und Lücken zu unterscheiden, musst du schauen, ob der Zähler zu Null wird oder nicht. Falls er Null wird, musst du kürzen und schauen, ob man bei der gekürzten Funktion den x-Wert ohne Probleme einsetzen kann. In diesem Falle handelt es sich dann um eine stetig behebbare Lücke.

(2) Symmetrie

Die Symmetrie überprüfst du mit den jeweiligen Kriterien (→ *Kap. 6.2*). Benutze hier und bei allen anderen Punkten auch **immer** die gekürzte Funktion. Das wird dir das Leben erleichtern.

(3) Grenzwertverhalten

a. Verhalten für $x \to \pm\infty$

Am einfachsten ist es hier, wenn du den Taschenrechner zur Hand nimmst und jeweils in $f(x)$ für x einmal sehr große, positive Zahlen und einmal sehr große, negative Zahlen einsetzt. Je nachdem, was dann herauskommt, wirst du schon merken, in welche Richtung sich $f(x)$ bewegt. Du musst aber beachten, dass hier als Lösung nicht immer $+\infty$ oder $-\infty$ herauskommt. Beispielsweise ist bei

$$f(x) = \frac{3x + 2}{2x + 3}$$

der Grenzwert

$$\lim_{x \to +\infty} \frac{3x + 2}{2x + 3} = \frac{3}{2}$$

Das siehst du schon am Funktionsterm. Wenn nicht, kannst du für x in den Taschenrechner zum Beispiel

$$1.000.000$$

einsetzen. Du wirst sehen, dass dann für $f(x)$ annähernd $\frac{3}{2}$ herauskommt. Wenn du

$$x = 10^{11}$$

einsetzt, kommt sogar genau 1,5 heraus (in Wirklichkeit ist der Funktionswert an dieser Stelle nicht genau 1,5, aber der Taschenrechner rundet ja ab einer bestimmten Stelle, sodass der gerundete Wert genau 1,5 ist).

b. Verhalten für $x \to$ *Polstellen*

Das verläuft analog zu a. Mehr dazu im Beispiel.

c. Asymptoten

Gebrochenrationale Funktionen haben meistens mehrere **Asymptoten**. Dazu zählen alle **Polgeraden** (→ *Abb. 11.1*). Für **weitere** Asymptoten musst du drei Fälle unterscheiden:

1. $f(x) = \frac{3x+2}{x^2-x-2}$

   Hier ist der

   $$Grad\ des\ Zählers = 1$$

   und der

   $$Grad\ des\ Nenners = 2.$$

   Wenn der Nennergrad größer als der Zählergrad ist, so ist die **x-Achse** eine weitere Asymptote (→ *Abb. 11.1*).

2. $g(x) = \frac{5x+4}{2x-3}$

   Hier ist der

   $$Zählergrad = Nennergrad.$$

   In einem solchen Fall ist eine parallele Gerade zur x-Achse die Asymptote (→ *Abb. 11.2*). Man erhält sie durch **Bildung des Grenzwerts**:

   $$\lim_{x \to +\infty} g(x) = \frac{5}{2}$$

   Die weitere Asymptote zu den Polen ist somit

   $$y = \frac{5}{2}.$$

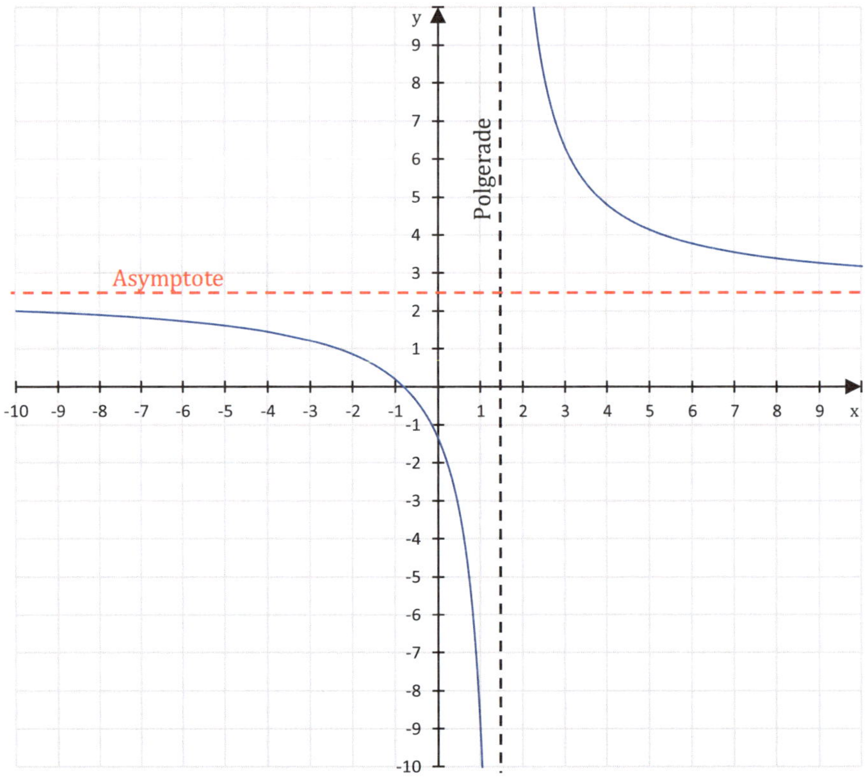

Abb. 11.2: $g(x) = \frac{5x+4}{2x-3}$

3. $h(x) = \frac{x^4+2}{x^3}$

   Hier ist der

   $$Zählergrad = Nennergrad + 1.$$

   In einem solchen Fall musst du folgendes machen:

   $$h(x) = \frac{x^4 + 2}{x^3} = \frac{x^4}{x^3} + \frac{2}{x^3} = \boldsymbol{x} + \frac{2}{x^3}$$

   Ich habe 2 einzelne Brüche abgespalten und dann nur vereinfacht $\left(\frac{x^4}{x^3} = x\right)$. Genauer gesagt habe ich den Zähler durch den Nenner geteilt. In diesem dritten Fall kann man die Asymptote direkt ablesen. Sie ist

   $$y = \boldsymbol{x}$$

und steht vor dem „komischen Ausdruck“

$$\frac{2}{x^3}.$$

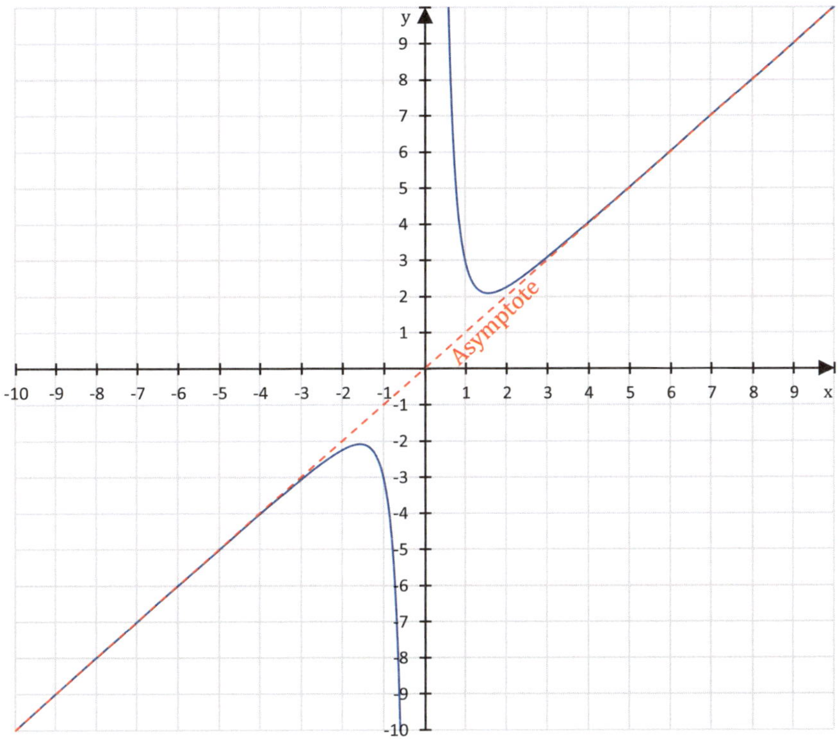

Abb. 11.3: $h(x) = \frac{x^4+2}{x^3}$

(4) Schnittpunkte mit den Achsen

a. Nullstellen bestimmen

Die Nullstellen zu bestimmen ist sehr einfach. Du musst nur den

$$Zähler = 0$$

setzen, der Nenner darf ja nicht null werden.

b. y-Achsenabschnitt

Das funktioniert so wie immer.

Mehr zu (5), (6) und (7) findest im folgenden Beispiel.

Beispiel: Führe eine Kurvendiskussion der Funktion

$$f(x) = \frac{(x-1)^2 \cdot (x+1)}{x^2 + x}$$

durch.

(1) Allgemeines

a. Funktionstyp

Es handelt sich um eine gebrochenrationale Funktion.

b. Definitionsbereich angeben

Wir müssen herausfinden, wo der

$$Nenner = 0$$

wird. Dort sind dann die Definitionslücken. Deshalb muss man den Nenner einfach nur mit 0 gleichsetzen:

$$0 = x^2 + x = x(x+1)$$

Durch das Ausklammern sehen wir schon, dass für

$x_1 = 0$ und $x_2 = -1$

der Term oben immer 0 ist. Damit sind das die Definitionslücken. Wir hatten gesagt, dass der Definitionsbereich die reellen Zahlen sind **außer** den Definitionslücken. Daher gilt:

$$\mathbb{D} = \mathbb{R} \backslash \{0, -1\}$$

Nochmal zur Erinnerung: $\backslash$ steht für „außer"

c. Pole und Lücken angeben

Wir müssen untersuchen, ob bei $x_1 = 0$ und $x_2 = -1$ jeweils ein Pol oder eine Lücke vorliegt. Wenn wir $x_1 = 0$ in die Funktion einsetzen, erhalten wir im Zähler

$$(0-1)^2 \cdot (0+1) = 1.$$

Der Nenner ist ja natürlich 0, das haben wir in (1)b schon herausgefunden. Da der Zähler **nicht** gleich 0 ist, liegt hier ein **Pol** vor.

Wenn wir $x_2 = -1$ im Zähler einsetzen, erhalten wir

$$(-1-1)^2 \cdot (-1+1) = (-1-1)^2 \cdot (0) = 0.$$

In diesem Fall sind der Zähler und der Nenner gleich 0, somit können wir kürzen, wie wir in den theoretischen Grundlagen zuvor gelernt haben. Genauer gesagt können wir

$$(x - x_2) = (x + 1)$$

herauskürzen. Das machen wir jetzt auch:

$$f(x) = \frac{(x-1)^2 \cdot (x+1)}{x^2 + x} = \frac{(x-1)^2 \cdot (x+1)}{x \cdot (x+1)} = \frac{(x-1)^2}{x}$$

$(x + 1)$ lässt sich herauskürzen, indem man im Nenner x ausklammert und anschließend kürzt.

In dieser neuen Ersatzfunktion können wir $x_2 = -1$ einsetzen ohne der Gefahr ausgesetzt zu sein, im Nenner eine 0 zu riskieren. Damit haben wir jetzt festgestellt, dass bei

- $x_2 = -1$ eine **stetig behebbare Lücke** ist.
- $x_1 = 0$ ein **Pol** ist.

(2) Symmetrie

Zuerst prüfen wir auf Achsensymmetrie. Wie zuvor schon erwähnt, verwenden wir hier die **gekürzte Funktion**. Das macht alles viel einfacher. Für eine achsensymmetrische Funktion muss folgendes gelten (→ *Kap. 6.2*):

$$f(x) = f(-x).$$

Es gilt aber:

$$f(-x) = \frac{((-x)-1)^2}{-x} = -\frac{(-x-1)^2}{x}$$

Ganz offensichtlich ist

$$\frac{(x-1)^2}{x} \neq -\frac{(-x-1)^2}{x}$$

$$\Longrightarrow f(x) \neq f(-x)$$

Deshalb ist die Funktion **nicht** achsensymmetrisch.

Nun müssen wir auf Punktsymmetrie prüfen. Dafür muss die Bedingung

$$f(x) = -f(-x)$$

erfüllt sein. Wir stellen zunächst den Ausdruck $-f(-x)$ auf:

$$-f(-x) = -\left(\frac{(-x-1)^2}{-x}\right) = -\frac{(-x-1)^2}{-x} = \frac{(-x-1)^2}{x}$$

Wenn du diesen Ausdruck mit $f(x)$ vergleichst, siehst du schon, dass

$$\frac{(x-1)^2}{x} \neq \frac{(-x-1)^2}{x}$$

ist. Unsere Funktion f ist also auch nicht punktsymmetrisch um den Ursprung.

(3) Grenzwertverhalten

a. Verhalten für $x \to \pm\infty$

Nimm am besten den Taschenrechner zur Hand und setze für x sehr große Zahlen ein, z.B.

$$x = 1.000.000.000.$$

Du wirst merken, dass entsprechend auch sehr große Zahlen herauskommen. So kannst du ganz leicht auf den Zusammenhang

$$\lim_{x\to+\infty} f(x) = \lim_{x\to+\infty} \frac{(x-1)^2}{x} = +\infty$$

schließen.

Ich will das kurz auch am Funktionsterm

$$\frac{(x-1)^2}{x}$$

anschaulich erklären. Wenn du für x „unendlich" einsetzen würdest, dann würde man die 1 im Zähler vernachlässigen (ob du von unendlich 1 abziehst, ist nicht erwähnenswert). Da du dann $unendlich^2$ durch $unendlich$ teilen würdest, hättest du am Ende trotzdem $unendlich$ als Ergebnis.

Auf die gleiche Weise kann man den Grenzwert für $x \to -\infty$ ermitteln. Wenn du zum Beispiel

$$x = -1.000.000.000$$

einsetzt, erhältst du eine sehr große negative Zahl. Es gilt hier:

$$\lim_{x \to -\infty} f(x) = \lim_{x \to -\infty} \frac{(x-1)^2}{x} = -\infty$$

Ich will das mal mit einer kleinen „Rechnung“ zeigen:

$$„\frac{(-\infty-1)^2}{-\infty} = \frac{(-\infty)^2}{-\infty} = \frac{\infty^2}{-\infty} = -\infty“$$

Mathematisch gesehen ist das nicht fein (darum die Anführungszeichen), aber für unsere Aufgabe reicht das.

b. Verhalten für $x \to$ Polstellen

Wir haben in (1)c festgestellt, dass bei $x_1 = 0$ ein Pol ist. Nun müssen wir uns überlegen, was mit $f(x)$ passiert, wenn wir x gegen 0 laufen lassen. Zum besseren Verständnis wollen wir hier etwas schummeln und wir schauen uns den Graphen von f an (→ *Abb. 11.4*, *S.162*). Das ist zwar die Lösung, die wir am Ende erhalten wollen, aber es hilft uns zu verstehen, was wir hier untersuchen wollen. Du siehst dort, dass der Graph links von $x_1 = 0$ nach unten geht und rechts von $x_1 = 0$ geht der Graph ins positive Unendliche. Genau das wollen wir jetzt ermitteln. Wir wollen feststellen, was bei

- $x \to 0, \quad x < 0$ und bei
- $x \to 0, \quad x > 0$ passiert.

Das ist genau das Gleiche, was ich zuvor gesagt habe, lediglich symbolisch ausgedrückt. Im ersten Fall wählen wir x ganz bisschen **kleiner als 0**, z.B. setzen wir jeweils

$$x = -0{,}00001$$

und

$$x = -0{,}0000000001$$

in $f(x)$ ein. Dann sehen wir schon, dass immer größere, negative Zahlen herauskommen. Es gilt:

$$\lim_{x \to 0, x<0} f(x) = -\infty$$

Wie man dies am Funktionsterm erklärt, kannst du dir selbst überlegen. Es funktioniert ähnlich wie in (3)a auch. Man nennt dies übrigens auch **linksseitigen Grenzwert** (weil man sich von links der Stelle 0 nähert).

Im zweiten Fall muss man x ein ganz bisschen **größer als 0** wählen, z.B. setzen wir jeweils

$$x = 0{,}00001$$

und

$$x = 0{,}0000000001$$

in $f(x)$ ein. Du erhältst dann sehr große positive Zahlen. Es gilt hier:

$$\lim_{x \to 0, x > 0} f(x) = +\infty$$

Es ist immer gut, wenn du diese Grenzwerte auch am Funktionsterm begründen kannst. Das ist aber eigentlich auch nichts Besonderes, wie du hoffentlich in (3)a gesehen hast. Hier spricht man auch von einem **rechtsseitigen Grenzwert** (weil man sich von rechts der 0 annähert).

Ich will dir an dieser Stelle noch ein paar Vokabeln beibringen. Wir haben jetzt festgestellt, dass der Graph (→ *Abb. 11.4*) sich links vom Pol nach $-\infty$ bewegt und rechts vom Pol von $+\infty$ kommt. Einen Pol mit dieser Eigenschaft nennt man einen Pol mit **Vorzeichenwechsel von − nach +**.

Wenn der Graph aber zum Beispiel links vom Pol nach $+\infty$ geht und rechts vom Pol von $-\infty$ kommt, würde es sich um einen Pol mit Vorzeichenwechsel **von + nach −** handeln.

Wenn der Graph sowohl links als auch rechts vom Pol von der gleichen Richtung kommt, spricht man von einem Pol **ohne Vorzeichenwechsel**.

c. Asymptoten

Zuvor wurde schon erwähnt, dass alle **Polgeraden** zu den Asymptoten zählen. $x = 0$ ist eine solche Polgerade von f (das ist eine senkrechte Gerade, genauer die y-Achse) und somit auch eine Asymptote von f.

Weitere Asymptoten erhältst du, indem du dir den dritten Fall (→ *S.151*) zu Herzen nimmst. Auch bei unserer Funktion

$$f(x) = \frac{(x-1)^2}{x}$$

ist der Zählergrad um 1 größer als der Nennergrad. Wir lösen erstmal die Klammer im Zähler mit der binomischen Formel auf. Danach wenden wir den Trick an, den ich am Anfang in den theoretischen Grundlagen (→ *S.151*) gezeigt habe:

$$f(x) = \frac{(x-1)^2}{x} = \frac{x^2 - 2x + 1}{x} = \frac{x^2}{x} - \frac{2x}{x} + \frac{1}{x}$$
$$= \boldsymbol{x - 2} + \frac{1}{x}$$

Die Asymptote steht vor dem Ausdruck

$$\frac{1}{x},$$

also

$$y = \boldsymbol{x - 2}.$$

(4) Schnittpunkte mit den Achsen

a. Nullstellen bestimmen

Das ist ganz einfach bei unserer Funktion. Nur der Zähler muss 0 sein, d.h. konkret

$$0 = (x-1)^2.$$

Den Nenner brauchst du gar nicht zu beachten. Du musst nur aufpassen, dass die Nullstellen auch im Definitionsbereich liegen. Wenn bei uns z.B. scheinbar eine Nullstelle $x = 0$ wäre, so gäbe es diese in Wirklichkeit gar nicht, weil $x = 0$ außerhalb unseres Definitionsbereichs liegt.

Kommen wir wieder zurück zu unserer Aufgabe:

$$0 = (x-1)^2$$
$$\Longrightarrow x = 1, \text{ weil } 0 = (1-1)^2 = 0$$

Diese Stelle liegt in unserem Definitionsbereich. Wir geraten hier daher nicht in Schwierigkeiten, bei $NST(1|0)$ ist somit eine Nullstelle.

b. y-Achsenabschnitt

Den y-Achsenabschnitt erhalten wir normalerweise, indem wir $\boldsymbol{x = 0}$ setzen. In unserem Falle gehört aber die Null nicht zum

Definitionsbereich, d.h. an dieser Stelle wird die Funktion nie vorbeischauen. Darum wird es die Funktion nie wagen, die y-Achse zu schneiden, folglich haben wir überhaupt keinen y-Achsenabschnitt. Wenn dir das nicht einleuchtet, dann schau dir nochmal den Graphen der Funktion (→ *Abb. 11.4, S.162*) an, den wir am Ende erhalten werden. Du wirst sehen, dass kein y-Achsenabschnitt vorhanden ist.

(5) Extrempunkte

Auch hier gilt: Benutze immer die gekürzte Funktion, sonst ist es ganz schön anstrengend, die Ableitungen zu bilden. Noch sinnvoller ist es aber, wenn wir unsere Arbeit aus (3)c ausnutzen. Wir haben dort, um die Asymptote zu bestimmen, die Funktion mehr oder weniger vereinfacht und von der Form

$$f(x) = \frac{(x-1)^2}{x}$$

auf die Form

$$f(x) = x - 2 + \frac{1}{x}$$

gebracht. Das hat für uns natürlich jetzt beim Ableiten einen wahnsinnigen Vorteil. Wir müssen keine zeitaufwendige Quotientenregel zum Ableiten verwenden. Wie immer bilden wir erstmal die relevanten Ableitungen, die wir für die Extrempunkte und Wendepunkte brauchen werden.

$$f(x) = x - 2 + \frac{1}{x} = x - 2 + x^{-1}$$

$$f'(x) = 1 + 0 - 1 \cdot x^{-2} = 1 - \frac{1}{x^2}$$

$$f''(x) = -(-2) \cdot x^{-3} = \frac{2}{x^3}$$

Die dritte Ableitung werden wir nicht brauchen, wie du später sehen wirst.

Für die Extrempunkte arbeiten wir unsere 4 Schritte durch.

1. Die notwendige Bedingung für Extrempunkte ist:

$$f'(x) = 0$$

D.h. für uns:

$$0 = 1 - \frac{1}{x^2} \qquad | + \frac{1}{x^2}$$

$$\frac{1}{x^2} = 1 \qquad | \cdot x^2$$

$$x^2 = 1 \qquad |\text{Wurzel ziehen}$$

$$\Rightarrow x_1 = +\sqrt{1} = +1$$

$$\Rightarrow x_2 = -\sqrt{1} = -1$$

2. Die hinreichende Bedingung

$$f''(x) \neq 0$$

liefert uns hier:

$$f''(+1) = \frac{2}{1^3} = 2$$

$\Rightarrow$ Bei $x_1 = 1$ liegt ein Tiefpunkt vor.

$$f''(-1) = \frac{2}{(-1)^3} = -2$$

$\Rightarrow$ Bei $x_2 = -1$ würde **theoretisch** ein Hochpunkt vorliegen.

Hier müssen wir etwas vorsichtig sein, denn in (1)b haben wir festgelegt, dass die 0 und **−1** **nicht** zum Definitionsbereich gehören. Also haben wir hier bei unserer Funktion nur einen Tiefpunkt; der Hochpunkt existiert in Wirklichkeit gar nicht, weil $x_2 = -1$ gar nicht in unserem Definitionsbereich liegt!
Das ist vielleicht etwas verwirrend, deshalb nochmal: Der Hochpunkt würde existieren, wenn die Stelle $x_2 = -1$ belebt wäre, da ist aber leider eine **Definitionslücke**!
Merke dir, dass du bei **allen** Stellen überprüfen musst, ob sie überhaupt im Definitionsbereich liegen.

3. Wir bestimmen noch die y-Koordinate, indem wir die x-Werte in f einsetzen:

$$f(1) = \frac{(1-1)^2}{1} = 0$$

Wir bestimmen auch den y-Wert des „theoretischen Hochpunktes" (man braucht diesen Punkt dann später für den Graphen in (7)):

$$f(-1) = \frac{(-1-1)^2}{-1} = -4$$

4. Es existiert nur ein Tiefpunkt, da der „theoretische Hochpunkt" nicht im Definitionsbereich liegt:

   $TP(1|0)$

   Wenn du mit der Nullstelle vergleichst, wird dir auffallen, dass es derselbe Punkt ist.

(6) Wendepunkte

Die notwendige Bedingung für Wendepunkte ist:

$$f''(x) = 0$$

$$\frac{2}{x^3} = 0$$

Hier gibt es keine Lösung, denn

$$\frac{2}{x^3}$$

kann nicht gleich 0 sein. Darum brauchen wir hier auch keine 3. Ableitung für die hinreichende Bedingung.

(7) Graph

Um den Graphen zu skizzieren, sollte man zunächst ein Koordinatensystem mit einer passenden Skalierung festlegen und anschließend alle Asymptoten einzeichnen. In unserem Falle ist es einmal die senkrechte Polgerade

$$x = 0$$

und die Asymptote

$$y = x - 2.$$

Als nächstes sollte man alle bekannten Punkte eintragen. Das sind in unserem Falle der Tiefpunkt $TP(1|0)$, der zugleich eine Nullstelle ist, sowie ein „theoretischer Hochpunkt“, der bei $HP(-1|-4)$ liegen würde, wenn nicht eine Definitionslücke an dieser Stelle wäre.

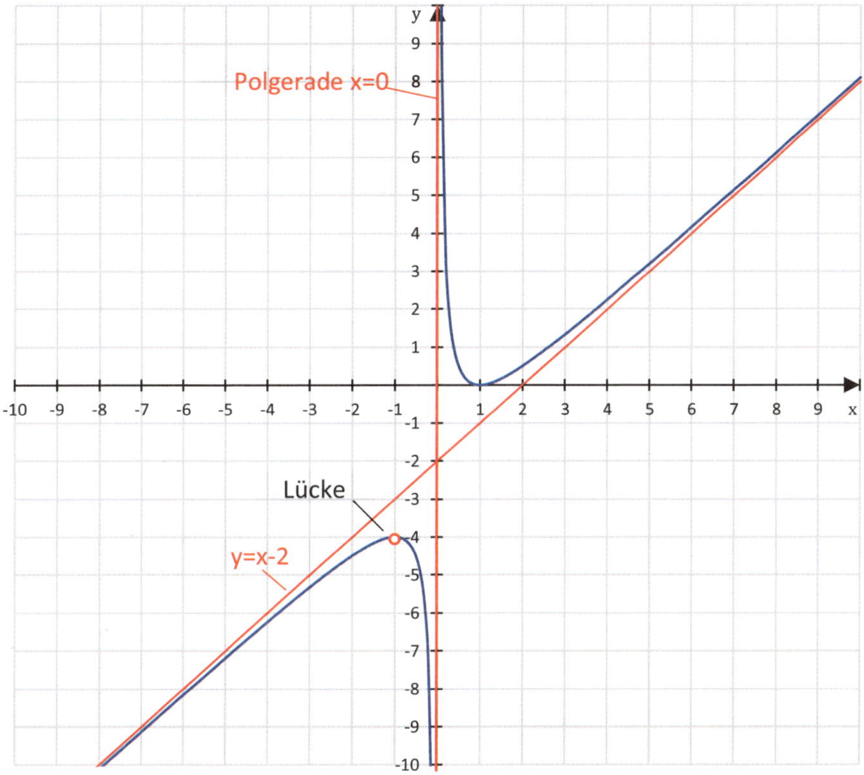

Abb. 11.4: $f(x) = \frac{(x-1)^2 \cdot (x+1)}{x^2+x}$

Eine Information ist noch sehr wichtig zum Zeichnen:

> Ein Graph schneidet niemals eine Asymptote. Er nähert sich ihr nur immer mehr an.

Mit den Informationen aus (3)a und (3)b, also dem Grenzwertverhalten, kann man sich jetzt den Graphen zusammenbasteln. Aufgrund der **Polgeraden** müssen wir den Graphen einmal links und einmal rechts von der Polstelle betrachten. Auf diese Weise entstehen 2 „Teilgraphen“.

Schauen wir uns erstmal die **linke Seite** des Graphen an. Du hast 2 Möglichkeiten: Entweder liegt der Graph oberhalb **oder** unterhalb der asymptotischen Geraden

$$y = x - 2.$$

Wir wissen, dass der Graph **links vom Pol** in Richtung $-\infty$ verläuft. Er muss deshalb **unterhalb** der asymptotischen Gerade liegen.
Wenn der Graph oberhalb der asymptotischen Geraden verlaufen würde, könnte er links vom Pol **nicht** in Richtung $-\infty$ verlaufen, ohne die Asymptote zu schneiden.
Wir wissen auch, dass der Graph sich beiden Asymptoten annähern muss. Außerdem haben wir noch den, wie ich ihn getauft habe, „theoretischen Hochpunkt". Mit diesen Informationen bleibt dir nichts anderes mehr übrig als den linken Teilgraphen so zu zeichnen, wie er in *Abb. 11.4* auch zu sehen ist.

Genauso geht es auch mit der rechten Seite des Graphen. Rechts von der Polgerade kommt der Graph von $+\infty$. Er muss also **oberhalb** der asymptotischen Geraden liegen.
Wenn er unterhalb der Geraden $y = x - 2$ liegen würde, dann müsste er unsere asymptotische Gerade schneiden, um am Pol ins positive Unendliche zu verschwinden. Aber wie wir wissen, darf der Graph eine Asymptote **niemals** schneiden.
Zusätzlich kennen wir den Tiefpunkt TP und wir wissen, dass sich der Graph an die Polgerade und die asymptotische Gerade anschmiegen muss. So entsteht dann der rechte Teilgraph.

Sicherlich hast du gemerkt, dass es bei gebrochenrationalen Funktionen nicht mehr so einfach ist, den Graphen zu skizzieren. Aufgrund von Polgeraden entstehen mehrere „Teilgraphen", die alle zusammen den gesamten Graphen bilden. Das führt manchmal zu Problemen. Am wichtigsten sind die Grenzwerte, die man ermittelt hat und mit dessen Hilfe man sagen kann, von wo der Graph kommt und wohin er geht. Man muss alle Erkenntnisse aus der Kurvendiskussion kombinieren. Das ist eine Herausforderung, aber durchaus zu meistern.

12 Rekonstruktion von Funktionen (Steckbriefaufgaben)

Dieses Thema haben wir in ähnlicher Form schon im *Kap. 3.6* behandelt, wo wir das Gauß-Verfahren kennengelernt haben. Wir haben dort die Parabelgleichung mithilfe von 3 Punkten bestimmt, die vorgegeben waren. Falls du dich nicht mehr so gut daran erinnern kannst, dann solltest du zurückblättern und später wieder zu diesem Thema kommen.

In dieser Lektion werden wir lernen, wie man sogenannte „Steckbriefaufgaben" löst und die Funktionsgleichung einer Funktion bestimmt, wenn von ihr einige Eigenschaften gegeben sind. Der Unterschied zum *Kap. 3.6* ist, dass es hier nicht nur um die Rekonstruktion einer Parabelgleichung geht. Wir wollen uns stattdessen anschauen, wie man die Funktionsgleichung einer beliebigen ganzrationalen Funktion bestimmt, die zum Beispiel 3. Grades, 4. Grades oder sogar 6. Grades ist.

Außerdem werden jetzt nicht irgendwelche 3 Punkte gegeben sein, mit denen man die Funktionsgleichung bestimmen soll. Stattdessen sind jetzt ganz **spezielle Punkte** gegeben, beispielsweise ein Sattelpunkt, ein Extrempunkt oder ein Wendepunkt. Wir machen also alles ein bisschen komplizierter. Ich werde es aber wie immer anhand eines Beispiels ausführlich erklären.

Beispiel:

Bestimme die Funktionsgleichung der ganzrationalen Funktion f dritten Grades, die folgende Eigenschaften besitzt:

- Die Funktion hat einen Tiefpunkt bei $\boldsymbol{TP(4|\ \ 3)}$.
- Die Funktion hat einen Wendepunkt bei $\boldsymbol{WP(2|5)}$.

Dieses Problem kann man mit folgender Vorgehensweise lösen:

(1) Man stellt einen Ansatz auf für die Funktionsgleichung und bildet die Ableitungen.

(2) Man stellt die nötigen Gleichungen auf, um die Unbekannten in der Funktionsgleichung zu bestimmen.

(3) Man stellt das Gleichungssystem auf und löst es.

(4) Zum Schluss kann man sich die Funktionsgleichung notieren.

Diese 4 Schritte, die dir vielleicht noch nicht viel sagen, wollen wir nun auf unser Problem anwenden.

(1) In der Aufgabe steht ja, dass wir die Funktionsgleichung einer ganzrationalen Funktion dritten Grades bestimmen sollen. Ähnlich wie in *Kap. 3.6* ist unser Ansatz die allgemeine Funktionsgleichung, aber für eine Funktion **dritten Grades**:

$$f(x) = ax^3 + bx^2 + cx + d$$

Das ist die allgemeine Form der Funktionsgleichung für eine ganzrationale Funktion 3. Grades. Um unsere Funktionsgleichung für unser Problem zu bestimmen, müssen wir herausfinden, wie wir $\boldsymbol{a}, \boldsymbol{b}, \boldsymbol{c}$ und $\boldsymbol{d}$ zu wählen haben. Das geschieht in Schritt (2) und (3). Hier wollen wir lediglich die Vorarbeit leisten und bilden daher noch die Ableitungen der allgemeinen Funktion. Dabei muss man beachten, dass $\boldsymbol{a}, \boldsymbol{b}, \boldsymbol{c}$ und $\boldsymbol{d}$ wie ganz normale Zahlen zu behandeln sind. Wir leiten mit den üblichen Regeln ab und lassen uns nicht von diesen Buchstaben verwirren:

$$f(x) = ax^3 + bx^2 + cx + d$$

$$f'(x) = 3ax^2 + 2bx + c$$

Man muss hier wie gewohnt die einzelnen Summanden getrennt ableiten. $\boldsymbol{d}$ fällt weg, weil $\boldsymbol{d}$ eine Konstante, also eine Zahl ist (→ Konstantenregel, *Kap. 7.5*). Genauso bildet man die 2. und 3. Ableitung:

$$f''(x) = 6ax + 2b$$

$$f'''(x) = 6a$$

(2) Jetzt können wir die einzelnen Gleichungen aufstellen. Wir wissen, dass wir 4 unbekannte Buchstaben ($\boldsymbol{a}, \boldsymbol{b}, \boldsymbol{c}, \boldsymbol{d}$) haben. Das bedeutet, dass wir unbedingt **4 Gleichungen** benötigen, damit wir eine **eindeutige Lösung** für jeden Buchstaben erhalten.
Um also die Funktionsgleichung für eine Funktion 3. Grades zu bestimmen, muss man also **4 Unbekannte** bestimmen und benötigt **4 Gleichungen**. Auf die gleiche Weise braucht man für eine Funktion 4. Grades nun 5 Gleichungen, um 5 Unbekannte zu ermitteln. Für eine

Funktion 5. Grades brauchst du 6 Gleichungen, um 6 Unbekannte zu ermitteln…
Für unsere Aufgabe bedeutet das wiederum, dass man mit dem gegebenen Tiefpunkt und Wendepunkt 4 Gleichungen aufstellen kann, sonst hätte ich diese Beispielaufgabe nicht gestellt.

Dann wollen wir mal beginnen, 2 einfache Gleichungen aufzustellen. Wir wissen, dass unsere Funktion ***f*** einen Tiefpunkt bei

$$TP(4|-3)$$

hat. Wenn wir die x und y-Koordinate jeweils in die Funktionsgleichung einsetzen, erhalten wir die erste Gleichung:

$$f(x) = ax^3 + bx^2 + cx + d \qquad TP(4|-3)$$

$$-3 = a \cdot 4^3 + b \cdot 4^2 + c \cdot 4 + d$$

$$\textbf{I} \quad -3 = 64a + 16b + 4c + d$$

Auf diese Weise erhalten wir Gleichung II, wenn wir die Koordinaten des gegebenen Wendepunktes

$$WP(2|5)$$

einsetzen:

$$f(x) = ax^3 + bx^2 + cx + d, \qquad WP(2|5)$$

$$5 = a \cdot 2^3 + b \cdot 2^2 + c \cdot 2 + d$$

$$\textbf{II} \quad 5 = 8a + 4b + 2c + d$$

Uns fehlen noch zwei Gleichungen, also noch zwei Informationen. Wenn man sich aber die Begriffe **Tiefpunkt** und **Wendepunkt** vors Auge führt, dann muss einem geschulten Mathematiker sofort etwas auffallen. An der Stelle, an der ein Tiefpunkt (oder auch ein Hochpunkt) vorkommt, muss immer

$$\boldsymbol{f'(x) = 0}$$

gelten. Das können wir wunderbar anwenden.

$$\boldsymbol{f'(x)} = 3ax^2 + 2bx + c$$

$$\mathbf{0} = 3ax^2 + 2bx + c$$

Wir setzen den x-Wert von $\boldsymbol{TP}(4|-3)$ hier ein und erhalten unsere gewünschte dritte Gleichung.

$$\Rightarrow 0 = 3a \cdot 4^2 + 2b \cdot 4 + c$$

$$\textbf{III}\quad 0 = 48a + 8b + c$$

Genauso können wir Gleichung IV aufstellen, indem wir die Tatsache ausnutzen, dass an den Stellen, an denen Wendepunkte vorkommen, immer die notwendige Bedingung

$$\boldsymbol{f''(x) = 0}$$

erfüllt ist.

$$\boldsymbol{f''(x)} = 6ax + 2b$$

$$\boldsymbol{0} = 6ax + 2b$$

Wir setzen den x-Wert von $\boldsymbol{WP}(2|5)$ ein und erhalten

$$\Rightarrow 0 = 6a \cdot 2 + 2b$$

$$\textbf{IV}\quad 0 = 12a + 2b$$

Damit haben wir unsere vier benötigten Gleichungen aufgestellt.

(3) Am besten notieren uns die vier Gleichungen nochmal ganz ordentlich untereinander und erhalten so unser Gleichungssystem.

$$\begin{array}{llrrrr}
\textbf{I} & -3 = & d + 4c & + 64a & + 16b \\
\textbf{II} & 5 = & d + 2c & + 8a & + 4b \\
\textbf{III} & 0 = & c & + 48a & + 8b \\
\textbf{IV} & 0 = & & 12a & + 2b
\end{array}$$

GS 1

Das sind die Gleichungen I bis IV. Vielleicht bist du jetzt etwas verwirrt. Ich habe lediglich die Reihenfolge der Buchstaben verändert, in jeder Gleichung habe ich die Summanden mit $\boldsymbol{d}$ und $\boldsymbol{c}$ vorgezogen. Das Gleichungssystem sieht dann der „Dreiecksgestalt" ein wenig ähnlicher aus und es wird dadurch etwas übersichtlicher. Lass dich davon nicht stören. Ob $\boldsymbol{a}$ oder $\boldsymbol{d}$ an erster Stelle steht, ist ja auch vollkommen

gleichgültig. Es handelt sich schließlich immer noch um dieselben Gleichungen.
Nun müssen wir das Gleichungssystem möglichst einfach und geschickt lösen. Auf dem ersten Blick sieht das zum Verzweifeln aus. Aber ich kann dir versprechen, dass es nicht wesentlich schwerer als im *Kap. 3.6* wird. Man muss aber leider viel herumrechnen, bis man zum Ergebnis kommt.
Es gibt mehrere Möglichkeiten, das Gleichungssystem zu lösen. Ich will dir im Folgenden 2 Wege vorstellen, von denen ich den ersten Weg nur beschreiben werde und den zweiten Weg auch verfolgen und durchrechnen werde.

Eine Möglichkeit ist, zunächst einmal Gleichung I und II voneinander zu subtrahieren. Dann erhält man die Gleichung **I'**, die **kein** $\boldsymbol{d}$ mehr enthält.
Danach hast du mit **I'**, **III** und **IV** ein Gleichungssystem, dass du wie in *Kap. 3.6* lösen kannst. Es hat dann nur 3 Gleichungen mit den 3 Unbekannten $\boldsymbol{c}$, $\boldsymbol{a}$ und $\boldsymbol{b}$. Die Unbekannte $\boldsymbol{d}$ wird hier nicht mehr enthalten sein. Durch Lösen dieses Gleichungssystems erhältst du die Buchstaben $\boldsymbol{c}$, $\boldsymbol{a}$ und $\boldsymbol{b}$.
Im nächsten Schritt kannst du den letzten fehlenden Buchstaben $\boldsymbol{d}$ ganz leicht bestimmen, indem du deine gewonnenen Erkenntnisse in Gleichung I oder II einsetzt, da diese den Buchstaben $\boldsymbol{d}$ noch enthalten. Und dann bist du auch schon fertig und hast deine Funktionsgleichung.

Die andere Möglichkeit ist geschickter und man muss etwas weniger rechnen. Dafür muss man sich die Gleichungen III und IV ganz genau ansehen. Wenn wir als erstes

$$\mathrm{III} - \mathbf{4} \cdot \mathrm{IV}$$

rechnen, haben wir schon eine Lösung für $\boldsymbol{c}$, weil $\boldsymbol{a}$ und $\boldsymbol{b}$ wegfallen.

$$\begin{array}{lll} \textbf{III} & 0 = c + 48a + 8b & \\ \text{IV} & 0 = 12a + 2b & | \cdot 4 \\ \mathbf{4 \cdot IV} & 0 = 48a + 8b & \\ \hline \Rightarrow \mathbf{III - 4 \cdot IV} & 0 = c & \end{array}$$

Umformung 1

$\boldsymbol{c = 0}$ setzen wir dann in unser *GS 1* und erhalten dann:

$$\begin{array}{ll} \textbf{I} & -3 = d + 64a + 16b \\ \textbf{II} & 5 = d + 8a + 4b \\ \textbf{III} & 0 = 48a + 8b \end{array}$$

GS 2

Die Gleichung IV kann man hier dann weglassen. Sie liefert uns keine zusätzliche Information mehr, denn wie du sehen kannst, ist Gleichung IV nur ein Vielfaches von III. Genauso hätte man auch die III weglassen können und dafür die IV benutzen können. Sie liefern ein und dieselbe Information, weil sie Vielfache voneinander sind (**4** · IV = III).

Nun müssen wir nur noch das *GS 2* lösen. Das funktioniert ähnlich wie in *Kap. 3.6*. Wir rechnen I−II, damit ***d*** wegfällt:

$$\begin{array}{ll} \textbf{I} & -3 = d + 64a + 16b \\ \textbf{II} & 5 = d + 8a + 4b \\ \hline \Rightarrow \mathbf{V = I - II} & -8 = 56a + 12b \end{array}$$

Umformung 2

Diese Gleichung habe ich V genannt. Die Gleichungen I, V und III bilden ein bequemeres Gleichungssystem:

$$\begin{array}{lrl} \textbf{I} & -3 = & d + 64a + 16b \\ \textbf{V} & -8 = & 56a + 12b \\ \textbf{III} & 0 = & 48a + 8b \end{array}$$

GS 3

Unsere berühmte Dreiecksgestalt ist fast erreicht. Wenn wir V und III so miteinander kombinieren, dass ***a*** wegfällt, haben wir es geschafft. Dafür rechnet man am besten $\frac{1}{56}\mathbf{V} - \frac{1}{48}\mathbf{III}$:

$$\begin{array}{ll} \frac{1}{56}\cdot\mathbf{V} & -\frac{8}{56} = a + \frac{12}{56}\cdot b \\ \frac{1}{48}\cdot\mathbf{III} & 0 = a + \frac{8}{48}\cdot b \\ \hline \frac{1}{56}\cdot\mathbf{V} - \frac{1}{48}\cdot\mathbf{III} & -\frac{8}{56} = \left(\frac{12}{56} - \frac{8}{48}\right)\cdot b \\ \hline \Rightarrow \mathbf{VI} & -\frac{1}{7} = \frac{1}{21}\cdot b \end{array}$$

Umformung 3

Die Brüche hättest du natürlich auch gleich vereinfachen können. Im letzten Schritt habe ich das getan, damit die Gleichung einfach besser aussieht. Wie haben also aus V und III den Buchstaben ***a*** eliminiert und damit eine neue Gleichung **VI** geschaffen, die nur noch ***b*** als Parameter hat. Wenn wir diese Gleichung zusammen mit **I** und **V** untereinander aufschreiben, haben wir unser Gleichungssystem der Träume:

$$\begin{array}{lrl} \textbf{I} & -3 = & d + 64a + 16b \\ \textbf{V} & -8 = & 56a + 12b \\ \textbf{VI} & -\frac{1}{7} = & \frac{1}{21}b \end{array}$$

GS 4

Wir arbeiten uns bequem von unten nach oben hoch. Dafür knüpfen wir uns als erstes **VI** vor:

$$-\frac{1}{7} = \frac{1}{21}b \qquad |: \frac{1}{21} \quad \text{oder anders formuliert} \quad | \cdot 21$$

$$\boldsymbol{b = -3}$$

Als nächstes nehmen wir uns **V** vor und setzen unser b ein, was wir gerade erhalten haben:

$$-8 = 56a + 12 \cdot (-3)$$

$$-8 = 56a - 36 \qquad | + 36$$

$$28 = 56a \qquad |: 56$$

$$\boldsymbol{a = \frac{1}{2}}$$

Und zu guter Letzt bekommen wir den letzten Buchstaben von *GS 4*, nämlich $\boldsymbol{d}$, indem wir unser $\boldsymbol{a}$ und $\boldsymbol{b}$ in der Gleichung **I** einsetzen:

$$-3 = d + 64 \cdot \frac{1}{2} + 16 \cdot (-3)$$

$$-3 = d - 16$$

$$d = 13$$

So, das war´s dann auch für Schritt (3). Wir haben jetzt alle Unbekannten $\boldsymbol{a}, \boldsymbol{b}, \boldsymbol{c}$ und $\boldsymbol{d}$ bestimmt. $\boldsymbol{c}$ haben wir schon mit *Umformung 1* erhalten. Die restlichen Buchstaben haben wir durch Umformen auf das Gleichungssystem *GS 4* und anschließendes Auswerten dieses Gleichungssystems erhalten.

(4) Im letzten Schritt schreiben wir nur noch ganz ordentlich unsere Lösung der Aufgabe auf. Wir sollten ja die ganzrationale Funktion 3. Grades bestimmen, die bei $\boldsymbol{TP(4|-3)}$ einen Tiefpunkt und bei $\boldsymbol{WP(2|5)}$ einen Wendepunkt hat. Dafür hatten wir einen Ansatz aufgestellt und wenn wir nun in diesem Ansatz die Buchstaben einsetzen, die wir ausgerechnet haben, erhalten wir unsere Lösung:

$$f(x) = ax^3 + bx^2 + cx + d$$

$$= \frac{1}{2}x^3 - 3x^2 + 0x + 13$$

$$= \boldsymbol{\frac{1}{2}x^3 - 3x^2 + 13}$$

Wie immer musst du bei solchen Aufgabentypen viel rechnen. Was wir hier ausgerechnet haben, kannst du in *Abb. 12.1* nochmal graphisch sehen.

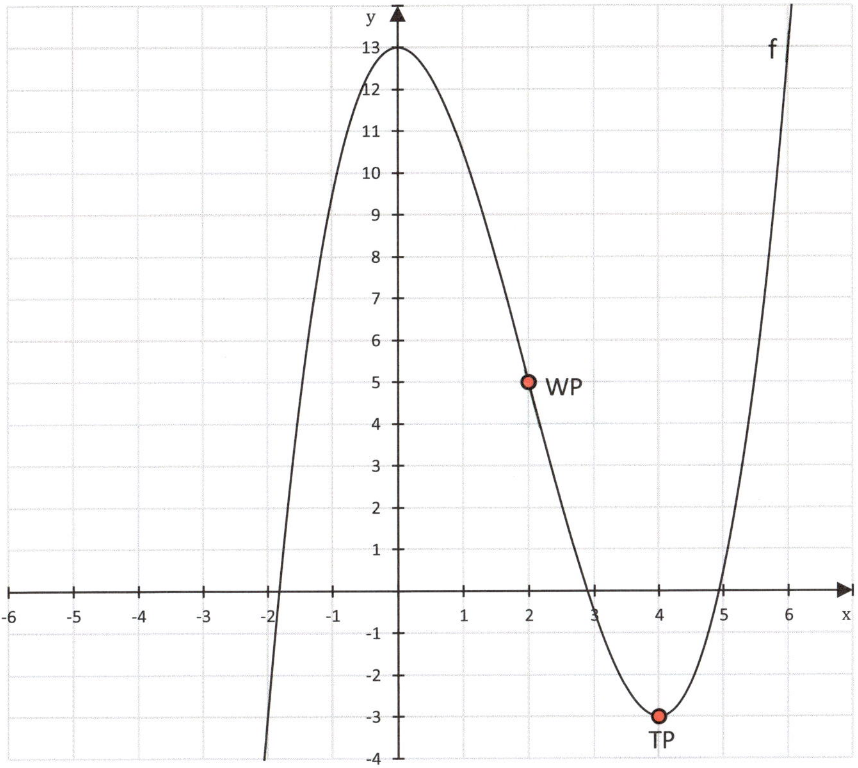

Abb. 12.1: $f(x) = \frac{1}{2}x^3 - 3x^2 + 13$

Anders als ich das hier vorgeführt habe, musst du nicht jedes Mal das neue Gleichungssystem aufschreiben. Das heißt, dass du *GS 3* und *GS 4* nicht unbedingt neu aufschreiben musst. Auch bei den Umformungen musst du nicht alle Gleichungen nochmal notieren. Beispielsweise würde es bei der *Umformung 2* auch reichen, wenn du nur die Gleichung V hingeschrieben hättest und nicht I und II nochmal notiert hättest. Ich habe es lediglich zum besseren Verständnis und zur Übersicht gemacht.

13 Extremalprobleme

In diesem Kapitel beschäftigen wir uns mit den sogenannten Extremalproblemen oder auch Extremwertaufgaben, die leider von den meisten Schülern nie so richtig verstanden werden. Wie der Name schon sagt, haben diese Aufgaben mit Extrema, also Hochpunkten und Tiefpunkten zu tun, die man finden muss. Sie sind deshalb sehr beliebte Anwendungsaufgaben in der Schule.
Die folgende Aufgabe ist eine typische Extremwertaufgabe.

Beispiel:
Ein Landwirt grenzt mit einem Maschendraht der Länge $40m$ ein rechteckiges Feld an einer Mauer ab. Wie wird er die Seiten x und y wählen, damit die abgegrenzte **Fläche A maximal** wird?

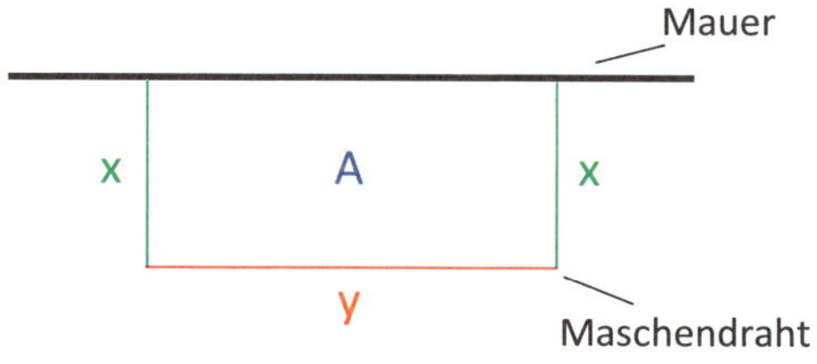

Abb. 13.1: Skizze zum Extremalproblem

Das ist also eine der beängstigenden Extremwertaufgaben. Zunächst einmal sieht die Aufgabe auch schrecklich aus. Lauter Buchstaben tauchen auf und nur eine einzige Zahl ist gegeben. Man denkt sich vielleicht auch: Was hat es überhaupt mit Mathematik zu tun, wenn irgendein Bauer ein rechteckiges Feld abstecken will?
Wenn du dieses Kapitel durchgearbeitet hast, wirst du (hoffentlich) merken, dass der erste Blick täuscht. Durch eine systematische Vorgehensweise kann man Extremwertaufgaben ganz bequem lösen, obwohl so viele Buchstaben

vorkommen. Und du wirst sehen, dass auch dem Bauern ein bisschen mathematisches Wissen im Leben nützen kann!

Im Folgenden werde ich dir die 5 Schritte zeigen, mit denen du jede Extremwertaufgabe lösen kannst. Dabei werden wir auch die Beispielaufgabe lösen.

(1) Bevor du anfängst irgendetwas auszurechnen, musst du dir den **Sachverhalt klarmachen**. Dazu fertigst du am besten eine **Skizze** an. Dann gibst du allen Variablen einen passenden Namen. In unserem Beispiel ist die Skizze mit den entsprechenden Bezeichnungen für die Variablen bereits gegeben. x und y sind die Seitenlängen unseres Rechtecks. A ist der Flächeninhalt des Rechtecks, der maximal werden soll, damit der Landwirt z.B. möglichst viel Platz für seine Hühner schaffen kann und gleichzeitig wenig Maschendraht benötigt. Außerdem wissen wir aus dem Text, dass die Länge des Maschendrahtes insgesamt $40m$ beträgt. Diese Angabe benötigen wir später auch.

(2) Nun geht es erst richtig zur Sache. Du musst die sogenannte **Hauptbedingung formulieren**. Du musst dir überlegen, was du optimieren willst. Was soll maximal oder minimal werden (z.B. Volumen, Flächeninhalt, Länge…)? Danach stellst du die Formel auf, mit der du diese Größe bestimmen kannst. Das ist dann die Hauptbedingung. Dabei handelt es sich meistens um eine Funktion, die von 2 Variablcn abhängt.
Das war vielleicht etwas allgemein formuliert. Zur Verdeutlichung stellen wir mal die Hauptbedingung für unser Beispiel auf. Hier soll die abgegrenzte Fläche maximal werden, die wir mit A bezeichnet haben. Wie man A berechnet, weißt du sicherlich. Der Flächeninhalt eines Rechtecks ergibt sich als Produkt der Rechtecksseiten, d.h. im Klartext

$$A = x \cdot y$$

oder genauer gesagt

$$A(x, y) = x \cdot y.$$

Das ist unsere Hauptbedingung. Es handelt sich hierbei um die **Funktion** A! Diese Funktion ist aber nicht wie die uns bekannten Funktionen von einer Variablen abhängig. Stattdessen ist die Funktion von **zwei Variablen** abhängig, nämlich von den 2 Variablen, die in der Klammer stehen: x und y.
Aber keine Bange, wir werden diese Funktion in den nächsten Schritten auf eine Variable reduzieren, um dann wie gewohnt weiterrechnen zu können.
Nochmal zusammengefasst: Überlege dir, was überhaupt **maximal** werden soll. In unserem Beispiel ist es der **Flächeninhalt**. Danach stellst du die Funktion auf, mit der du den Flächeninhalt berechnen kannst. Dafür brauchst du nicht mehr als deine Mittelstufenkenntnisse.

(3) Damit du die Funktion aus (2) auf eine Variable reduzieren kannst, benötigst du eine weitere Angabe aus dem Text. Du musst einen Zusammenhang zwischen x und y herstellen, um eine Gleichung zu erhalten.
In unserem Beispiel ist bekannt, dass der Maschendraht die Länge $40m$ hat. Mit diesem Maschendraht wird ein rechteckiges Feld abgesteckt. Wenn du dir die Skizze nochmal anschaust, dann wird dir auffallen, dass alle Seiten des Rechtecks zusammen den Maschendraht ergeben. Da er 40m lang sein soll, muss folgendes gelten:

$$40 = x + y + x$$
$$\Longrightarrow 40 = 2x + y$$

Der Ausdruck

$$x + y + x$$

stellt alle Rechtecksseiten dar, die addiert werden, um den Maschendraht zu ergeben. Man nimmt nicht zwei Mal y, weil die eine Seite von einer Mauer begrenzt ist. Den Draht benötigst du also für diese Seite nicht.
Diese Gleichung wird als **Nebenbedingung** bezeichnet. Du musst immer im Kopf behalten, dass bei Extremwertaufgaben immer 2 Angaben im Text gegeben sind. Mit der einen Angabe kann man die **Hauptbedingung** aufstellen. Das ist z.B. der Flächeninhalt, der maximal werden soll. Zudem gibt es aber immer eine zweite Angabe,

mit der sich die **Nebenbedingung** aufstellen lässt. Das kann z.B. etwas mit dem vorhandenen Material zu tun haben. Meistens musst du dafür den Umfang oder die Oberfläche von etwas ausrechnen. In unserem Falle waren es die $40m$ Maschendraht, mit denen (ein Teil) des Umfangs von dem Rechteck abgesteckt werden sollte.
So lassen sich bei jeder Extremwertaufgabe die Haupt- und Nebenbedingung aufstellen.

(4) Der schwierigste Teil ist bereits getan. Wir notieren uns kurz unsere Ergebnisse:

Hauptbedingung (HB): $A(x, y) = x \cdot y$
Nebenbedingung (NB): $40 = 2x + y$

Unser Problem ist, dass wir bei der Hauptbedingung eine Funktion haben, die von 2 Variablen abhängig ist. Das ist natürlich schlecht, weil wir so nicht weiterrechnen können. Hier hilft uns aber die Nebenbedingung aus. Indem wir die Nebenbedingung nach y auflösen und dann in die Hauptbedingung einsetzen, verschwindet das Problem aus der Welt:

NB: $40 = 2x + y \quad | - 2x$
$y = 40 - 2x$

Dieses y setzen wir nun in die Hauptbedingung ein:

HB: $A(x, y) = x \cdot y$

$A(x) = x \cdot (40 - 2x)$

$= \mathbf{40x - 2x^2}$

Jetzt haben wir eine Funktion, die nur noch die Variable $\boldsymbol{x}$ hat. Das haben wir erreicht, indem wir y durch

$40 - 2x$

ersetzt haben, was wir ja aus der Nebenbedingung erhalten haben. Man nennt diese Funktion die **Zielfunktion**.

(5) Unser Ziel ist es ja herauszufinden, wie x (und y) gewählt werden soll, damit der Flächeninhalt A maximal wird. Das Wort **maximal** deutet ganz klar darauf hin, dass man den **Hochpunkt bestimmen** soll. Das haben wir bereits gelernt und es sollte uns keine Schwierigkeiten bereiten. Wir müssen also zunächst die Ableitungen der Zielfunktion bilden:

$$A(x) = 40x - 2x^2$$
$$A'(x) = 40 - 4x$$
$$A''(x) = -4$$

Die notwendige Bedingung für Extrempunkte ist:

$$A'(x) = 0$$
$$0 = 40 - 4x \qquad | + 4x$$
$$4x = 40 \qquad |:4$$
$$\Longrightarrow x = 10$$

Die hinreichende Bedingung muss auch erfüllt sein:

$$A''(x) = -4$$
$$A''(10) = -4$$

Da

$$A''(10) = -4 < 0$$

ist, liegt bei $x = 10$ ein Hochpunkt bzw. ein Maximum vor.

Den maximalen Flächeninhalt erhalten wir, indem wir in $A(x)$ einsetzen:

$$A(10) = 40 \cdot 10 - 2 \cdot 10^2 = 200$$

Die Länge für die Rechteckseite y erhalten wir, indem wir in der Nebenbedingung $x = 10$ einsetzen.

$$y = 40 - 2x$$
$$y = 40 - 2 \cdot 10 = 20$$

Jetzt haben wir die Aufgabe komplett gelöst. Der Landwirt wird für die Rechteckseiten die Längen $x = 10m$ und $y = 20m$ wählen. Dann wird er eine maximale Fläche von $200m^2$ abgrenzen können. Wir setzen natürlich voraus, dass der Bauer sich ein paar mathematische Gedanken gemacht hat. Falls er für die Rechteckseiten andere Seitenlängen wählt, wird er nicht die maximale Fläche ausnutzen können. Die Fläche wird also immer kleiner sein.

Nach diesem Schema kann man im Prinzip alle Extremwertaufgaben. Das Schwierigste ist meistens, die Haupt- und Nebenbedingung aufzustellen. Die Hauptbedingung stellt man auf, indem man sich bewusstmacht, wonach überhaupt gefragt ist. Man schaut, was maximal oder minimal werden soll. Bei der Nebenbedingung muss man die restlichen Aussagen des Textes in eine Gleichung „übersetzen". Wir lassen einfachheitshalber bei der Rechnung immer die Einheiten weg.
Wenn man das alles geschafft hat, ist der Rest ganz einfach.
Zum Abschluss dieses Kapitels gibt es noch eine Beispielaufgabe.

Beispiel: Eine Cola-Dose, die die Form eines Zylinders hat, soll ein Volumen von 0,33 Litern haben. Wie muss die Höhe h und der Radius r der Grundfläche gewählt werden, damit die Oberfläche aus Kostengründen **minimal** wird?

(1) Als erstes macht man sich eine Skizze. Es handelt sich um einen Zylinder. Man führt die Bezeichnung $\boldsymbol{r}$ und $\boldsymbol{h}$ als Variablen ein und die Bezeichnung $\boldsymbol{O}$ für die Oberfläche der Cola-Dose.

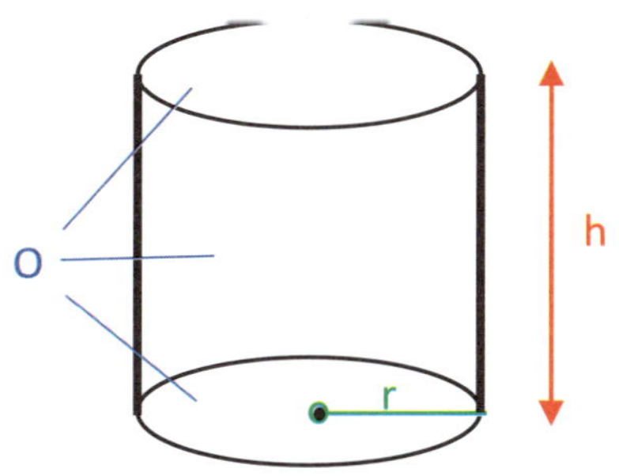

Abb. 13.2: Skizze der Cola-Dose

(2) Die Größe, die **minimal** werden soll, ist die **Oberfläche**. Diese kann man berechnen, indem man die einzelnen Flächen des Zylinders zusammenrechnet. Die zwei Grundflächen des Zylinders haben jeweils die Größe

$$\pi \cdot r^2$$

und die Mantelfläche ist gleich

$$2\pi r \cdot h.$$

Das sind wie gesagt Formeln, die man mal in der Mittelstufe kennengelernt hat. Du kannst sie auch in der *Formelsammlung* (→ *S.236*) nachschlagen.

Mit diesen Informationen lässt sich jetzt die Hauptbedingung aufstellen:

HB: $O(r,h) = \pi r^2 + \pi r^2 + 2\pi r \cdot h = 2\pi r^2 + 2\pi r \cdot h$

Die Grundfläche muss man zweimal nehmen, weil der Zylinder oben **und** unten aus einer kreisförmigen Fläche besteht.

(3) Als nächstes stellt man die Nebenbedingung auf. Die einzige Information, die wir noch nicht verwendet haben, ist das Volumen des Zylinders. Es beträgt

$$0{,}33l.$$

Das Volumen eines Zylinders berechnet sich mit der Formel

$$\pi r^2 \cdot h.$$

Hier muss man sich nochmal Gedanken über die Einheiten machen.

$0{,}33l$ entsprechen $0{,}33dm^3$ und

$0{,}33dm^3 = 330cm^3.$

Das muss man wissen, sonst kann man die Aufgabe nicht vernünftig lösen.

Nun können wir die

$$330cm^3$$

mit

$$\pi r^2 \cdot h$$

gleichsetzen.

NB: $330 = \pi r^2 \cdot h$

Wir lassen hier wieder die Einheiten weg, weil es dadurch übersichtlicher wird. Da wir aber eigentlich $330 cm^3$ auf der linken Seite der Gleichung stehen haben, müssen die Längen r und h die Einheit cm haben.

(4) Die wichtigsten Informationen haben wir nun gesammelt:

HB: $O(r,h) = 2\pi r^2 + 2\pi r \cdot h$
NB: $330 = \pi r^2 \cdot h$

Wir lösen jetzt die Nebenbedingung nach h auf und setzen den Term dann in die Hauptbedingung ein, um die Zielfunktion zu bestimmen.

NB: $330 = \pi r^2 \cdot h \qquad |: \pi r^2$

$$h = \frac{330}{\pi r^2}$$

Zielfunktion: $O(r) = 2\pi r^2 + 2\pi r \cdot \frac{330}{\pi r^2} = 2\pi r^2 + \frac{660}{r}$

(5) Und zum Schluss bestimmen wir den Tiefpunkt der Zielfunktion. In diesem Punkt ist die Oberfläche der Dose minimal. Dafür bestimmen wir erstmal die Ableitungen. Beachte: Unsere Variable, nach der wir ableiten, ist hier r!

$$O(r) = 2\pi r^2 + \frac{660}{r} = 2\pi r^2 + 660 \cdot r^{-1}$$

$$O'(r) = 4\pi r - 1 \cdot 660 \cdot r^{-2} = 4\pi r - \frac{660}{r^2}$$

$$O''(r) = 4\pi + 2 \cdot 660 \cdot r^{-3} = 4\pi + \frac{1320}{r^3}$$

Die notwendige Bedingung ist:

$$O'(r) = 0 = 4\pi r - \frac{660}{r^2} \qquad | + \frac{660}{r^2}$$

$$\frac{660}{r^2} = 4\pi r \qquad | \cdot r^2 \qquad |: 4\pi$$

$$r^3 = \frac{660}{4\pi} \qquad | \sqrt[3]{\ldots}$$

$$r \approx 3{,}74$$

Und noch die hinreichende Bedingung überprüfen:

$$O''(r) = 4\pi + \frac{1320}{r^3}$$

$$O''(3{,}74) = 37{,}8 > 0$$

Da $O''(3{,}74) > 0$ ist, liegt hier ein Tiefpunkt vor.

Die Höhe berechnet sich durch Einsetzen von $r = 3{,}74$ in die Nebenbedingung.

$$h = \frac{330}{\pi \cdot 3{,}74^2} \approx 7{,}51$$

Der minimale Oberflächeninhalt beträgt dann:

$$O(3{,}74) = 2\pi \cdot 3{,}74^2 + \frac{660}{3{,}74} = 264{,}36$$

Die Grundfläche der Cola-Dose muss also einen Radius von $3{,}74cm$ haben und die Höhe der Dose muss $7{,}51cm$ betragen, damit die **Oberfläche minimal** wird. Die minimale Oberfläche beträgt dann $264{,}36cm^2$.

Zum Schluss noch eine ganz kurze **Zusammenfassung** der Vorgehensweise:

(1) Sachverhalt verstehen (Skizze, Bezeichnungen für Variablen einführen)
(2) Hauptbedingung aufstellen
(3) Nebenbedingung aufstellen
(4) Zielfunktion ermitteln
(5) Maximum/Minimum ermitteln

14 Trigonometrische Funktionen

14.1 Einführung – Sinus, Kosinus, Tangens

In diesem Kapitel soll das Grundwissen zu den sogenannten trigonometrischen Funktionen (auch als Winkelfunktionen bezeichnet) vermittelt werden. Mithilfe von trigonometrischen Funktionen werden viele periodische Vorgänge in den Naturwissenschaften beschrieben, zum Beispiel in der Schwingungslehre der Physik. Es handelt sich dabei um **periodische Funktionen**.

Um den Begriff **Periode** zu erklären, ist es sehr hilfreich, sich die Graphen dieser Funktionen anzuschauen. Wir werden uns hier mit der Sinus-, Kosinus- und Tangensfunktion beschäftigen.

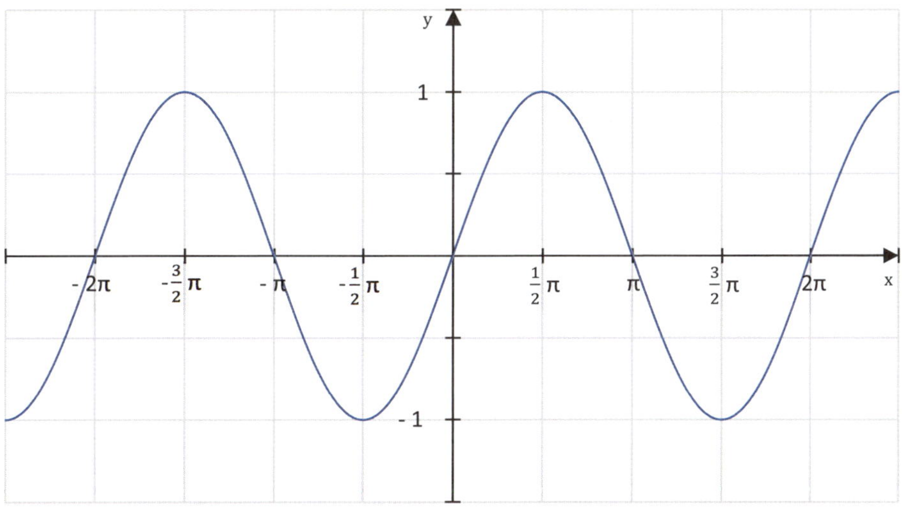

Abb. 14.1: $f(x) = sin(x)$

Der Graph der Sinusfunktion (→ *Abb. 14.1*) hat ein bestimmtes „Muster“. Von 0 bis π schlägt der Graph einen Bogen oberhalb der x-Achse und von π bis 2π ist der Graph unterhalb der x-Achse.

Dann geht es von 2π wieder los. Der Graph schwingt nach oben und wieder nach unten. Entsprechend verläuft er auch für negative x-Werte.

Der Graph wiederholt sich nach der Länge $\boldsymbol{2\pi}$ immer wieder, d.h. es kehren nach $\boldsymbol{2\pi}$ wieder dieselben Sinuswerte auf.

Beispielsweise ist

$$sin\left(\frac{\pi}{4}\right) = \frac{\sqrt{2}}{2}$$

und der Sinuswert bei

$$\frac{\pi}{4} + 2\pi = \frac{9}{4}\pi$$

ist auch wieder

$$sin\left(\frac{9}{4}\pi\right) = \frac{\sqrt{2}}{2}.$$

Beide Werte sind somit gleich groß. Man sagt: $\boldsymbol{2\pi}$ ist die Periode (oder Periodenlänge) der Funktion.

Beachte hier: Wenn du Werte wie $\frac{9}{4}\pi$ in die Sinusfunktion einsetzt, muss dein Taschenrechner auf RAD eingestellt sein. Wenn du dagegen Winkel, z.B. 13° oder 68° einsetzen willst, dann muss dein Taschenrechner auf DEG eingestellt sein.

Bevor wir zur Kosinusfunktion kommen, wollen wir uns noch ein paar Eigenschaften der Sinusfunktion anschauen:

- Der Definitionsbereich der Sinusfunktion sind die reellen Zahlen, dazu brauche ich wohl nicht mehr zu sagen:

  $$\mathbb{D} = \mathbb{R}.$$

- Der Wertebereich geht von -1 bis $+1$, was man am Graphen schön sehen kann. Es gibt keine y-Werte, die kleiner als -1 oder größer als $+1$ sind.
- Die Nullstellen der Sinusfunktion liegen bei

  $$\dots, -2\pi, -\pi, 0, \pi, 2\pi, \dots$$

  Man schreibt gerne auch: Die Nullstellen liegen bei

  $$x = k \cdot \pi \text{ mit } k \in \mathbb{Z}.$$

  Vielleicht verwirrt dich dieser Ausdruck, er gibt dir aber genau wie oben lediglich die Nullstellen der Sinusfunktion an. Für alle ganzen Zahlen, die man ja für $\boldsymbol{k}$ einsetzen darf, hat die Sinusfunktion eine Nullstelle. Z.B. ist bei $\boldsymbol{x = -27\pi}$ eine Nullstelle.
- Die Hochpunkte der Sinusfunktion liegen bei

  $$\dots, -\frac{3}{2}\pi, \frac{1}{2}\pi, \frac{5}{2}\pi, \frac{9}{2}\pi, \dots$$

Entsprechend liegen die Tiefpunkte bei

$$\ldots, -\frac{5}{2}\pi, -\frac{1}{2}\pi, \frac{3}{2}\pi, \frac{7}{2}\pi, \ldots$$

- Die Sinusfunktion hat Wendepunkte, die man auch mit bloßem Auge erkennt. Sie liegen bei

$$\ldots, -2\pi, -\pi, 0, \pi, 2\pi, \ldots$$

Kommen wir jetzt zur Kosinusfunktion. Der Graph der Kosinusfunktion ist in *Abb. 14.2* dargestellt.

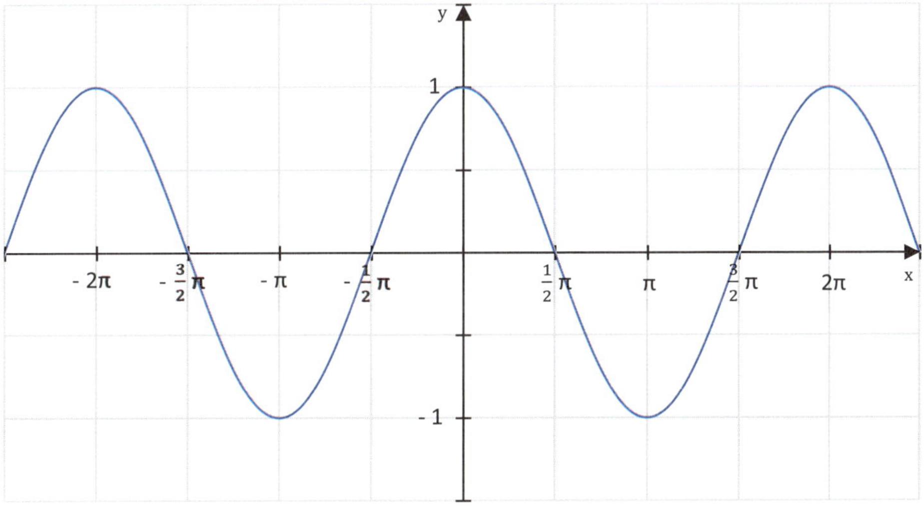

Abb. 14.2: $f(x) = cos(x)$

Man sieht, dass die Kosinusfunktion eine Sinusfunktion ist, die um $-\frac{\pi}{2}$ in x-Richtung verschoben ist. Deshalb gilt:

$$cos(x) = sin\left(x + \frac{\pi}{2}\right)$$

Wenn man z. B. $x = \frac{9}{4}\pi$ nimmt, so ist

$$cos\left(\frac{9}{4}\pi\right) = \frac{\sqrt{2}}{2}$$

und ebenso ist

$$sin\left(\frac{9}{4}\pi + \frac{\pi}{2}\right) = \frac{\sqrt{2}}{2},$$

was du mit deinem Taschenrechner leicht nachprüfen kannst.

Da die Kosinusfunktion durch die Sinusfunktion darstellbar ist, hat sie auch ähnliche Eigenschaften, weshalb wir uns nicht weiter damit aufhalten wollen. Springen wir also zur nächsten Funktion hinüber, die wir uns in diesem Kapitel anschauen wollen. Es handelt sich um die Tangensfunktion (→ *Abb. 14.3*).

Dieser „komische" Graph ist bei

$$\dots -\frac{3}{2}\pi, -\frac{\pi}{2}, \frac{\pi}{2}, \frac{3}{2}\pi, \dots$$

nicht definiert. Das liegt daran, dass die Tangensfunktion als Quotient der Sinus- und Kosinusfunktion darstellbar ist. Es gilt also:

$$tan(x) = \frac{sin(x)}{cos(x)}$$

Wenn man in der Funktion zum Beispiel $x = \frac{\pi}{2}$ einsetzt, so ist der Nenner gleich 0, denn

$$cos\left(\frac{\pi}{2}\right) = 0.$$

Weil der Nenner aber nicht 0 sein darf, ist die Tangensfunktion an den Stellen

$$\dots -\frac{3}{2}\pi, -\frac{\pi}{2}, \frac{\pi}{2}, \frac{3}{2}\pi, \dots$$

nicht definiert.

Die Nullstellen sind dort, wo der Zähler

$$sin(x)$$

null wird. Das bedeutet also:

$$0 = sin(x)$$

Die Nullstellen der Tangensfunktion sind also dort, wo die Nullstellen der Sinusfunktion liegen. Diese haben wir vorher bereits ermittelt. Sie liegen bei

$$x = k \cdot \pi.$$

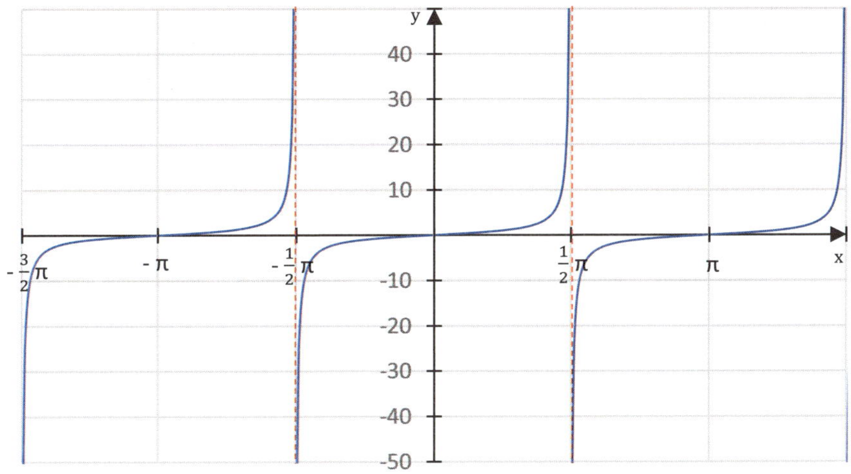

Abb. 14.3: $f(x) = tan(x)$

14.2 Allgemeine Sinusfunktion

Im letzten Kapitel haben wir uns mit der stinknormalen Sinusfunktion beschäftigt. Aus dieser Funktion kann man neue „sinusförmige Funktionen" konstruieren (auch als Sinusoide bezeichnet). Man kann die Sinusfunktion z. B. in x- oder y-Richtung verschieben, die Periodenlänge vergrößern oder verkleinern und die Amplitude verändern. Eine solche Funktion ist in *Abb. 14.4* dargestellt (den zugeordneten Begriffen brauchst du noch keine Beachtung zu schenken).
Ich habe jetzt vielleicht einige unverständliche Begriffe genannt, wir lernen sie aber noch näher kennen.

Erstmal will ich dir die allgemeine Funktionsgleichung einer sinusförmigen Funktion vorstellen. Diese lautet:

$$\boldsymbol{f(x) = A \cdot sin[B \cdot (x - C)] + D}$$

Das sagt dir wahrscheinlich nicht viel, weil ich nicht erklärt habe, welche Bedeutung die Buchstaben A, B, C und D für eine allgemeine Sinusfunktion haben. Damit werden wir uns nun beschäftigen.

Als Beispiel dient die Funktion aus *Abb. 14.4*, dessen Funktionsgleichung

$$f(x) = 2 \cdot sin[0,5 \cdot (x - \pi)] + 1$$

ist. Hier gilt also $A = 2$, $B = 0,5$, $C = \pi$ und $D = 1$.

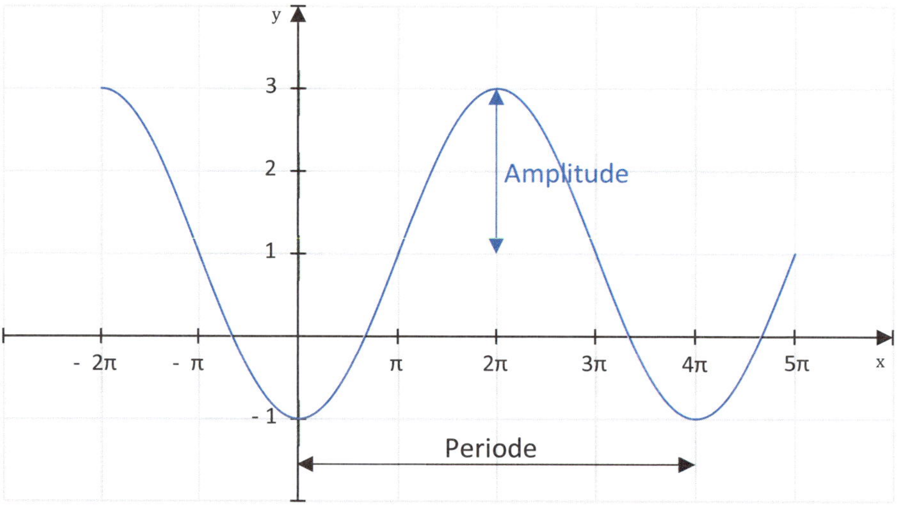

Abb. 14.4: $f(x) = 2 \cdot \sin[0,5 \cdot (x - \pi)] + 1$

A: Das A steht für die Amplitude der Funktion. Die Amplitude entspricht der Hälfte des Höhenunterschieds zwischen einem Hochpunkt und einem Tiefpunkt des Graphen.

Ein Tiefpunkt liegt in unserem Beispiel bei -1, was du am Graphen ablesen kannst, und ein Hochpunkt ist bei $+3$. Der Höhenunterschied beträgt also 4. Die Amplitude ist die Hälfte von diesem Höhenunterschied, also

$$A = 4 : 2 = 2.$$

B: Dieser Buchstabe gibt (indirekt) die Periodenlänge der Funktion an. Die Periodenlänge beträgt

$$\frac{2\pi}{B}$$

Wenn du B hier einsetzt, erhältst du die Periodenlänge deiner Funktion. In unserem Beispiel ist

$$B = 0,5.$$

Wir können die Periodenlänge berechnen, indem wir B einsetzen:

$$\frac{2\pi}{0{,}5} = 4\pi.$$

Die Periodenlänge ist also 4π. Das kannst du auch am Graphen ablesen, indem du zum Beispiel den Abstand zwischen zwei Tiefpunkten bestimmst.

C: Dieser Buchstabe gibt die Verschiebung in x-Richtung an.
In unserem Beispiel ist

$$C = +\pi,$$

somit ist der Graph im Vergleich zur „normalen" Sinusfunktion um $+\pi$ in x-Richtung verschoben.
Hier musst du aufpassen: Wenn in der Klammer wie in unserem Beispiel

$$x - \pi$$

steht, dann ist der Graph um $+\pi$ in x-Richtung verschoben.
Wenn in der Klammer

$$x + \pi$$

steht, dann ist der Graph um $-\pi$ in x-Richtung verschoben.

***D*:** D gibt die Verschiebung in y-Richtung an.
In unserem Fall ist der Graph im Vergleich zu unserer Standard-Sinusfunktion um

$$D = +1$$

in y Richtung verschoben.

Da du jetzt die Bedeutung der Buchstaben kennst, kannst du anhand der Funktionsgleichung einer sinusförmigen Funktion sagen, wie diese aus der „normalen" Sinusfunktion entstanden ist. Dazu schauen wir uns ein paar Beispiele an.

Beispiel:
Erkläre, wie die folgenden Funktionen aus der Sinusfunktion entstehen.

a) $f(x) = 2 \cdot \sin\left[2 \cdot \left(x - \frac{\pi}{2}\right)\right] + 2$

b) $f(x) = sin\left[\pi \cdot \left(x + \frac{\pi}{6}\right)\right]$

c) $f(x) = 3 \cdot sin\left[\frac{1}{2}x - \frac{1}{6}\pi\right] - 2$

a) Wir notieren uns zunächst die einzelnen Werte für die Parameter A, B, C und D:

$$A = 2,\ B = 2,\ C = +\frac{\pi}{2} \text{ und } D = +2$$

Die Funktion entsteht aus der Sinusfunktion, indem man die Sinusfunktion um $C = +\frac{\pi}{2}$ in x-Richtung und um $D = 2$ in y-Richtung verschiebt. Zusätzlich muss man ihre Amplitude vergrößern, die Amplitude muss nämlich $A = 2$ sein. Zuletzt muss man noch die Periodenlänge auf

$$\frac{2\pi}{B} = \frac{2\pi}{2} = \pi$$

verkleinern.

b) Genau wie in der letzten Aufgabe notieren wir uns die Werte:

$A = 1$ (Der Faktor, der vor dem sin steht, ist 1!)
$B = \pi$
$C = -\frac{\pi}{6}$
$D = 0$

Wenn man die Sinusfunktion um $C = -\frac{\pi}{6}$ in x-Richtung verschiebt und die Periodenlänge auf

$$\frac{2\pi}{\pi} = 2$$

reduziert, so entsteht diese sinusförmige Funktion. Die Werte $A = 1$ ($Amplitude\ = 1$) und $D = 0$ (keine Verschiebung in y-Richtung) verändern die „normale" Sinusfunktion nicht.

c) Hier solltest du die Funktionsgleichung auf die uns bekannte Form bringen, d. h. du klammerst die Zahl vor dem x aus.

$$f(x) = 3 \cdot sin\left[\frac{1}{2}x - \frac{1}{6}\pi\right] - 2$$

$$= 3 \cdot sin\left[\frac{1}{2}(x - \frac{1}{3}\pi)\right] - 2$$

Nun kannst du wie gewöhnlich die einzelnen Werte notieren:

$$A = 3$$

$$B = \frac{1}{2} = 0{,}5$$

$$C = +\frac{1}{3}\pi$$

$$D = -2$$

Diese Funktion entsteht also, indem man die Sinusfunktion um $C = \frac{1}{3}\pi$ in x-Richtung und um $D = -2$ in y-Richtung verschiebt, die Amplitude auf $A = 3$ und die Periodenlänge auf

$$\frac{2\pi}{0{,}5} = 4\pi$$

vergrößert.

14.3 Funktionsgleichung einer sinusförmigen Funktion bestimmen

In diesem Kapitel wirst du lernen, wie man von einem Graphen einer sinusförmigen Funktion auf ihre Funktionsgleichung schließt. Als Beispiel dient der Graph in *Abb. 14.5*. Am besten notiert man sich zunächst die allgemeine Funktionsgleichung:

$$f(x) = A \cdot sin[B \cdot (x - C)] + D$$

Wir müssen anhand des Graphen A, B, C und D bestimmen.

Wir bestimmen zunächst die Amplitude. Das geht ganz einfach. Man kann ablesen, dass der „Höhenunterschied" zwischen einem Tiefpunkt und einem Hochpunkt 4 beträgt. Die Amplitude ist die Hälfte davon:

$$A = 4 : 2 = 2$$

Als nächstes bestimmen wir die Periodenlänge. Man sieht, dass z.B. auf einem Tiefpunkt 4π später wieder ein Tiefpunkt folgt. Oder anders formuliert ist der Abstand von einem Tiefpunkt zum nächsten 4π. Deshalb ist die Periodenlänge 4π.

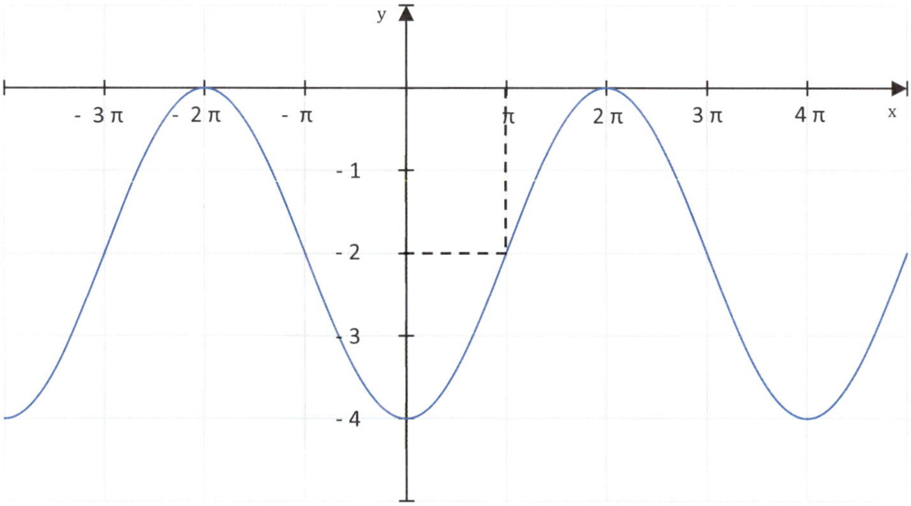

Abb. 14.5: Sinusförmige Funktion

Unser Ziel ist es aber B zu bestimmen. Aus dem letzten Kapitel wissen wir, dass zwischen B und der Periodenlänge die folgende Beziehung besteht:

$$\text{Periodenlänge} = \frac{2\pi}{B}$$

Für unser Beispiel heißt das:

$$4\pi = \frac{2\pi}{B}$$

Umstellen nach B liefert:

$$\Rightarrow B = \frac{2\pi}{4\pi} = 0{,}5$$

Nun fehlt noch C und D. Dafür benötigst du noch eine weitere Information. Wie du vielleicht weißt, hat die Sinusfunkton im Punkt

$$(0|0)$$

einen Wendepunkt (→ *Abb. 14.1, S.182*). Die Funktion in *Abb. 14.5* hat einen Wendepunkt im Punkt

$$(+\pi| -2),$$

was man mit bloßem Auge am Graphen erkennen kann. Man muss deshalb die Sinusfunktion zusätzlich um $+\pi$ in x-Richtung und um -2 in y-Richtung verschieben. Dann entsteht der abgebildete Graph. D.h. im Klartext, dass $C = +\pi$ und $D = -2$ ist.

Da wir nun alle Buchstaben gesammelt haben, können wir die Funktionsgleichung des Graphen angeben:

$$\begin{aligned} f(x) &= A \cdot sin[B \cdot (x - C)] + D \\ &= 2 \cdot sin[0{,}5 \cdot (x - (+\pi))] - 2 \\ &= 2 \cdot sin[0{,}5 \cdot (x - \pi)] - 2 \end{aligned}$$

Auf diese Weise kannst du die Funktionsgleichung jeder sinusförmigen Funktion anhand des Graphen bestimmen. Dafür benötigst du lediglich die Werte für A, B, C und D, die du aus dem Graphen relativ leicht ablesen kannst.

14.4 Graphen sinusförmiger Funktionen zeichnen

Du weißt bereits, wie man die Funktionsgleichung einer allgemeinen Sinusfunktion anhand ihres Graphen ermittelt.

Jetzt wollen wir das Gegenteil vom letzten Kapitel machen: Mithilfe der Funktionsgleichung soll der Graph gezeichnet werden. Unser Ziel ist es, den Graphen der Funktion

$$f(x) = 2 \cdot sin[0{,}5 \cdot (x + \pi)] - 1$$

zu zeichnen.

Die berechtigte Frage, die man sich nun stellen kann, ist folgende: Wie soll man anfangen?

Im letzten Kapitel haben wir festgestellt, dass jede sinusförmige Funktion aus der Sinusfunktion entsteht, indem man diese entlang der Achsen verschiebt sowie ihre Amplitude und Periodenlänge verändert. Das können wir uns zunutze machen. Ausgehend von der Sinusfunktion können wir in 4 Schritten unseren Graphen konstruieren.

Wir können aus der Funktionsgleichung der sinusartigen Funktion folgende Informationen entnehmen:

- Amplitude: $A = 2$
- Periodenlänge: $\frac{2\pi}{B} = \frac{2\pi}{0{,}5} = 4\pi$
- Verschiebung in x-Richtung: $C = -\pi$ (Achtung: Verschiebung in negative Richtung, da in der **Funktionsgleichung** ein + vorkommt)
- Verschiebung in y-Richtung: $D = -1$

Nun werden wir Schritt für Schritt die Sinusfunktion verändern. Sie ist in *Abb. 14.1* (→ *S.182*) dargestellt.

1. Wir verändern als erstes die Amplitude. Diese muss

   $$A = 2$$

   sein. Dann erzeugen wir einen Graphen mit der Funktionsgleichung

   $$f(x) = 2 \cdot sin(x).$$

   Die y-Werte sind dann doppelt so groß wie bei der Sinusfunktion.
   Z. B. sind die Hochpunkte nicht mehr bei $y = 1$, sondern bei

   $$y = 2 \cdot 1 = 2,$$

   entsprechend liegen die Tiefpunkte auf

   $$y = 2 \cdot (-1) = -2.$$

   So entsteht der blaue Graph in *Abb. 14.6*.

2. Als nächstes stellen wir zusätzlich zur Amplitude die Periodenlänge der Funktion ein. Sie beträgt 4π, d.h. nach 4π wiederholt sich die Funktion. Wir müssen den Graphen somit in x-Richtung strecken. Der neue Graph wird dann „doppelt so breit" wie der gewöhnliche Sinusgraph.
   Z. B. wird der Hochpunkt, der zuvor bei

   $$x = \frac{\pi}{2}$$

   lag, nun bei

   $$x = \pi$$

liegen. Fasst man die beiden Eigenschaften zusammen, so erhält man den grünen Graphen in *Abb. 14.6.*

Die Funktionsgleichung von diesem Graphen ist dann

$$f(x) = 2 \cdot sin(0{,}5 \cdot x)$$

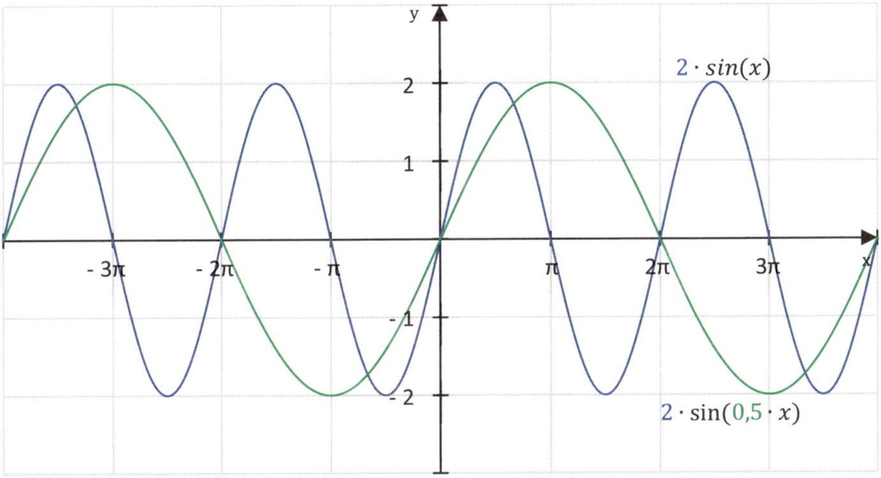

Abb. 14.6: Amplitude und Periodenlänge verändert

3. Der Rest ist wirklich nicht mehr schwer. Wir müssen nun den grünen Graphen um

$$C = -\pi$$

in x-Richtung verschieben. Beachte hier das Vorzeichen: Wenn

$$x + \pi$$

steht, bedeutet das eine Verschiebung um $-\pi$! Damit erhalten wir roten Graphen in *Abb. 14.7*, welcher die Funktionsgleichung

$$f(x) = 2 \cdot sin[0{,}5 \cdot (x + \pi)]$$

hat.

4. Zu guter Letzt verschieben wir roten Graphen in *Abb. 14.7* um

$$D = -1$$

in y-Richtung. Dann erhalten wir den Graphen unserer sinusförmigen Funktion mit

$$f(x) = 2 \cdot sin[0{,}5 \cdot (x + \pi)] - 1.$$

Du kannst die Reihenfolge der 4 Schritte auch vertauschen, wenn du willst. Du kannst z.B. auch erst die Periodenlänge und dann die Amplitude verändern. Das spielt im Endeffekt keine Rolle.
Das Ganze ist nicht besonders schwierig, man muss aber viel zeichnen. Wenn du das freihändig skizzierst, muss der Graph natürlich nicht perfekt aussehen.

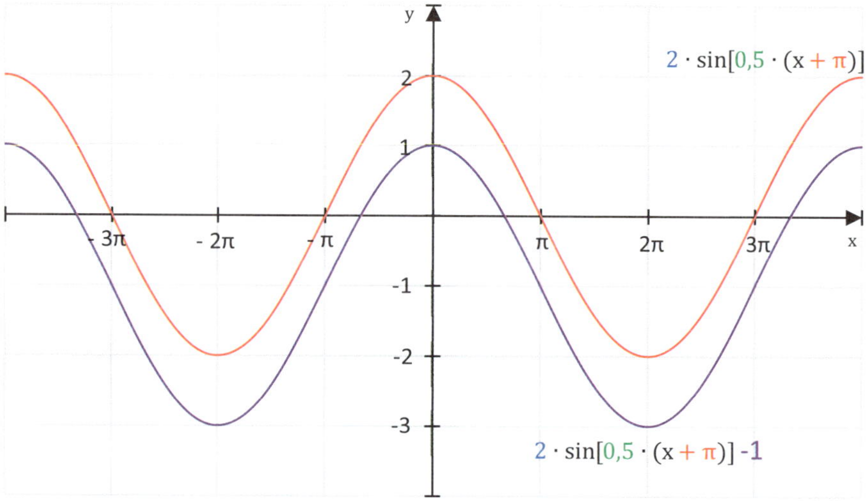

Abb. 14.7: Verschiebung in x- und y-Richtung

14.5 Nullstellen bestimmen

Die Nullstellenbestimmung von sinusförmigen Funktionen ist nicht so einfach wie bei linearen oder quadratischen Funktionen. Hier muss man sich ein bisschen mehr Gedanken machen. Wir steigen zunächst mit einem bereits bekannten Beispiel ein.

Beispiel:
Bestimme alle Nullstellen der Funktion $f(x) = \sin(x)$.

Im *Kap. 14.1* haben wir den Graphen der Sinusfunktion kennengelernt und wissen daher, dass die Nullstellen bei

$$\ldots, -3\pi,\ -2\pi,\ -\pi,\ 0,\ \pi,\ 2\pi,\ 3\pi \ldots$$

liegen. Wir haben die Lage der Nullstellen der Sinusfunktion auch schon mit einer einfachen Gleichung beschrieben. Alle Nullstellen liegen bei

$$\boldsymbol{x} = \boldsymbol{k} \cdot \boldsymbol{\pi} \text{ mit } \boldsymbol{k} \in \mathbb{Z}$$

Für k darf man nur ganze Zahlen $(\dots, -2, -1, 0, 1, 2, \dots)$ einsetzen, d.h. die Nullstellen liegen immer bei einem Vielfachen von $\boldsymbol{\pi}$. Damit fasst man auf einfache Weise alle Nullstellen der Sinusfunktion in einem Term zusammen.

Das war jetzt nichts Neues, da wir die Lösung ja aus *Kap. 14.1* kannten. Im nächsten Beispiel werden wir die Nullstellen einer sinusförmigen Funktion rechnerisch bestimmen.

Beispiel:

Bestimme alle Nullstellen der Funktion

$$f(x) = 2 \cdot sin[0{,}5 \cdot (x + \pi)] - 1.$$

Um die Nullstellen zu bestimmen, setzt man wie gewohnt $f(x) = 0$.

$$0 = 2 \cdot sin[0{,}5 \cdot (x + \pi)] - 1 \qquad |+1$$

$$1 = 2 \cdot sin[0{,}5 \cdot (x + \pi)] \qquad |:2$$

$$\frac{1}{2} = sin[0{,}5 \cdot (x + \pi)]$$

Hier wendet man einen kleinen Trick an, der dir vielleicht sogar schon bekannt ist (→ *Kap. 6.3*). Man führt eine Substitution durch. Dabei ersetzt man einen Term durch einen einfacheren Term. Dadurch werden wir uns gleich das Leben erleichtern. Wir ersetzen den Term

$$0{,}5 \cdot (x + \pi)$$

in der Klammer durch die Variable z. Wir legen somit fest:

$$z = 0{,}5 \cdot (x + \pi)$$

Jetzt können wir uns wieder unserer Gleichung oben zuwenden.

$$\frac{1}{2} = sin[0{,}5 \cdot (x + \pi)]$$

$$\Longrightarrow \frac{1}{2} = sin(z)$$

Wir müssen herausfinden, wo die **gewöhnliche Sinusfunktion** den Wert $\frac{1}{2}$ erreicht. Lass dich nicht von z irritieren, das ist eine ganz normale Variable wie x.
Man löst die Gleichung nach z auf, indem man auf beiden Seiten der Gleichung

$$sin^{-1}$$

anwendet (die Taste findest du auf jedem brauchbaren Taschenrechner). $\sin^{-1}$ ist die Umkehrfunktion vom Sinus. Wie du aus *Kap. 5* (→ *Umkehrfunktionen*) weißt, heben sich die Funktion und Umkehrfunktion gegenseitig auf:

$$sin(z) = \frac{1}{2} \qquad |sin^{-1}(\ldots)$$

$$sin^{-1}(sin(z)) = sin^{-1}\left(\frac{1}{2}\right)$$

$$z = sin^{-1}\left(\frac{1}{2}\right) = \frac{1}{6}\pi$$

Das ist eine mögliche Lösung, die man mit dem Taschenrechner erhält. Bei

$$z_1 = \frac{1}{6}\pi$$

nimmt der gewöhnliche Sinus den Wert $\frac{1}{2}$ an.

Es gibt aber noch eine weitere Lösung, also eine weitere Stelle, an der der Sinus den Wert $\frac{1}{2}$ annimmt. In *Abb. 14.8* siehst du einen Abschnitt des Sinusgraphen. Man kann hier erkennen, dass der Graph an zwei Stellen am Funktionswert 0,5 vorbeischaut, einmal in der Aufwärtsbewegung (bei $z_1 = \frac{\pi}{6}$) und das andere Mal in der Abwärtsbewegung (bei $z_2 = \frac{5}{6}\pi$).
Durch das Lösen der Gleichung

$$sin(z) = \frac{1}{2}$$

mit dem Taschenrechner haben wir oben die erste Lösung ermittelt. Die zweite Lösung, die wir hier am Graphen gemütlich ablesen können, erhalten wir **rechnerisch** mit der „Formel“

$$z_2 = \pi - (z_1).$$

In unserem Falle bedeutet das konkret, dass wir

$$z_2 = \pi - \left(\frac{1}{6}\pi\right) = \frac{5}{6}\pi$$

rechnen. Du musst dir also merken, dass beim Sinus immer 2 mögliche Lösungen auftreten können.

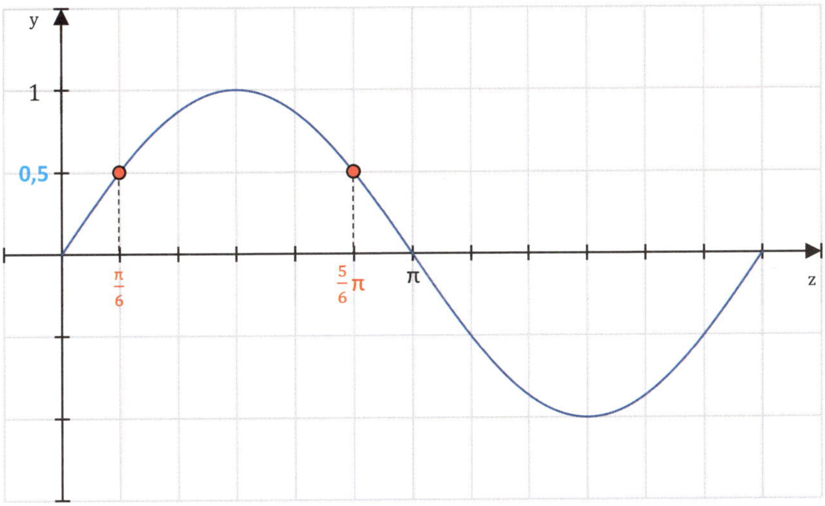

Abb. 14.8: Abschnitt des Sinusgraphen

Kommen wir wieder zu unserer Aufgabe zurück. Wir haben nun 2 mögliche Lösungen gefunden. Um jetzt auch endgültig alle Lösungen zu ermitteln, müssen wir einen Parameter k mit ins Spiel nehmen.

$$z_1 = \frac{1}{6}\pi + 2\pi \cdot k \qquad \text{mit } k \in \mathbb{Z}.$$

Wir wissen ja, dass sich nach 2π der Sinusgraph wiederholt, folglich kehrt der Funktionswert der Stelle nach 2π wieder zurück. Den Faktor k fügt man noch hinzu, weil sich dieser Funktionswert auch nach einem Vielfachen von 2π wiederholt, also nach

$$\dots, -4\pi, -2\pi, \ 0, \ 2\pi, 4\pi \dots$$

Das gleiche müssen wir auch mit der zweiten Lösung machen, die wir ermittelt haben.

$$z_2 = \frac{5}{6}\pi + 2\pi \cdot k \qquad mit\ k \in \mathbb{Z}.$$

Wie gesagt, man muss auch hier

$$2\pi \cdot k$$

addieren, um alle Lösungen zu notieren.

Jetzt fehlt noch ein letzter Schritt und dann haben wir alle Nullstellen der sinusförmigen Funktion ermittelt.
Wir haben alle Lösungen für z bestimmt und **nicht** für x. Wenn wir die Lösungen für x bestimmen wollen, müssen wir eine Resubstitution durchführen, d.h. die Substitution rückgängig machen. Dafür rufen wir uns nochmal ins Gedächtnis, dass wir folgendes festgelegt hatten:

$$0{,}5 \cdot (x + \pi) = z$$

Hier können wir für z nacheinander z_1 und z_2 einsetzen. Die Gleichungen lösen wir dann nach x_1 und x_2 auf.

Wir fangen einfach mit z_1 an:

$$0{,}5 \cdot (x_1 + \pi) = z_1$$

$$0{,}5 \cdot (x_1 + \pi) = \frac{1}{6}\pi + 2\pi \cdot k \qquad | \cdot 2$$

$$x_1 + \pi = \frac{1}{3}\pi + 4\pi \cdot k \qquad | - \pi$$

$$x_1 = \frac{1}{3}\pi + 4\pi \cdot k - \pi = -\frac{2}{3}\pi + 4\pi \cdot k$$

Genauso gilt für z_2:

$$0{,}5 \cdot (x_2 + \pi) = z_2$$

$$0{,}5 \cdot (x_2 + \pi) = \frac{5}{6}\pi + 2\pi \cdot k \qquad | \cdot 2$$

$$x_2 + \pi = \frac{5}{3}\pi + 4\pi \cdot k \qquad | - \pi$$

$$x_2 = \frac{5}{3}\pi - \pi + 4\pi \cdot k = \frac{2}{3}\pi + 4\pi \cdot k$$

Damit haben wir alle Nullstellen der Funktion

$$f(x) = 2 \cdot sin[0{,}5 \cdot (x + \pi)] - 1$$

bestimmt. Sie liegen bei

$$x_1 = -\frac{2}{3}\pi + 4\pi \cdot k$$

und bei

$$x_2 = \frac{2}{3}\pi + 4\pi \cdot k,$$

wobei $k \in \mathbb{Z}$ gilt. Du kannst dir zur Kontrolle die *Abb. 14.7* (violetter Graph) anschauen. Dort wirst du diese Nullstellen wiedererkennen.

Du hast sicherlich bemerkt, dass die Nullstellenbestimmung bei Sinusfunktionen wesentlich aufwendiger und komplizierter ist als bei anderen Funktionsklassen. Ich will deshalb noch ein letztes Beispiel aufführen.

Beispiel:
Bestimme die Nullstellen der Funktion

$$f(x) = \frac{1}{3} \cdot sin\left[2 \cdot \left(x - \frac{\pi}{2}\right)\right] + \frac{1}{4}.$$

1. Man setzt $f(x) = 0$.

$$0 = \frac{1}{3} \cdot sin\left[2 \cdot \left(x - \frac{\pi}{2}\right)\right] + \frac{1}{4} \qquad \left| -\frac{1}{4}\right.$$

$$-\frac{1}{4} = \frac{1}{3} \cdot sin\left[2 \cdot \left(x - \frac{\pi}{2}\right)\right] \qquad | \cdot 3$$

$$-\frac{3}{4} = sin\left[2 \cdot \left(x - \frac{\pi}{2}\right)\right]$$

2. Substitution: $z = 2 \cdot \left(x - \frac{\pi}{2}\right)$

$$\Longrightarrow sin(z) = -\frac{3}{4} \qquad | \, sin^{-1}(\ldots)$$

$$z_1 = sin^{-1}\left(-\frac{3}{4}\right) \approx -0{,}85$$

Die zweite Lösung ist:

$$z_2 = \pi - (-0{,}85) \approx 3{,}99$$

Das ist einfach die Formel, um eine zweite Lösung beim Sinus zu erhalten.

3. Alle Lösungen für z sind:

$$z_1 = -0{,}85 + 2\pi \cdot k$$

$$z_2 = 3{,}99 + 2\pi \cdot k$$

4. Resubstitution: $2 \cdot \left(x - \frac{\pi}{2}\right) = z$

$$2 \cdot \left(x_1 - \frac{\pi}{2}\right) = z_1$$

$$2 \cdot \left(x_1 - \frac{\pi}{2}\right) = -0{,}85 + 2\pi \cdot k \qquad |:2$$

$$x_1 - \frac{\pi}{2} = -0{,}425 + \pi \cdot k \qquad | + \frac{\pi}{2}$$

$$x_1 = -0{,}425 + \frac{\pi}{2} + \pi \cdot k = 1{,}15 + \pi \cdot k$$

$$2 \cdot \left(x_2 - \frac{\pi}{2}\right) = z_2$$

$$2 \cdot \left(x_2 - \frac{\pi}{2}\right) = 3{,}99 + 2\pi \cdot k \qquad |:2$$

$$x_2 - \frac{\pi}{2} = 1{,}995 + \pi \cdot k \qquad | + \frac{\pi}{2}$$

$$x_2 = 1{,}995 + \frac{\pi}{2} + \pi \cdot k = 3{,}57 + \pi \cdot k$$

Die Nullstellen von f liegen somit bei

$$x_1 = 1{,}15 + \pi \cdot k$$

und bei

$$x_2 = 3{,}57 + \pi \cdot k$$

Wenn man möchte, kann man die Punkte in folgender Form notieren:

$$NST_1(1{,}15 + \pi \cdot k \mid 0)$$

$$NST_2(3{,}57 + \pi \cdot k \mid 0)$$

Damit können wir dieses Kapitel getrost beenden.

14.6 Extrempunkte bestimmen

Die Bestimmung von Extrempunkten einer Sinus- oder auch Kosinusfunktion erklärt sich im Prinzip von selbst, wenn man das letzte Kapitel verstanden hat. Betrachten wir dazu ein Beispiel:

Beispiel:
Bestimme die Extrempunkte der Funktion

$$f(x) = 0{,}5 \cdot sin(4x - 2\pi) + 2.$$

Als erstes bildet man wie immer die erste Ableitung:

$$f'(x) = 0{,}5 \cdot cos(4x - 2\pi) \cdot 4 = 2 \cdot cos(4x - 2\pi)$$

Man muss beim Ableiten beachten, dass die Kettenregel angewandt werden muss. Deshalb muss der Ausdruck in der Klammer auch betrachtet werden. So kommt bei der Ableitung auch der Faktor 4 zustande (das ist die innere Ableitung). Die äußere Ableitung ergibt sich, indem man den Sinus wie gewöhnlich ableitet.

Um die Extrempunkte zu bestimmen, muss die notwendige Bedingung

$$f'(x) = 0$$

erfüllt sein:

$$f'(x) = 0 = 2 \cdot cos(4x - 2\pi)$$

$$0 = 2 \cdot cos(4x - 2\pi) \qquad | : 2$$

$$0 = cos(4x - 2\pi)$$

Wie im letzten Kapitel subsituiert man nun:

$$4x - 2\pi = z$$

$$\Rightarrow 0 = cos(z)$$

Um z zu bestimmen, wird die Umkehrfunktion des Kosinus auf beide Seiten angewendet:

$$cos(z) = 0 \qquad |cos^{-1}(\dots)$$

$$z = cos^{-1}(0)$$

$$\Rightarrow \mathbf{z_1} = cos^{-1}(0) = \frac{\pi}{2}$$

Mit einem Taschenrechner erhält man diese erste Lösung. Wir wissen aber mittlerweile, dass es immer 2 Lösungen gibt. Wir müssen deshalb noch die zweite Lösung bestimmen. Dazu ist es hilfreich, sich den Graphen der Kosinusfunktion anzuschauen (→ *Abb. 14.9*). Er ist achsensymmetrisch bezüglich der y-Achse. Die zweite Lösung ist deshalb vom Zahlenwert wie z_1, allerdings mit einem negativen Vorzeichen:

$$\mathbf{z_2} = -z_1 = -\frac{\pi}{2}$$

Die zweite Lösung erhältst du beim Kosinus immer auf diese Art und Weise.

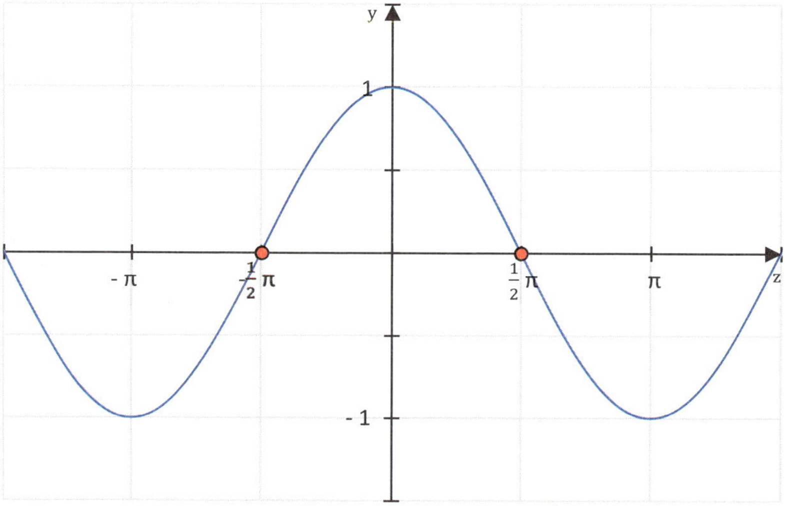

Abb. 14.9: Abschnitt des Kosinusgraphen

Um **alle** Lösungen zu erhalten, addieren wir genauso wie im letzten Kapitel $2\pi \cdot k$ dazu.

$$\mathbf{z_1} = \frac{\pi}{2} + 2\pi \cdot k$$

$$\mathbf{z_2} = -\frac{\pi}{2} + 2\pi \cdot k$$

Durch die Resubstitution erhalten wir die Lösungen für $\boldsymbol{x}$:

$$4x - 2\pi = z$$

$$4x_1 - 2\pi = z_1$$

$$4x_1 - 2\pi = \frac{\pi}{2} + 2\pi \cdot k \qquad | + 2\pi$$

$$4x_1 = \frac{5}{2}\pi + 2\pi \cdot k \qquad |: 4$$

$$\Longrightarrow \boldsymbol{x_1} = \frac{5}{8}\pi + \frac{\pi}{2} \cdot k$$

$$4x_2 - 2\pi = z_2$$

$$4x_2 - 2\pi = -\frac{\pi}{2} + 2\pi \cdot k \qquad | + 2\pi$$

$$4x_2 = \frac{3}{2}\pi + 2\pi \cdot k \qquad |: 4$$

$$\Longrightarrow \boldsymbol{x_2} = \frac{3}{8}\pi + \frac{\pi}{2} \cdot k$$

Jetzt wissen wir schon mal, wo die Extremstellen sind. Eine hinreichende Bedingung für Extrempunkte ist bei der Sinusfunktion nicht nötig, da wir ja schon aus den letzten Kapiteln mit 100 prozentiger Sicherheit wissen, dass diese Funktionen Hochpunkte und Tiefpunkte besitzen. D.h. bei x_1 und x_2 **müssen** Extrempunkte vorliegen.

Wir müssen nur noch die zugehörigen y-Werte berechnen. Das geht ganz einfach, indem wir einfach

$$x_1 = \frac{5}{8}\pi$$

und

$$x_2 = \frac{3}{8}\pi$$

jeweils in die Funktion f einsetzen. Die Funktionswerte sind ja bei allen Hochpunkten bzw. Tiefpunkten gleich. Wir erhalten dann:

$$f\left(\frac{5}{8}\pi\right) = 0{,}5 \cdot sin\left(4 \cdot \frac{5}{8}\pi - 2\pi\right) + 2 = 2{,}5$$

$$f\left(\frac{3}{8}\pi\right) = 0{,}5 \cdot sin\left(4 \cdot \frac{3}{8}\pi - 2\pi\right) + 2 = 1{,}5$$

Die y-Werte bei $x_1 = \frac{5}{8}\pi$ sind größer als bei $x_2 = \frac{3}{8}\pi$. Deshalb liegen bei

$$x_1 = \frac{5}{8}\pi + \frac{\pi}{2} \cdot k$$

Hochpunkte vor. Somit müssen bei

$$x_2 = \frac{3}{8}\pi + \frac{\pi}{2} \cdot k$$

Tiefpunkte vorliegen (→ *Abb. 14.10*).

Das können wir nun auch schön zusammengefasst als Punkte aufschreiben:

$$HP\ (\frac{5}{8}\pi + \frac{\pi}{2} \cdot k \mid 2{,}5) \text{ und}$$

$$TP\ (\frac{3}{8}\pi + \frac{\pi}{2} \cdot k \mid 1{,}5)$$

mit $k \in \mathbb{Z}$. Mit *Abb. 14.10* kannst du dich vergewissern, dass wir richtig gerechnet haben.

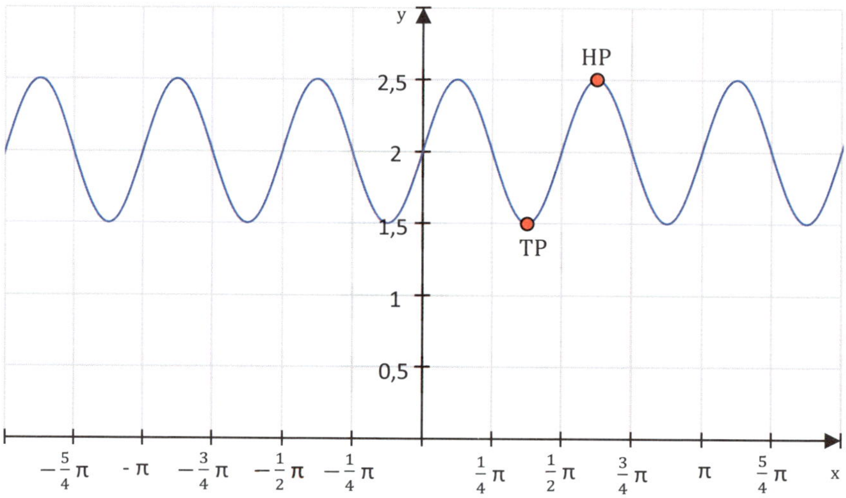

Abb. 14.10: $f(x) = 0{,}5 \cdot sin(4x - 2\pi) + 2$.

15 Exponentialfunktionen

15.1 Einführung

In diesem Kapitel geht es um eine neue Funktionsklasse, die man vielleicht schon aus der Mittelstufe kennt. Eventuell hast du Exponentialfunktionen im Zusammenhang mit Zinseszinsrechnung kennengelernt. Wenn du mir folgen kannst, ist es gut, ansonsten ist das auch nicht weiter schlimm. Wir werden hier wieder bei null anfangen, du brauchst also kein Vorwissen zu diesem Thema zu haben.
Um uns ein bisschen mit dem **exponentiellen Wachstum** vertraut zu machen, schauen wir uns ein schönes Beispiel an.

Beispiel:
Ich weiß zwar nicht, ob du gerne Schach spielst, aber das folgende Beispiel ist auch für Nicht-Schachspieler sehr interessant:
Legenden zufolge wurde das Schachspiel in Indien erfunden. Dem damaligen Maharadscha (so wurden früher indische Großfürsten genannt) habe das Spiel so sehr gefallen, dass er dem Erfinder einen Wunsch frei ließ. Dieser wünschte sich, dass man das Schachbrett mit Reiskörnern füllen sollte. Dabei sollten auf dem ersten Feld ein Reiskorn und auf jedem weiteren Feld immer die **doppelte Anzahl** an Reiskörnern gelegt werden. Auf dem zweiten Feld sollten also zwei Reiskörner, auf dem dritten Feld vier, auf dem vierten Feld acht Reiskörner liegen…
Der Maharadscha freute sich über den scheinbar so bescheidenen Wunsch und beauftragte sofort seine Diener, den Wunsch zu erfüllen. Diese besorgten sofort einen Sack Reis. Schon bald stellten sie aber fest, dass der Reis der ganzen Welt nicht ausreichen würde, um diesen Wunsch zu erfüllen…

Abb. 15.1: Schachbrett

Der Grund ist recht einfach: Das Schachbrett hat insgesamt 64 Felder. Wenn man nun dem Wunsch nachgehen will, dann braucht man

$$1 + 2 + 4 + 8 + 16 + 32 + 64 + 128 + 256 + 512 + 1024 + \ldots$$

Reiskörner. Die Summer ergibt dann knapp 20 Trilliarden Reiskörner, ganz genau sind das

18.446.744.073.709.600.000 Reiskörner.

Damit könnte man glatt die gesamte Erdoberfläche abdecken!
Die Anzahl der Reiskörner im Beispiel wächst **exponentiell**, sie wächst verdammt schnell. Das ist auch der wesentliche Unterschied zwischen **Exponentialfunktionen** und anderen Funktionen, wie zum Beispiel den linearen Funktionen. Exponentialfunktionen wachsen von den Funktionsklassen, die wir kennengelernt haben, mit Abstand am schnellsten. Bevor wir uns anschauen, wie solche Funktionen aussehen, werden wir uns die allgemeine Funktionsgleichung von Exponentialfunktionen anschauen. Sie lautet:

$$f(x) = c \cdot a^x$$

mit $c \in \mathbb{R}$, $c \neq 0$;
$a > 0$, $a \neq 1$.

Die Bedingungen, die an a und c gestellt werden, sind selbstverständlich.
c darf irgendeine Zahl **außer** 0 sein, weil sonst die Funktionsgleichung immer 0 sein würde.

a muss größer als 0 sein, darf aber nicht 1 sein, weil es sonst keine Exponentialfunktion wäre.
Zum Beispiel sind

$$f(x) = 0{,}5 \cdot 1{,}09^x$$

oder

$$g(x) = -20 \cdot 0{,}01^x$$

Exponentialfunktionen. Charakteristisch an diese Funktionen ist, wie einem leicht auffällt, dass die Variable $\boldsymbol{x}$ im Exponenten steht.

Wir schauen uns gleich auch an, welche Auswirkungen die Buchstaben c und a auf den Graphen haben (a bezeichnet man übrigens auch als **Basis**). Dafür werden wir uns ein paar Graphen anschauen. Zunächst einmal finden wir heraus, was der Buchstabe c bewirkt.
In *Abb. 15.2* siehst du verschiedene Graphen von Exponentialfunktionen. Die wesentliche Form der Graphen ist immer gleich. Zum Beispiel steigen f und g beide langsam an. Je größer dann x wird, desto schneller steigt der Graph.

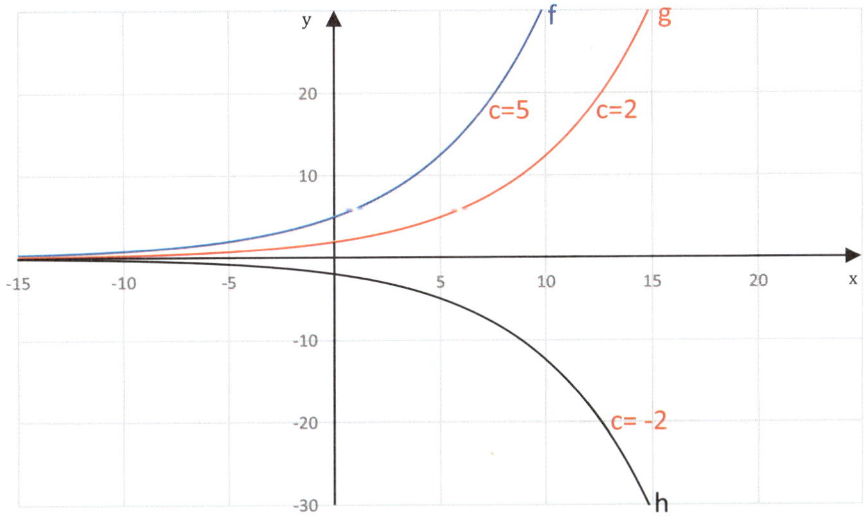

Abb. 15.2: Einfluss von c

Die Graphen haben folgende Funktionsgleichung:

$$f(x) = 5 \cdot 1{,}2^x$$

$$g(x) = 2 \cdot 1{,}2^x$$

$$h(x) = -2 \cdot 1{,}2^x$$

$a = 1{,}2$ ist bei allen Graphen gleich, nur c ist unterschiedlich. Vielleicht hast du schon erkannt, welche Bedeutung c hat:

(1) c ist der Anfangswert, also der y-Achsenabschnitt.
(2) Zudem ist c der Streckfaktor der Funktion. Je größer c ist, desto schneller steigt die Funktion (f steigt schneller als g).
(3) Bei negativem c gibt es zusätzlich eine Spiegelung an der x-Achse (vgl. Graph g und h).

Nun kommen wir auf den Einfluss der Basis a zu sprechen. Auch hier schauen wir uns zunächst ein paar Graphen an (*Abb. 15.3* und *15.4*).

Abb. 15.3: Einfluss von a – Wachstumsprozesse

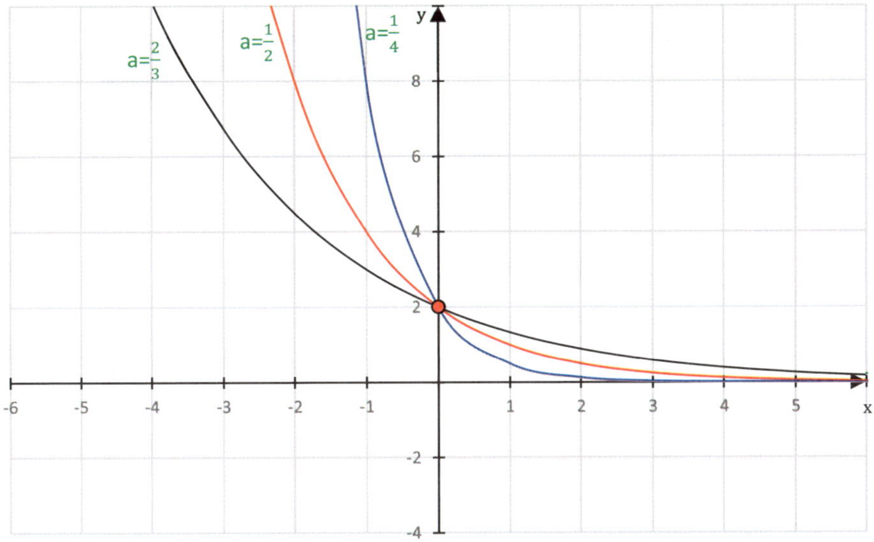

Abb. 15.4: Einfluss von a – Zerfallsprozesse

Alle Graphen haben hier die Funktionsgleichung

$$f(x) = 2 \cdot a^x$$

mit dem entsprechenden a. Man kann etwas Wichtiges feststellen. a ist der **Zunahme- bzw. Abnahmefaktor**. Konkret gefasst heißt das Folgendes:

(1) Wenn **a größer als 1** ist ($a > 1$), dann handelt es sich um einen **Wachstumsprozess** (*Abb. 15.3*).
   a. Je größer dann a ist, desto stärker ist das Wachstum (die Funktion mit $a = 2$ wächst schneller als die anderen).

(2) Wenn **a kleiner als 1** ist ($a < 1$), dann handelt es sich um einen **Zerfallsprozess** (*Abb. 15.4*).
   a. Je kleiner dann a ist, desto stärker ist die Abnahme (die Funktion mit $a = \frac{1}{4}$ fällt schneller als die anderen).

Zur (2) muss man noch genauer sagen, dass a zwischen 0 und 1 liegen muss, also $0 < a < 1$.
Dazu will ich mal ein paar Beispiele nennen.

(1) Ein typischer Wachstumsprozess ist eine Geldanlage. Wenn jemand sein Geld auf seinem Sparbuch anlegt, dann wird er jedes Jahr zum Beispiel 0,1% Zinsen bekommen.
Wenn eine andere Person mit dem gleichen Kapital 10% Zinsen bekommt, dann wird er nach einem Jahr selbstverständlich mehr Geld haben. So lässt sich die Aussage (1)a. erklären.

(2) Typische exponentielle Zerfallsprozesse sind zum Beispiel der Medikamentenabbau oder der Zerfall von radioaktiven Stoffen. Aussage (2)a lässt sich ähnlich wie im ersten Beispiel erklären. Wenn ein radioaktiver Stoff in einem Monat um 30% und ein anderer Stoff in der gleichen Zeit um 60% zerfällt, dann zerfällt der zweite Stoff logischerweise schneller.

Du müsstest jetzt in etwa verstanden haben, was ein **exponentielles Wachstum** und ein **exponentieller Zerfall** sind und dass man sie mit **Exponentialfunktionen** beschreiben kann (siehe dazu auch *Kap. 15.2*).
Zum Schluss sind hier nochmal die Eigenschaften von Exponentialfunktionen aufgeführt. Wenn du dir dabei die Graphen in *Abb. 15.2, 15.3* und *15.4* anschaust, dann kannst du diese Eigenschaften leicht nachvollziehen.

- Exponentialfunktionen haben keine Nullstellen, Extrema oder Wendepunkte.
- Die x-Achse ist die Asymptote von Exponentialfunktionen der Form
  $$f(x) = c \cdot a^x.$$
- c ist der y-Achsenabschnitt.
- Wenn c größer als 0 ist, liegt der Graph **oberhalb** der x-Achse (→ *Abb. 15.3* und *15.4*, da hier $c = 2$ ist).
  Wenn c kleiner als 0 ist, dann liegt der Graph **unterhalb** der x-Achse (*Abb. 15.2*, Funktion h).
- Wenn a größer als 1 ist, dann handelt es sich bei dieser Exponentialfunktion um eine streng monoton **steigende** Funktion (→ *Kap. 8.1*), wie in *Abb. 15.3* zu sehen ist.

Entsprechend ist eine Funktion mit $a < 1$ eine streng monoton **fallende** Funktion (*Abb. 15.4*).

- Wenn die Funktion

  $$f(x) = c \cdot a^x$$

  an der **y-Achse gespiegelt** wird, so entsteht die neue Funktion

  $$g(x) = c \cdot \left(\frac{1}{a}\right)^x.$$

  Zum Beispiel gehen die Funktion

  $$f(x) = 2 \cdot 2^x$$

  und

  $$g(x) = 2 \cdot \left(\frac{1}{2}\right)^x$$

  durch Spiegelung an der y-Achse hervor.

15.2 Mit Exponentialfunktionen rechnen

In diesem Kapitel wirst du lernen, wie man einen gegebenen Sachverhalt mit einer Exponentialfunktion beschreibt und anschließend damit weiterrechnet. Das ist keine große Kunst, wie es sich vielleicht anhören mag. Dafür schauen wir uns ein Beispiel an.

Beispiel:
Stell dir vor, deine Urururur…großeltern hätten im Jahre 1817 ein Kapital von 100€ bei einem Zinssatz von 6% angelegt. Wir gehen jetzt mal davon aus, dass das Geld bis heute jährlich mit 6% verzinst wurde, nie abgehoben und von Generation zu Generation (Steuern unberücksichtigt) weitervererbt wurde. Wie viel Geld hättest du, wenn du das gesamte Kapital in 2017 abheben würdest?

Ich muss leider zugeben, dass dieses Beispiel relativ künstlich ist. Die Inflation, Krisen, usw. werden alle nicht berücksichtigt. Aber dennoch ist es interessant, dieses Gedankenexperiment durchzuführen. Versuch mal zu schätzen, was herauskommt. Du wirst mit Sicherheit ganz schön verblüfft sein.

Um das auszurechnen, müssen wir uns vorher fragen, wie wir den Sachverhalt mit einer Exponentialfunktion beschreiben sollen. Dafür notieren wir uns nochmal die allgemeine Funktionsgleichung:

$$f(x) = c \cdot a^x$$

Wenn wir die Werte für c und a bestimmt haben, haben wir schon gewonnen. Aus dem letzten Kapitel ist uns bekannt, dass c der Anfangswert ist. Dieser ist im Text gegeben, nämlich das Anfangskapital von 100€. c ist also 100 (wir lassen die Einheit weg). Wir können also schon aufschreiben:

$$f(x) = 100 \cdot a^x$$

Fehlt nur noch a. Im letzten Kapitel wurde bereits gesagt, dass a der Zunahme- oder Abnahmefaktor ist. In diesem Fall handelt es sich eindeutig um eine Zunahme, man bekommt ja Zinsen auf die 100€ ausgezahlt. Im Text steht, dass es sich um eine Verzinsung von 6%, also um eine Zunahme von 6% handelt. Dabei sind die 6% nichts anderes als der Zahlenwert 0,06.

In der Prozentrechnung sollte man folgendes gelernt haben:

100% entsprechen der Zahl 1, somit sind 1% nichts anderes als 0,01 und 6% eben 0,06.

Den Zunahmefaktor a erhalten wir nun ganz einfach, indem wir die 0,06 mit 1 addieren:

$$a = 1 + 0{,}06 = 1{,}06$$

Allgemein ausgedrückt erhält man a immer folgendermaßen:

$$a = 1 + k$$

k sind in dem Fall die Zinsen als Zahlenwert.

Nun haben wir alles Notwendige, um die Funktionsgleichung zu bestimmen. Sie lautet:

$$f(x) = 100 \cdot 1{,}06^x$$

Manche Schüler kommen auf die relativ kuriose Idee, das $\boldsymbol{x}$ bestimmen zu wollen. Du solltest dir merken: Das macht keinen Sinn, wenn man eine **Funktionsgleichung** bestimmen will! x ist die Variable der Funktionsgleichung, die bleibt so stehen!

Jetzt ist es ein Kinderspiel herauszufinden, wie viel Geld man nach 1,2,3, ... Jahren haben wird. Die Geldanlage der Vorfahren soll im Jahre 1817 beginnen. Das ist für uns der Startzeitpunkt 0. Wir wollen herausfinden, wie viel Geld man **200 Jahre später**, nämlich in 2017 haben würde. Dafür setzt man in die Funktionsgleichung einfach $x = 200$ ein:

$$f(200) = 100 \cdot 1{,}06^{200} \approx 11.512.590$$

Du wärst nun ein stolzer Multimillionär mit einem Vermögen von etwa 11,5 Mio. €. Das ist das Ausmaß von exponentiellem Wachstum! Aber du brauchst jetzt nicht deine Vorfahren zu verfluchen, dass sie nicht 100€ angelegt haben. In der Realität wäre so etwas wahrscheinlich nicht möglich gewesen.
Schauen wir uns nun ein zweites Beispiel an.

Beispiel:
Der Luftdruck der Erdatmosphäre nimmt mit steigender Höhe ab. In Meereshöhe (die Höhe ist hier 0 Meter) beträgt er etwa $\mathbf{1000}\boldsymbol{hPa}$ (Hektopascal). Er nimmt pro $\mathbf{1}\boldsymbol{km}$ Aufstieg um **12**% ab.
Gib die Funktionsgleichung an, die diesen Sachverhalt beschreibt.
Berechne dann den Luftdruck auf dem Mount Everest ($\approx 8800m$) und auf der Zugspitze ($\approx 2960m$).

Diese Aufgabe ist etwas anspruchsvoller als die letzte Aufgabe. Das Prinzip ist aber immer noch dasselbe. Wir bestimmen zunächst die Funktionsgleichung. Wir wissen, dass der Anfangswert $1000hPa$ ist. Das ist der Anfangsdruck, der auf der Meereshöhe herrscht. Dieser Druck nimmt dann mit steigender Höhe ab. Der **Abnahmefaktor** a lässt sich ganz leicht berechnen:

$$a = 1 - 0{,}12 = 0{,}88$$

Der Druck nimmt nämlich um 12% ab, also sinkt er innerhalb von $1km$ Aufstieg auf das 0,88-fache ab.
Da wir nun die beiden Parameter bestimmt haben, können wir die Funktionsgleichung aufstellen:

$$f(x) = 1000 \cdot 0{,}88^x$$

Hier muss man sich nochmal Gedanken über die Maßeinheiten machen. x hat die Einheit $\boldsymbol{km}$, denn pro Kilometer sinkt der Druck auf das 0,88-fache ab. $f(x)$, also y, hat die Einheit $\boldsymbol{hPa}$, da der Anfangswert $1000hPa$ diese Einheit besitzt.

Zuletzt ist noch der Luftdruck auf dem Mount Everest in $8800m$ Höhe und auf der Zugspitze in $2960m$ Höhe gesucht. Wie wir festgestellt haben, wird x in km angegeben. Um diese Werte also in der Funktionsgleichung einzusetzen, muss man die Einheiten auf $\boldsymbol{km}$ bringen:

$$8800m = 8{,}8km \text{ und}$$

$$2960m = 2{,}96km.$$

Diese Werte können wir nacheinander in $f(x)$ einsetzen. Dann erhalten wir den gesuchten Luftdruck auf dem Mount Everest und auf der Zugspitze:

$$f(8{,}8) = 1000 \cdot 0{,}88^{8{,}8} = 324{,}7$$

$$f(2{,}96) = 1000 \cdot 0{,}88^{2{,}96} = 685$$

Der Luftdruck auf dem Mount Everest beträgt also $324{,}7hPa$ und auf der Zugspitze sind es $685hPa$.

Auf diese Weise kannst du eigentlich alle Aufgaben lösen, die dir zu diesem Thema begegnen werden. Du stellst als erstes die Funktionsgleichung auf. Dabei musst du auf die Einheiten achten. Wenn du das geschafft hast, ist die Aufgabe im Prinzip gelöst. Danach musst du meistens nur noch irgendeinen Wert für x einsetzen.

16 Logarithmusfunktionen

16.1 Einführung

In diesem Kapitel lernst du Funktionen kennen, die man als Verwandte von Exponentialfunktionen bezeichnen kann. *Abb. 16.1* soll dir einen Eindruck vermitteln, inwiefern diese beiden Funktionsklassen miteinander verwandt sind. Das Schaubild zeigt einen direkten Zusammenhang. Spiegelt man eine Exponentialfunktion an der **1. Winkelhalbierenden**, so erhält man die dazugehörige Logarithmusfunktion.

Wir haben bereits gelernt, dass eine Funktion, die an der 1. Winkelhalbierenden gespiegelt wird, auf ihre Umkehrfunktion abgebildet wird (→ *Kap. 5*). Die Logarithmusfunktion ist somit die **Umkehrfunktion** der Exponentialfunktion.

Die Frage, die sich uns als nächstes stellt, ist folgende: Was ist die **allgemeine Funktionsgleichung** der Logarithmusfunktion? Und das ist die Antwort:

$$\boldsymbol{y = log_a(x)}$$

mit $a > 0$ und $a \neq 1$.

Das ist die allgemeine Funktionsgleichung, wobei a immer größer als null sein muss. Das log steht für Logarithmus, genauso wie sin für Sinus und cos für Kosinus steht.

a ist die **Basis** des Logarithmus. Je nachdem, wie man a wählt, entstehen andere Logarithmusfunktionen. In *Abb. 16.1* siehst du die Logarithmusfunktion mit der Basis $a = 2$.

Der Parameter a gibt uns eine wichtige Information wieder. Es ist dir vielleicht schon anhand von *Abb. 16.1* aufgefallen, dass die Funktion

$$y = 2^x$$

durch Spiegelung an der Winkelhalbierenden die Umkehrfunktion

$$y = log_2(x)$$

ergibt. Das ist bei jedem a so.

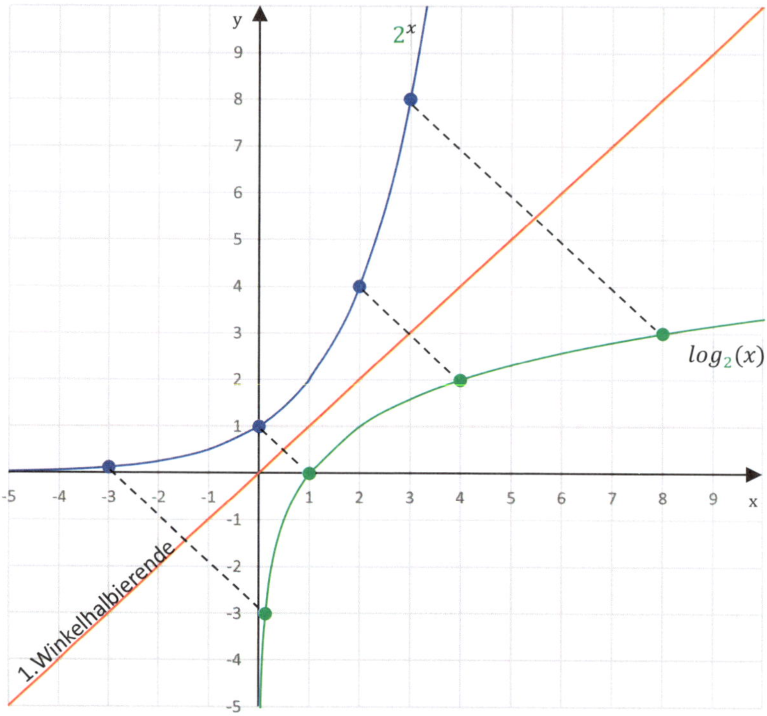

Abb. 16.1: Exponential- und Logarithmusfunktion

Zum Beispiel ist

$$y = log_{17}(x)$$

die Umkehrfunktion von

$$y = 17^x$$

oder

$$y = log_{10}(x)$$

die Umkehrfunktion von

$$y = 10^x.$$

Nun werden wir uns anschauen, welche konkreten Auswirkungen der Parameter a auf die Logarithmusfunktion hat. Dabei dienen *Abb. 16.2* und *16.3* als Veranschaulichung.

(1) Wenn $a > 1$ ist, dann ist die Funktion streng monoton **steigend** (*Abb. 16.2*).
Je größer a wird, desto langsamer steigt die Funktion (die Funktion mit $a = 10$ steigt langsamer als die anderen Funktionen).

(2) Wenn a kleiner als 1 ist ($0 < a < 1$), dann ist die Funktion streng monoton **fallend** (*Abb. 16.3*).

Zur Aussage (1) muss ich noch hinzufügen, dass die Funktionen zwar nur sehr langsam steigen, aber sie steigen immer weiter, weshalb man sie als **streng monoton** steigend bezeichnet.
Besonders wichtig ist es auch, die Logarithmusfunktion mit der **Basis 10** zu kennen, also

$$log_{10}(x).$$

Man schreibt dafür auch einfach

$$log(x).$$

Zum Schluss dieses Kapitels sind hier die Eigenschaften von Logarithmusfunktionen aufgelistet. Mithilfe von *Abb. 16.2* und *16.3* kannst du sie leicht nachvollziehen.

- Logarithmusfunktionen haben den Definitionsbereich

  $$\mathbb{D} = \mathbb{R}^+.$$

  Man kann als x-Wert somit **keine negativen Zahlen** oder **null** einsetzen.

- Logarithmusfunktionen schmiegen sich an der y-Achse an. Die y-Achse ist also eine **Asymptote** von ihnen (*Abb. 16.2* und *16.3*). Alle Graphen gehen durch den Punkt $P(1|0)$. Das ist auch der **einzige** Punkt, den alle Graphen gemeinsam haben.

- Ähnlich wie bei Exponentialfunktionen gilt: Wenn man

  $$y = log_a(x)$$

  an der **x-Achse** spiegelt, dann entsteht die Funktion

  $$y = log_{\frac{1}{a}}(x).$$

Beispielsweise ergibt sich durch Spiegelung von

$$y = log_2(x)$$

an der x-Achse die Funktion

$$y = log_{\frac{1}{2}}(x).$$

Damit haben wir nun auch die Eigenschaften von Logarithmusfunktionen kennengelernt.

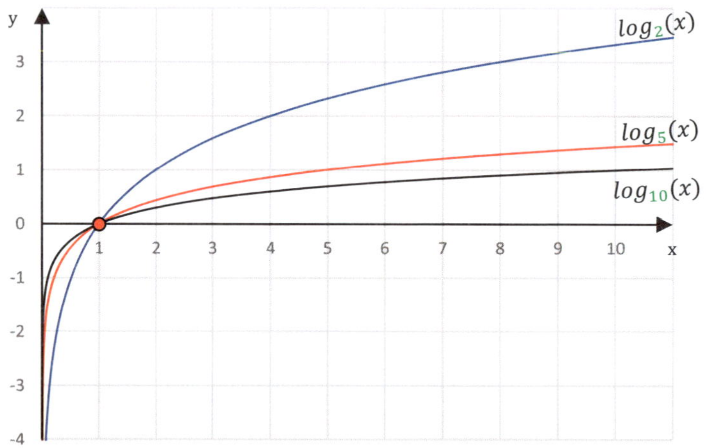

Abb. 16.2: Logarithmusfunktionen mit $a > 1$

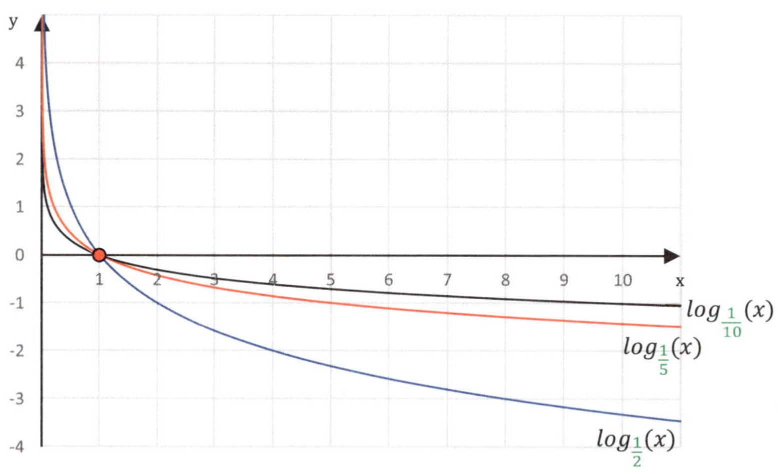

Abb. 16.3: Logarithmusfunktionen mit $0 < a < 1$

16.2 Was ist ein Logarithmus?

Logarithmen haben relativ viel mit Potenzen zu tun. Daher werden wir uns nochmal kurz mit Potenzen beschäftigen.

$$8^2 = x$$

Die 8^2 in diesem Beispiel ist eine **Potenz**.
In diesem Fall nennt man die 8 die **Basis**, die 2 ist der **Exponent** und x ist der **Potenzwert**. Das sind Vokabeln der Mathematik, die man sich am besten merken sollte (aber die man häufig wieder vergisst).
Die Potenz 8^2 kann man relativ leicht im Kopf ausrechnen, wenn man das Einmal-Eis aus der Grundschule nicht vergessen hat.

$$8^2 = 8 \cdot 8 = 64 = x$$

Der **gesuchte Potenzwert** x ist also 64.
Das war ein relativ kurzer Überblick über die Potenzrechnung, die man als erstes kennengelernt hat. Als nächstes wurde man in der Schule mit der Wurzelrechnung vertraut gemacht. Diese schauen wir uns auch kurz an.

Im nächsten Beispiel ist nun statt dem Potenzwert die **Basis gesucht**. Wir haben z. B. die Gleichung

$$x^2 = 64$$

gegeben, die wir lösen müssen. Dann ziehen wir auf beiden Seiten die Wurzel und erhalten

$$x = \pm\sqrt{64} = \pm 8$$

wobei hier viele wahrscheinlich immer noch vergessen, dass man 2 Lösungen erhält. Auf jeden Fall haben wir so eine Methode gefunden, wie man eine unbekannte Basis ermittelt.

Vielleicht hast du jetzt gemerkt, worauf ich hinaus will. Wir haben zunächst den Potenzwert gesucht, dann war die Basis gesucht. Übrig bleibt also nur noch der **Exponent**, der **unbekannt** sein könnte.

Wenn man z.B. die Gleichung

$$8^x = 64$$

nach x auflösen will, dann kommt der Logarithmus ins Spiel. Die Lösung dieser Gleichung ist folgende:

$$x = log_8(64)$$

Die Basis 8 aus der Gleichung nennt man **Logarithmusbasis** und der Potenzwert 64 ist der sogenannte **Numerus** des Logarithmus. Das sind 2 Begriffe, die du dir vielleicht auch merken solltest. Dieser Logarithmus ist die Lösung der Gleichung.

Man kann das nun auch allgemeiner fassen. Die Lösung der Gleichung

$$\boldsymbol{a^x = b}$$

ist folgende:

$$\boldsymbol{\Rightarrow x = log_a(b)}$$

Diese 2 Dinge solltest du dir gut einprägen.
Damit haben wir eine wichtige Erkenntnis gemacht. Ein **Logarithmus** ist nichts anderes als ein Exponent. Oder anders ausgedrückt: Der Logarithmus

$$log_a(b)$$

ist die Lösung der Gleichung

$$a^x = b.$$

Da wir nun nach etwas Anstrengung den Logarithmus definiert haben, können wir **einfache Logarithmen** sogar im Kopf ausrechnen. Das machen wir mal an ein paar Beispielen.

a) $log_{10}(100) = ?$

Wir haben festgestellt, dass der

$$log_a(b)$$

die Lösung x von

$$a^x = b$$

ist. Das nutzen wir aus, um unseren Logarithmus auszurechnen:

$$log_{10}(100) = x$$
$$\Rightarrow 10^x = 100$$

Durch ein bisschen überlegen wird man hier feststellen, dass $x = 2$ sein muss, denn

$$10^2 = 100.$$

Also ist

$$log_{10}(100) = 2.$$

b) $log_2(8) = x$

Wir stellen die Gleichung

$$2^x = 8$$

auf. Die Lösung ist $x = 3$, denn

$$2^3 = 8$$

Also gilt

$$log_2(8) = 3.$$

c) $log_4(16) = x$

Wir stellen die Exponentialgleichung auf:

$$4^x = 16$$

Wir lösen die Gleichung:

$$\Rightarrow x = 2 \text{, weil } 4^2 = 16$$

Unser Logarithmus ist also

$$log_4(16) = 2.$$

Das waren nun **einfache Logarithmen**, die man schon im Kopf ausrechnen konnte. Wenn du z.B.

$$log_{18}(83)$$

ausrechnen musst, dann musst du selbstverständlich den nächstgelegenen Taschenrechner zur Hand nehmen.

16.3 Logarithmusgesetze – Mit Logarithmen rechnen

In diesem Kapitel werden wir lernen, wie man problemlos z.B. folgende Gleichung lösen kann:

$$3 \cdot log_2(x^2 - 1) + 2 = 26$$

Außerdem werden wir die Logarithmusgesetze kennenlernen.

Im letzten Kapitel haben wir bereits gelernt, wie man die Lösung von einfachen Exponentialgleichungen bestimmt. Z.B. ist die Lösung der Gleichung

$$5^x = 45$$

ganz einfach

$$x = log_5(45) \approx 2{,}37$$

was man mit dem Taschenrechner ausrechnen kann. Ich habe aber nicht erklärt, wie man genau auf diese Lösung kommt. Dafür muss ich noch eine Sache erklären.

Wie wir bereits festgestellt haben, sind Logarithmusfunktionen Umkehrfunktionen von Exponentialfunktionen. Wir haben gelernt, dass eine Funktion und ihre Umkehrfunktion sich gegenseitig aufheben. So ist z.B.

$$sin^{-1}(sin(x)) = x$$

Entsprechend gilt für Logarithmus- und Exponentialfunktionen folgendes:

(1) $log_a(a^x) = x$

(2) $a^{log_a(x)} = x$

Das kann man sich zu Nutze machen, um manche Gleichungen zu lösen. Dafür schauen wir uns ein paar Beispiele an.

Beispiel: Bestimme die Lösungen der folgenden Gleichungen:

a) $5^x = 45$

Wenn wir auf beiden Seiten den Logarithmus zur Basis 5 anwenden, also

$$log_5(...),$$

dann haben wir stehen:

$$5^x = 45 \qquad |log_5(...)$$

$$log_5(5^x) = log_5(45)$$

Da

$$log_a(a^x) = x$$

ist, gilt hier

$$log_5(5^x) = x$$

und damit folgt:

$$x = log_5(45) \approx 2{,}365$$

b) $3^{x-5} = 9$

Das Prinzip ist das gleiche, man wendet aber den Dreierlogarithmus an.

$$3^{x-5} = 9 \qquad |log_3(...)$$

$$log_3(3^{x-5}) = log_3(9)$$

$$x - 5 = 2 \qquad |+5$$

$$x = 7$$

c) $3 \cdot log(x^2 - 21) - 2 = 4$

Erstmal löst man die Gleichung so auf, dass der Logarithmus alleine auf der einen Seite steht:

$$3 \cdot log(x^2 - 21) - 2 = 4 \qquad |+2$$

$$3 \cdot log(x^2 - 21) = 6 \qquad |:3$$

$$log(x^2 - 21) = 2$$

Jetzt muss man beide Seiten mit der Zahl 10 potenzieren, also

$$10^{\cdots}.$$

Du musst beachten, dass man hier mit 10 potenzieren muss, da es sich auch um den Zehnerlogarithmus handelt. $log(x)$ ist nämlich $log_{10}(x)$. Nun erhalten wir:

$$10^{log(x^2-21)} = 10^2$$

Da

$$a^{log_a(x)} = x$$

ist, gilt in diesem Fall:

$$x^2 - 21 = 10^2 \qquad |+21$$

$$x^2 = 10^2 + 21 = 121 \qquad |\sqrt{\ldots}$$

$$\Rightarrow x = \pm 11$$

Beachte: Wenn du die Wurzel aus x^2 ziehst, erhältst du immer 2 Lösungen für x.

d) $log_2(x^2) + log_2(x) = 3$

Auf dem ersten Blick mag das vielleicht nicht lösbar erscheinen, da zweimal der Logarithmus in der Gleichung auftaucht. Aber wir können hier genauso vorgehen wie bei den letzten Beispielen. Zunächst müssen wir hier mit 2 potenzieren:

$$log_2(x^2) + log_2(x) = 3 \qquad |2^{\cdots}$$

$$2^{log_2(x^2)+log_2(x)} = 2^3$$

Du darfst jetzt nicht die einzelnen Teile getrennt mit 2 potenzieren. Die **ganze** Summe, also

$$log_2(x^2) + log_2(x),$$

muss mit **2** potenziert werden. Ich muss zugeben, dass jetzt ein hässlicher Term entstanden ist. Um ihn zu vereinfachen, müssen wir uns an die Potenzgesetze erinnern. Notfalls kann man ja in der Formelsammlung nachschauen. Es gilt immer:

$$a^{m+n} = a^m \cdot a^n$$

Auf unseren Fall übertragen heißt das

$$2^{log_2(x^2)+log_2(x)} = 2^{log_2(x^2)} \cdot 2^{log_2(x)}$$

Damit können wir schön weitermachen:

$$2^{log_2(x^2)} \cdot 2^{log_2(x)} = 2^3$$

$$x^2 \cdot x = 8$$

$$x^3 = 8 \qquad |\sqrt[3]{\ldots}$$

$$x = 2$$

Man muss am Ende nur noch weiter vereinfachen und erhält dann die Lösung der Gleichung.

Beim letzten Beispiel haben wir einige Zwischenschritte gemacht, die wir uns ersparen können, wenn wir uns mit den **Logarithmusgesetzen** auskennen. Mit ihnen kann man sich beim Rechnen das ein oder andere Mal das Leben erleichtern, indem man dadurch Terme vereinfacht. Das wirst du gleich bei den Beispielaufgaben sehen.
Es gibt drei Logarithmusgesetze:

(1) $log_a(x) + log_a(y) = log_a(x \cdot y)$
(2) $log_a(x) - log_a(y) = log_a\left(\frac{x}{y}\right)$
(3) $log_a(u^r) = r \cdot log_a(u)$

Wir schauen uns nun am besten ein paar Beispiele an, wie man diese Logarithmusgesetze nutzen kann.

Beispiel:
Bestimme die Lösungen der folgenden Gleichungen:

a) $log_2(x^2) + log_2(x) = 3$

Zuvor haben wir diese Gleichung gelöst, indem wir die Gleichung mit 2 potenziert und danach ein Potenzgesetz angewendet haben. Stattdessen können wir hier aber auch das **1.** Logarithmusgesetz anwenden. Dann erhalten wir:

$$log_2(x^2) + log_2(x) = log_2(x^2 \cdot x) = log_2(x^3)$$

Da die Basis ($= 2$) der beiden Logarithmen gleich ist, kann man einfach den Logarithmus von

$$x^2 \cdot x$$

nehmen. Wir können also notieren:

$$log_2(x^3) = 3$$

Hier kann das **3.** Logarithmusgesetz angewandt werden. Wir können den Exponenten 3 von x^3 somit vorziehen:

$$log_2(x^3) = 3 \cdot log_2(x)$$

Nun können wir ganz normal weiterrechnen:

$$3 \cdot log_2(x) = 3 \qquad |:3$$

$$log_2(x) = 1 \qquad |\text{Potenzieren mit } 2\text{, also } 2^{\cdots}$$

$$x = 2^1 = 2$$

b) $log_5(10x + 25) - log_5(x - 5) = 2$

Hier kannst du wunderbar das 2. Logarithmusgesetz anwenden. Beide Logarithmen haben die gleiche Basis, nämlich 5. Du kannst sie also zusammenfassen. Da der zweite Logarithmusterm ein **negatives** Vorzeichen hat, musst du nicht das 1., sondern das **2. Logarithmusgesetz** anwenden. Somit gilt:

$$log_5(10x + 25) - log_5(x - 5) = log_5\left(\frac{10x + 25}{x - 5}\right)$$

Nun können wir wie immer die Logarithmusgleichung lösen:

$$log_5\left(\frac{10x+25}{x-5}\right) = 2 \qquad |\text{Potenzieren mit } 5$$

$$\frac{10x+25}{x-5} = 5^2 = 25 \qquad |\cdot (x-5)$$

$$10x + 25 = 25 \cdot (x - 5) \qquad |\text{Vereinfachen}$$

$$10x + 25 = 25x - 125$$

$$\Longrightarrow x = 10$$

c) $3^{x-5} = 8$

Diese Gleichung können wir mit dem Dreierlogarithmus lösen. Man muss ihn aber nicht zwangsläufig benutzen. Stattdessen kannst du auch den Zehnerlogarithmus benutzen. Das will ich hier einmal zeigen:

$$3^{x-5} = 8 \qquad | \; log_{10}(\ldots)$$

$$log(3^{x-5}) = log(8)$$

Nach dem 3. Logarithmusgesetz können wir den Exponenten

$$x - 5$$

vorziehen. Dann können wir die Gleichung ganz bequem lösen:

$$(x - 5) \cdot log(3) = log(8) \qquad | : log(3)$$

$$x - 5 = \frac{log(8)}{log(3)} \qquad | + 5$$

$$\Longrightarrow x \approx 6{,}89$$

Viele bevorzugen es (einschließlich meiner Wenigkeit), den Zehnerlogarithmus zu benutzen. Du kannst aber selbstverständlich auch den Dreierlogarithmus benutzen, um diese Gleichung zu lösen. Beide Wege führen letzten Endes zum gleichen Ziel. Du hast selbst die Wahl, welchen Weg du einschlägst.

Formelsammlung

2 Lineare Funktionen

Geradengleichung

$$y = mx + b$$

mit m = Steigung, b = y-Achsenabschnitt.

Steigungsformel

$$m = \frac{y_2 - y_1}{x_2 - x_1}$$

Zusammenhang Steigung und Winkel

$$m = tan(\alpha)$$
$$\alpha = tan^{-1}(m)$$

Nullstellen bestimmen

$$f(x) = 0$$

Schnittpunkte bestimmen

$$f(x) = g(x)$$

Steigung der Orthogonalen g

$$m_g = -\frac{1}{m_f}$$

Mittelpunkt einer Strecke ausrechnen

$$x_m = \frac{x_1 + x_2}{2}$$
$$y_m = \frac{y_1 + y_2}{2}$$

Abstand zwischen zwei Punkten

$$a = \sqrt{(x_2 - x_1)^2 + (y_2 - y_1)^2}$$

3 Quadratische Funktionen

Allgemeine Form der quadratischen Funktionsgleichung

$$f(x) = ax^2 + bx + c$$

Scheitelpunktsform

$$f(x) = a(x - d)^2 + e$$

mit dem Scheitelpunkt $S(d|e)$.

Nullstellen mit der *p*-*q*-Formel bestimmen:

$$0 = x^2 + px + q$$

$$\Rightarrow x_{1/2} = -\frac{p}{2} \pm \sqrt{\left(\frac{p}{2}\right)^2 - q}$$

5 Umkehrfunktionen

$$f^{-1}(f(x)) = x$$

→ Funktion und Umkehrfunktion heben sich auf

7 Steigung

Differentialquotient

$$\lim_{x_1 \to x_0} \frac{f(x_1) - f(x_0)}{x_1 - x_0}$$

h-Methode

$$\lim_{h \to 0} \frac{f(x_0 + h) - f(x_0)}{h}$$

Ableitungsregeln

Konstantenregel

$$f(x) = k \Rightarrow f'(x) = 0$$

Potenzregel

$$f(x) = x^n \Rightarrow f'(x) = \mathbf{n} \cdot x^{n-1}$$

Faktorregel

$$f(x) = \mathbf{k} \cdot x^n \Rightarrow f'(x) = \mathbf{k} \cdot n \cdot x^{n-1}$$

Summenregel

$$f(x) = g(x) + h(x) \Rightarrow f'(x) = g'(x) + h'(x)$$

Sinusregel

$$f(x) = \sin x \Rightarrow f'(x) = \cos x$$

Kosinusregel

$$f(x) = \cos x \Rightarrow f'(x) = -\sin x$$

Produktregel

$$y = u \cdot v$$
$$\Rightarrow y' = \mathbf{u'} \cdot v + u \cdot \mathbf{v'}$$

Quotientenregel

$$y = \frac{u}{v}$$
$$\Rightarrow y' = \frac{u' \cdot v - u \cdot v'}{v^2}$$

Kettenregel

$$y = f(g(x))$$
$$\Rightarrow y' = f'\big(g(x)\big) \cdot g'(x)$$

Tangentengleichung

$$t(x) = f'(x_0) \cdot x + b$$

8 Monotonie- und Krümmungskriterium

Monotonie

Streng monoton steigend: $f'(x) > 0$

Streng monoton fallend: $f'(x) < 0$

Krümmung

Linksgekrümmt: $f''(x) > 0$

Rechtsgekrümmt: $f''(x) < 0$

9 Spezielle Punkte

Vorzeichenwechselkriterium Extrempunkte

Wenn $f'(x) = 0$ und Vorzeichenwechsel

(1) von $+$ nach $-$ → lokales Maximum

(2) von $-$ nach $+$ → lokales Minimum

(3) kein Vorzeichenwechsel → Sattelpunkt

Vorzeichenwechselkriterium Wendepunkte

Wenn $f''(x) = 0$ und Vorzeichenwechsel

(1) von $+$ nach $-$ → Links-Rechts-Wendepunkt

(2) von $-$ nach $+$ → Rechts-Links-Wendepunkt

10 Kurvendiskussion ganzrationaler Funktionen

(1) Funktionstyp, Grad der Funktion, Definitionsbereich

(2) Symmetrie

$f(x) = f(-x)$ → achsensymmetrisch

$f(x) = -f(-x)$ → punktsymmetrisch

(3) Verhalten für $x \to \pm\infty$

Sätze *S. 78*

(4) Schnittpunkte mit den Achsen

a. Nullstellen

$$f(x) = 0$$

b. y-Achsenabschnitt:

$$x = 0$$

(5) Extrempunkte

notwendige Bedingung:

$$f'(x) = 0$$

hinreichende Bedingung:

$$f''(x) \neq 0$$

Wenn $f''(x) < 0$ → Hochpunkt

Wenn $f''(x) > 0$ → Tiefpunkt

(6) Wendepunkte

notwendige Bedingung:

$$f''(x) = 0$$

hinreichende Bedingung:

$$f'''(x) \neq 0$$

Wenn $f'''(x) < 0$ → Links-Rechts-Wendepunkt

Wenn $f'''(x) > 0$ → Rechts-Links-Wendepunkt

(7) Skizze des Graphen

11 Kurvendiskussion gebrochenrationaler Funktionen

Unterschiede zu ganzrationalen Funktionen nur im Punkt (1) und (3):

(1) Allgemeines

a. Funktionstyp
b. Definitionsbereich angeben
c. Pole und Lücken angeben

(3) Grenzwertverhalten

a. Verhalten für $x \to \pm\infty$
b. Verhalten für $x \to Polstellen$
c. Asymptoten

13 Extremalprobleme

(1) Sachverhalt verstehen (Skizze, Bezeichnungen für Variablen einführen)
(2) Hauptbedingung aufstellen
(3) Nebenbedingung aufstellen
(4) Zielfunktion ermitteln
(5) Maximum/Minimum ermitteln

14 Trigonometrische Funktionen

Allgemeine Sinusfunktionen

$$f(x) = A \cdot sin[B \cdot (x - C)] + D$$

A: Amplitude

Periodenlänge: $\frac{2\pi}{B}$

C: Verschiebung in x-Richtung

D: Verschiebung in y-Richtung

Zweite Lösung beim Sinus: $\mathbf{z_2} = \pi - (z_1)$

Zweite Lösung beim Kosinus: $\mathbf{z_2} = -z_1$

15 Exponentialfunktionen

Allgemeine Exponentialfunktion

$$f(x) = c \cdot a^x$$

16 Logarithmusfunktionen

Allgemeine Logarithmusfunktion

$$y = log_a(x)$$

Logarithmus

$$a^x = b$$

$$\Longrightarrow x = log_a(b)$$

Logarithmus und Exponentialfunktion heben sich auf:

$$log_a(a^x) = x$$

$$a^{log_a(x)} = x$$

Logarithmusgesetze

(1) $log_a(x) + log_a(y) = log_a(x \cdot y)$

(2) $log_a(x) - log_a(y) = log_a\left(\frac{x}{y}\right)$

(3) $log_a(u^r) = r \cdot log_a(u)$

Weitere Formeln

Potenzgesetze

$$x^a \cdot x^b = x^{a+b}$$

$$a^n \cdot b^n = (a+b)^n$$

$$\frac{x^a}{x^b} = x^{a-b}$$

$$\frac{a^n}{b^n} = \left(\frac{a}{b}\right)^n$$

$$(x^a)^b = x^{a \cdot b}$$

Besondere Exponenten

$$x^0 = 1$$

$$x^{-n} = \frac{1}{x^n}$$

$$x^{\frac{1}{n}} = \sqrt[n]{x}$$

$$x^{\frac{m}{n}} = \sqrt[n]{x^m}$$

$$x^{-\frac{m}{n}} = \frac{1}{\sqrt[n]{x^m}}$$

Geometrie

Kreisfläche: $\pi \cdot r^2$

Mantelfläche eines Zylinders: $2\pi r \cdot h$.

Volumen eines Zylinders: $\pi r^2 \cdot h$.

Binomische Formeln

$$(a+b)^2 = a^2 + 2ab + b^2$$

$$(a-b)^2 = a^2 - 2ab + b^2$$

$$(a+b) \cdot (a-b) = a^2 - b^2$$

Für „Hoch 3“:

$$(x_0 + h)^3 = x_0^3 + 3x_0^2 h + 3x_0 h^2 + h^3$$

Stichwortverzeichnis